本书由北京联合大学 2019 年科技创新服务能力建设——特教学院基本科研业务费项目
（项目号：12210991903012005８）经费资助出版

中外高等融合教育

——探索与实践——

任伟宁 葛明明 编著

知识产权出版社
全国百佳图书出版单位
—北京—

图书在版编目（CIP）数据

中外高等融合教育探索与实践 / 任伟宁，葛明明编著 . — 北京：知识产权出版社，2024.2
ISBN 978-7-5130-9315-6

Ⅰ. ①中… Ⅱ. ①任… ②葛… Ⅲ. ①残疾人—高等教育—研究—世界 Ⅳ. ①G769.1

中国国家版本馆CIP数据核字（2024）第043080号

内容提要

本书重点研究适合我国国情的残疾人高等融合教育模式，系统梳理了我国和发达国家的高等融合教育发展历程，重点研究了发达国家高等融合教育的系统化支持体系，基于系统化视角分析我国残疾人高等教育入学机会现状、高等融合教育政策支持体系，并对为残疾学生提供合理便利条件、个别化学习支持、促进校园融入、就业支持、资源支持，以及拓宽入学路径等进行了探讨，还借鉴发达国家的相关经验，提出了促进我国高等融合教育的具体建议。

本书可供高等融合教育院校、相关管理部门及对残疾人高等教育感兴趣的广大读者参考。

责任编辑： 许　波　　　　**责任印制：** 孙婷婷

中外高等融合教育探索与实践

ZHONG-WAI GAODENG RONGHE JIAOYU TANSUO YU SHIJIAN

任伟宁　葛明明　编著

出版发行：	知识产权出版社有限责任公司	**网　　址：**	http://www. ipph. cn
电　　话：	010－82004826		http://www. laichushu. com
社　　址：	北京市海淀区气象路50号院	**邮　　编：**	100081
责编电话：	010－82000860转8380	**责编邮箱：**	xubo@cnipr.com
发行电话：	010－82000860转8101	**发行传真：**	010－82000893
印　　刷：	北京中献拓方科技发展有限公司	**经　　销：**	新华书店、各大网上书店及相关专业书店
开　　本：	720mm×1000mm　1/16	**印　　张：**	17.5
版　　次：	2024年2月第1版	**印　　次：**	2024年2月第1次印刷
字　　数：	258千字	**定　　价：**	88.00元

ISBN 978-7-5130-9315-6

前　　言

我国非常重视残疾人事业发展，作为联合国《残疾人权利公约》缔约国，不断完善和促进残疾人事业发展的支持政策，在促进残疾人平等参与方面取得了很大进步。面向残疾人的特殊教育是教育的重要组成部分，是高质量教育体系不可或缺的重要内容。办好特殊教育，是促进社会公平的重要举措，也是社会文明进步的重要标志。近年来，我国对残疾人教育作出了一系列重大决策部署，连续实施了《特殊教育提升计划（2014—2016年）》《第二期特殊教育提升计划（2017—2020年）》，使得我国特殊教育的普及水平、保障条件和教育质量等取得了长足的进步，残疾人受教育权利得到了进一步保障。之后国家又针对尚存在的特殊教育质量有待进一步提高、支撑保障能力不强等问题，在2022年制定了《"十四五"特殊教育发展提升行动计划》，目的是保障残疾人实现全面发展，促进教育公平、均衡、可持续发展。融合教育是一场教育变革，是全新的教育理念，甚至可以说它超出了教育的范畴，是一个与社会文明进步、社会公平正义、人权保障相关的理念。我国积极推动融合教育，2017年颁布的《残疾人教育条例》提出大力推进融合教育发展，以法律的形式明确了融合教育的地位。《"十四五"特殊教育发展提升行动计划》确定了全面推进融合教育的目标，着力推动普通教育与特殊教育融合、职业教育与特殊教育融合、医疗康复和信息技术与特殊教育融合。我国残疾人高等教育经过数十年发展取得了诸多成果，但高等融合教育受到发展阶段的局限，包括教育观念、理念和教育现代化手段等局限，其发展与理想水平有较大差距，需要努力加快推动高等融合教育的进程。2017年，中国残疾人联合会为了贯彻《"十三五"加快残疾人小康进程规划纲要》，以逐步建立和完善残疾人高等融合教育政策措施为目标，在教育部大力支持下，在北京、四川、吉林、湖北、江苏、河南六省市选择北京联合大学、四川大学、长春大学、武汉理工大学、南京特殊教育师范学院、郑州工程技术学院六所普通高等学校开展了高等融合教育试点工作，从招生、师资队伍建设、专业设置、资源支持中心建设、无障碍环境建设、学业生活的辅助支持、就业指导等方面探索适合我国国情的残疾人高等融合教育模式，探索建立和完善高等融合教育系统化支持体系。笔者所在的北京联合大学作为高等融合教育的试点校，在试点实践中不断学习与探索，取得了一定的成绩和经验，但也和其他试点大学一样遇到了一些难以逾越的障碍。在学习实践中，我们深入了解到英美等发达国家的高等融合教育发展的历程、做法和经验。笔者曾主持北京社科基金项目"残疾人高等教育入学机会的保障体系研究"，课题对国内外残疾人高等教育入学机会保障情况进行了比较研究，我们感受到英美等发达国家的融合教育发源较早，他们的残疾人高等教育经历了从隔离到部分融合再到完全融合的发展历程，目前发展得较为完善。随着社会文明的发展，在国际人权运动、民主政治的推动下，人们对残疾的认识在不断转变，残疾观在不断演进，残疾人教育也从被歧视到被理解，从排斥到接纳，逐渐打破隔离式的特殊教育模式，从隔离走向融合。融合教育要求学校积极应对所有学生的多样化教育需求，为他们提供高质量的、适合的、平等的教育与服务。笔者在2017年有幸与特教专家、我的同事许家成教授一同访问美国加利福尼亚州立大学北岭分校（California State University，Northridge，CSUN），该校是美国加利福尼亚州立大学系统23个校区中最大的一个，有约4万名学生，其中有1800余名残疾人大学生。该校在高等融合教育方面建立了一套完整的支持服务机制，对学生的支持和服务非常到位，这对笔者触动很大。笔者带着困惑和疑问，身临其境更为深入、系统地了解了美国高等融合教育的具体实施效果、支持服务体系的内涵和运作方式，收获很大。国内的关于高等融合教育的学术论文，由于篇幅所限，对国外的高等融合教育的介绍是局部的、不够全面的。因此，笔者系统地梳理了我国和发达国家的高等融合教育发展历程，重点研究了发达国家高等融合教育的系统化支持体系，基于系统化视角分析了我国残疾人高等教育入学机会现状、高等融合教育政策支持体系，并对为残疾学生提供合理便利条件、个别化学习支持、促进校园融入、就业支持、拓宽入学路径等进行了探讨。同时，借鉴发达国家的相关经验，提出了促进我国高等融合教育的具体建议。

本书共分十章。

第一章高等融合教育发展概况。本章对中国和发达国家的高等融合教育发展的历程进行了分析和介绍。

第二章发达国家残疾人高等教育制度保障。本章重点研究了发达国家残疾人高等教育入学机会制度保障，认为有八个主要特点，即强调“零拒绝”原则、提供合理便利条件、提供高校入学特殊政策、经费支持和学业资助、推进形成高等融合教育校园环境、制订并实施个别化教育计划、就业支持和职业发展规划、制定实施方案指导工作实践。

第三章发达国家残疾人高等教育入学选择。本章重点研究了发达国家残疾人的入学机会情况，包括残疾学生就读高校的选择和招生形式、残疾学生接受高等教育的层次、残疾学生就读专业的选择三个方面。

第四章发达国家高等融合教育的支持服务。本章重点研究了发达国家为保证残疾人在普通高校学习所提供的条件和支持服务方面的特点和做法，包括无障碍环境设计、通用学习设计、个别化教育计划、残疾学生的学习支持、帮助学生融入校园五个方面。

第五章发达国家高等融合教育的转衔服务。基于生涯发展和终身教育理念的转衔服务对于残疾学生从中学过渡到大学、从大学生活过渡到离校后的社会生活都非常重要。本章重点研究了发达国家在转衔服务方面的做法，包括转衔服务的内涵、个别化转衔计划、升学转衔服务、就业转衔服务四个方面。

第六章发达国家高等融合教育教师的特殊能力素质要求和专业发展。本章重点介绍了发达国家对高等融合教育教师的特殊能力素质要求，在促进高等融合教育教师的专业发展方面的一些值得学习的做法，介绍了美国特殊儿童委员会（Coucil for Exeptional Children，CEC）特殊教育教师标准中与高等融合教育密切相关的三个高级专家专业标准，即特殊教育融合专家标准、特殊教育转衔专家标准、特殊教育技术专家标准。

第七章中国残疾人高等教育入学机会。本章分析了中国残疾人高等教育入学机会现状，包括中国残疾人高等教育入学总量及比例、残疾人可选择就读的高校数量、残疾人可选择的专业范围、残疾人接受高等教育的层次、存在的问题。

第八章中国高等融合教育的实践探索。随着国家对高等融合教育的重视，支持政策的不断完善和不断增强，国家和残联的多项推进行动，高等融合教育的氛围正在逐渐浓厚。本章结合中国高等融合教育初期试点探索和近期六所高校的实践探索，重点对普通高校为残疾学生提供合理便利条件、个别化学习支持和促进校园融入、残疾大学生就业支持、提供高等融合教育的资源支持等进行了探讨。

第九章高等融合教育的价值评价。本章从价值评价视角对高等融合教育的人文价值、经济价值进行了分析，以高等融合教育四个典型生动的事例阐释了高等融合教育赋予的人文价值，并从人力资本理论的视角分析了残疾人教育的另一种价值——经济价值。

第十章启示与借鉴。在中外高等融合教育比较研究基础上，提出了促进中国高等融合教育的五点具体建议，包括完善中国高等融合教育的系统化支持保障政策；出台国家层面的高等融合教育实践指南；增强转衔服务，降低高等教育前各学段学生流失率；完善和改进残疾人高考入学考试制度；高等融合教育学校完善无障碍环境建设和支持服务。

本书在撰写过程中，得到了国内外特教专家和同行的帮助，如美国加利福尼亚州立大学北岭分校孙卫民教授、残疾人资源和教育服务中心主任乔迪·约翰逊（Jodi Johnson）女士、通用设计中心主任卡特琳·沙伦（Katgryn Sharron）女士，美国罗切斯特大学国家聋人工学院刘玉芳老师，日本筑波技术大学残障高等教育研究资源中心王鑫博士，中国台湾的东华大学林坤灿教授和杨炽康教授，北京联合大学许家成、滕祥东、徐娟、钟经华、叶晓、王希庆、鲁彦娟、曲欣、孙岩、李晗静、姚登峰、李妍、刘东明、陈昱、郭娜、甄玮等，在此特别致谢！本书由北京联合大学2019年科技创新服务能力建设——特教学院基本科研业务费项目(项目号:12210991903012005 8)经费资助出版,在此表示衷心感谢!本书中难免有疏漏与不当之处,敬请各位同行批评指正。

随着高等融合教育的不断推进,我国今后会有更多的普通高校接受残疾人大学生,本书可以为这些高校的管理者和教师提供借鉴和参考。

本书由任伟宁和葛明明合作完成,任伟宁主笔第一章、第二章、第六章、第九章、第十章,葛明明参与了撰写;葛明明主笔第三章、第四章、第五章、第七章、第八章,任伟宁参与了撰写;全书由任伟宁完成统稿工作。

目　录

第一章
高等融合教育发展概况

残疾人高等教育经历了从隔离到部分融合再到完全融合的发展历程。随着社会文明的发展，在国际人权运动、民主政治的推动下，人们对残疾的认识在不断转变，残疾观在不断演进，残疾人教育也从歧视到理解，从排斥到接纳，逐渐打破隔离式的特殊教育模式，从隔离走向融合。发达国家是特殊教育发源较早，也是发展较为完善的国家。梳理其残疾人高等融合教育的发展历程，对我国残疾人高等教育的发展具有重要的借鉴意义。

第一节　融合教育理念和高等融合教育

1994年，联合国教科文组织在西班牙萨拉曼卡召开的“世界特殊需要教育”会议上通过了《萨拉曼卡宣言——关于特殊需要教育的原则、方针和实践》（以下简称《萨拉曼卡宣言》）和《特殊教育行动纲领》两份重要文件，正式提出了推广“融合教育（Inclusive Education）”的主张。自此，融合教育理念对世界范围的残疾人教育产生巨大影响，成为众多国家的基本教育政策。

融合教育是相对于隔离教育而言的。从18世纪现代特殊教育兴起到20世纪中叶，特殊教育理念和安置模式是将特殊儿童与普通儿童分离的、单独设置的隔离教育，与此相对应的是根据特殊儿童的残疾类型设置一些专门的特殊教育学校、机构、班级，如聋校、盲校、智障学校等，特殊儿童在与普通儿童相隔离的环境中接受教育。融合教育理念的发展要追溯到正常化运动（Normalization）、回归主流运动（Mainstreaming）或一体化教育（Integrated Education）。20世纪50年代，丹麦的米克尔森（Bank-Mikkelsen）提出了“正常化原则”后，北欧国家掀起了一场正常化运动，倡导残疾人应享有与普通人同等的生存权利、尽可能接近普通市民的生活条件和生活方式。这一理念的内涵是要求社会接受残疾人原本的样子并改变环境（提供支持性服务），而不是使残疾人改变以达到“正常”的标准。正常化运动要求改革原有的隔离封闭式的特殊教育，将特殊儿童安置到正常社会环境中生活和学习，使他们能够适应社会生活。20世纪60年代，“正常化”思想传播到美国后，在此基础上形成了“回归主流”主张，并在20世纪70年代中期开展了一场以美国为代表的北美洲国家称为“回归主流”的运动。“回归主流”就是要最大限度地将特殊儿童安置在普通班级中接受教育，与普通儿童共同学习和生活，其核心思想包括让特殊儿童在最少受限制的环境中接受教育，依据特殊儿童残疾程度不同，设置各种类型的特殊教育形式，制订个别化教育计划（Individualized Education Program，IEP），以期满足残疾程度各异的特殊儿童的不同需要。很快，“回归主流”成为特殊儿童教育体系发展的主要趋势。而在丹麦及其他欧洲国家，在“正常化原则”影响下开展的一系列教育改革发展成为“一体化教育”运动，目的是实现特殊儿童从隔离的教育环境向较少隔离的环境转换、过渡。20世纪80年代，各国开始反思“回归主流”或“一体化教育”的不足之处。“回归主流”要求特殊儿童必须达到某种预定的标准才能到普通教室就读，还是把特殊儿童的教育看成了主流之外的“支流”，特殊儿童只有通过努力赢得在普通教室就读的权利（达到某项准则），才能归入“主流”。1984年，美国学者斯坦巴克（Stainback）夫妇明确提出了“融合教育”理念，认为“学校应该接纳所有的儿童，而不考虑身体的、智力的、社会的、情感的、语言的或其他任何条件”。

1994年《萨拉曼卡宣言》明确了“融合教育”的基本观点：

（1）有特殊教育需要（Special Education Needs，SEN）的儿童必须有机会进入普通学校，而这些学校应以一种能满足其特殊需要的以儿童为中心的教育学思想接纳他们。

（2）每个儿童都有其独特的特性、兴趣、能力和学习需要。

（3）教育制度的设计和教育计划的实施应该考虑到这些特性和需要的广泛差异。

（4）以融合为导向的普通学校是反对歧视态度、创造宽松氛围的社区、建立融合社会、达到全民教育的最有效途径。此外，普通学校应向绝大多数儿童提供一种有效的教育，提高整个教育系统的效率并最终提高其成本效益。

融合教育用“有特殊教育需要儿童”（children with special educational needs）的概念替代了过去使用的“残疾儿童”（disability children或handicapped children）

“特殊儿童”(special children)概念。

《萨拉曼卡宣言》还号召各国政府“以法律或方针的形式保证融合教育原则被采纳,普通学校应招收所有儿童,除非有不得已的原因才可作别种选择”。

《特殊教育行动纲领》指出,融合教育学校必须认识到学生的不同需要并作出反应,通过适当的课程、组织安排、教学策略、资源利用及与社区的合作,来满足学生不同的学习风格和学习速度,并确保提升全体学生的教育质量。

融合教育是关注并满足所有学习者多样化需求的过程。融合教育不只是一个如何让部分学生融入主流的小问题,它还是考察如何改革教育系统和其他学习环境以适应学习者多样性的一种方法,其目的是使教师和学生都能接纳多样性并视之为机会,视之为学习环境的丰富。融合教育的核心就是要打破原有的隔离式的特殊教育的封闭状态,让残疾学生享受平等的受教育权,尽可能在最少受限制的普通学校或者普通班级中与普通学生一起学习和生活。其本质是反对歧视(discrimination)和排斥(exclusion)、倡导接纳(acceptance)与包容(inclusion),即接纳所有学生、促进积极参与、注重集体合作、满足不同需求,是一种没有歧视、没有排斥、没有分类的持续的教育过程。融合教育的终极目标是建立融合的社会。

高等融合教育也是联合国所提倡和推进的,《特殊教育行动纲领》强调,各国制定政策时应承认在融合情况下残疾儿童、青年和成人尽可能接受初等、中等和高等教育的机会平等的原则。可见,让残疾青年和成年人具有平等机会进入普通高校接受教育也是各缔约国应从制度上加以保障和推进的。

联合国制定了一系列公约和行动纲领,有力推进了高等融合教育的发展。2006年联合国通过的《残疾人权利公约》(*Convention of the Rights of Persons with Disabilities*, CRPD)对残疾人接受高等融合教育起到了促进和推动作用。该公约是国际社会在21世纪通过的第一个综合性人权公约,旨在确保残疾人充分、平等地享有一切人权和基本自由,要求缔约国要确保残疾人能够在不受歧视和与其他人平等的基础上享有受教育的权利,在“各级教育”中实行融合教育制度和终身学习以便充分开发他们的潜能，使得所有残疾人能够充分参与社会生活，这当然也包括残疾人在大学接受高等教育的权利，这对普通大学向融合大学的角色转变提出了挑战。《残疾人权利公约》包括了若干残疾人高等教育涉及的规范，对世界各国转变残疾人观念、发展残疾人高等教育事业、加强国际交流和合作起到极大的促进和推动作用。《残疾人权利公约》的开放签署仪式于2007年3月30日在纽约联合国总部举行，81个国家及区域一体化组织的代表当天出席了仪式并签署了《残疾人权利公约》，这是有史以来在开放供签字之日获得签字数量最多的联合国公约。我国常驻联合国代表王光亚代表中国在《残疾人权利公约》上签字。《残疾人权利公约》于2008年5月3日正式实施。2009年，联合国教科文组织在“以促进社会变革与发展之高等教育研究新动力”为主题的国际会议上呼吁高等教育肩负起社会责任，明确指出入学机会与公平（access and equity）、效率与效能（efficiency and effectiveness）、质量与关系（quality and relevance）是21世纪高等教育发展的三大重点，并将提升弱势群体入学机会的公平视为高等教育的首要任务。各国纷纷响应联合国宣言，制定和颁布关于残疾人教育的政策法规，采取积极措施维护残疾人的权益，促进残疾人高等教育的发展。联合国教科文组织2015年发布的《教育2030行动框架》，明确了教育2030总目标是“确保融合、公平的优质教育、使人人都可以获得终身学习的机会”，动员所有国家和合作伙伴响应教育的可持续发展目标，提出了实施协调、筹措资金及监测《教育2030行动框架》执行的方法。

融合教育理念逐渐走向成熟，促进了融合教育的实践发展，推动了教育公平原则下的教育效果最大化。

第二节　发达国家高等融合教育的发展概况

在美国、英国、法国、德国、澳大利亚、日本等发达国家，基础教育阶段的融合教育开展得较早，它的有效推进对高等融合教育的发展产生了重要影响。加之联合国对融合教育理念的倡导和推进，逐渐使融合教育理念深入人心，各国积极响应,并付诸实践。发达国家的高等融合教育经过多年的实践,积累了可借鉴的经验。这些国家有一系列的立法和政策保障,不仅确保残疾人平等接受高等教育的权利,并且在所学专业、学历层次、生活条件、学习条件、权利保障、经费投入等方面也有相应的具体措施加以支持,从而促进了残疾人高等融合教育的发展。虽然在一些国家,残疾人高等教育的安置形式也有少数独立设置的聋人大学、盲人大学,如美国加劳德特大学、美国罗切斯特大学国家聋人工学院、日本筑波技术大学、韩国拿撒勒大学、俄罗斯莫斯科鲍曼技术大学、泰国曼谷大学、菲律宾CSB大学等,但绝大部分的残疾大学生还是在普通高校中与普通学生一起学习,采取融合教育形式接受高等教育,享受到支持性帮助。融合教育思想为残疾学生的社会融合创造了历史性突破的契机,打破了残疾人与普通人之间的阻隔。

一、美国高等融合教育发展概况

美国高等融合教育发展可以认为经历了融合萌芽期、规模扩张期、质量提升期三个发展阶段。美国联邦法律对于残疾个体教育权利保障的不断健全和完善,促进了高等融合教育的发展。

"一战"后至20世纪60年代为融合萌芽期。"一战"后美国联邦政府制定了《1918职业康复法》(*Vocational Rehabilitation Act of* 1918),推动了一些退伍伤残军人在社区学院接受职业教育与培训的服务。"二战"期间,1944年美国国会通过了《1944军人权利法案》(*Serviceman's Readjustment Act of* 1944),即《军人福利法》(*GI Bill of Rights*)。《军人福利法》的颁布是为了应对战争后回到家乡的大量伤残退伍军人的高等教育需求,《军人福利法》规定为那些达到一定服务年限的退伍军人提供每年500美元的教育经费[1],为此联邦政府每年投入近2亿美元的教育经费。此外,美国教育部还从交通、住宿和教室内支持三个方面来为这些军人提供服务,并根据残疾学生的需求提供一些学习上的支持服

[1] STROM R J. The disabled college veteran of World War Ⅱ[M]. Washington, DC: American Council on Education, 1950: 32.

务。但是这一阶段的融合教育是有局限性的，能够接受这些学生并提供服务的大学局限于退伍军人所住医院附近的社区学院，其他的大学并不愿意接受这些学生，歧视仍然存在，残疾人接受高等教育的需求难以得到满足。很多高校的教师和管理者都认为重度残疾的学生在普通大学中学习是一件浪费时间和精力的事情。

20世纪60年代至21世纪初是规模扩张期。20世纪60年代初，美国国内掀起了规模浩大的民权运动，要求不同种族、不同群体都能平等地参与社会生活的呼声此起彼伏。残疾人具有平等受教育权的理念引起了美国政府和社会的广泛关注。从"正常化"运动开始到"回归主流"运动，让特殊儿童在普通学校的最少受限制环境中接受教育的理念也逐步获得社会的认可。美国1973年颁布的《康复法案》(*Rehabilitation Act*，又称93-112公法)促进了高等融合教育的开展，《康复法案》认为残疾人是社会最弱势的群体之一，不能因残疾减少其独立生存、自我决定、贡献社会、追求友谊的自由和在美国社会的经济、政治、社会、文化和教育中享受的个人权利。《康复法案》第504条规定：任何机构都不能歧视残疾人，联邦财政资助的项目或活动中，具有残疾资格者不应因残疾被排除参与、剥夺获益或受到歧视，接受联邦资助的高等教育机构均受这一条款约束，若违反该条款，联邦教育部下属的民权办公室(Office of Civil Rights，OCR)有权阻止。《康复法案》的精神被美国绝大多数州认同。1974年美国残疾人教育局对残疾人教育状况进行了调查，结果堪忧。全美0~21岁的残疾儿童与青少年有800多万名，其中大约390万名残疾儿童可得到合适的教育，另有250万名残疾儿童得不到适合于自身的教育，还有175万名残疾儿童没有得到任何教育。[1]而且，由于缺乏教师和同伴的接纳及支持系统，进入普通班级的残疾儿童也未能获得充分的教育。为了让每个残疾儿童都能获得入学的机会，美国国会于1975年通过《所有残疾儿童教育法》(*Education for All Handicapped Children Act*，又称94-142公法)，提出要为3~21岁残疾儿童和青少

---

[1] Sorrells A M，Rieth H J，Sindelar P T. Critical issues in special education：access，diversity and accountability[M]. Boston：Pearson Education，Inc.，2004：17.

年提供免费、适性、公立的教育服务，提供个别化教育计划、无歧视的评估、家长参与等。因为这一方案涉及的残疾学生的年龄是3~21岁，所以它涉及了部分进入高等教育的残疾人，扩展了《康复法案》未涉及的对接受高等教育的残疾学生公民权利进行保护，使残疾学生更易获得辅助支持的要求。这一法案为美国绝大多数州所认同，促进了残疾人高等教育的无歧视化发展。之后，美国联邦政府对《所有残疾儿童教育法》不断修订，在1990年形成了《残疾人教育法》(*Individuals with Disabilities Education Act*, IDEA，又称101-476公法)，它强调"零拒绝"的教育原则，要求所有接受联邦政府财政资助的高等教育机构必须为残疾学生提供平等的高等教育机会。1997年，《残疾人教育法修正案》(又称105-17公法)提出改善从中等教育到高等教育的转衔服务，从而促进了残疾人接受高等教育人数的增长，各高校能够根据自身的资源和规模及残疾学生的不同类型为其提供相关教育与服务，进入高校学习的残疾学生数量大幅上升。这一时期，残疾类型范围也进一步扩大，由原来的听力残疾、视力残疾、肢体残疾、精神残疾等扩大到包括阅读障碍、学习障碍等功能性障碍在内。

根据美国国家教育统计中心(National Center for Education Statistics, NCES)1999年的统计，1996—1998年间有3680所学院接收符合条件的残疾人就学，其中98%的学校提供至少一种支持性服务。❶

21世纪初至今是质量提升期。21世纪初，在美国教育问责制度兴起的影响下，残疾人高等融合教育的发展重心在原有追求入学机会公平的基础上，开始关注教育质量提升，改善教育成果，推进残疾人高等教育的过程公平和结果公平。2004年，联邦政府颁布了《残疾人教育促进法》(*Individuals with Disabilities Education Improvement Act*，又称108-442公法)，明确表示为每一位残疾学生提供高质量的教育将成为新法案的首要目标。《残疾人教育促进法》对残疾人高等教育的转衔计划、再评估及对残疾诊断的新标准等方面进行改动，并大幅度增加了对残疾学生的资助。2008年，颁布了《高等教育机会法案》(*Higher*

❶ 王晶.视障大学生学校支持性服务的需求与满意度研究[D].大连：辽宁师范大学，2008：5.

Education Opportunities Act, HEOA),明确表示联邦政府提供财政支持,帮助招收残疾人的高等教育机构进行相关教育或研究服务,这在此前已有的法律基础上进一步保障了大学生的权益,使他们能够没有后顾之忧地在大学接受教育。2011年美国教育部发布《残疾学生为高等教育做的准备——知道你的权利和义务》,对学生及学校的责任和义务分别做出了说明。

有关高等融合教育的发展情况,我们可从高校接收残疾学生的比例、接收残疾学生的高校数量、残疾学生总数和教育层次、选择学习的学科和专业的范围几个方面来考察。

(1)从高校接收残疾学生的比例看,根据美国残疾人高等教育协会(AHEAD)提供的参考材料《残疾人高等教育与服务指南(1996)》(Directory of College Facilities and Services for People With Disabilities, 1996)中的数据,《所有残疾儿童教育法》开始施行后,1978年只有2.6%的大学新生是残疾人。在立法不断完善的支持下,到1995年,美国招收的大学新生中残疾人比例上升到9.2%,与残疾人在同龄人中的比例接近。[1]2000年全美接受高等教育的所有学生中有17%是残疾学生;2007—2008学年,残疾大学生占大学生总数的10.9%左右;到2010—2011学年,全美在校本科生中登记在册的残疾人约占11%,研究生中残疾人的比例也接近8%。也就是说,应该(或可能)进入高等教育的残疾人基本上可以在不同的高等教育机构学习。

(2)从接收残疾学生的高校数量看,美国教育部2008—2009学年调查报告显示,美国共有授予学位的高等教育机构4170所(包括公立和私立,四年制和两年制),其中接纳有残疾学生的高等教育机构有3680所,占美国全部高等教育机构的88.2%。在接收残疾人的美国融合高等教育机构中,有两年制学院和四年制大学。[2][3]

(3)从就读于高等融合教育机构的残疾学生总数和教育层次看,含预科、

❶ 朴永馨.残疾人高等特殊教育的产生和发展[J].中国听力语言康复科学杂志,2004(3):4.

❷ 范晓壮.美国残疾人高等教育服务及对我国的启示[J].现代特殊教育,2015(2):17.

❸ 豆巍.美国残障人全纳高等教育研究[D].保定:河北大学,2014:29,21-22.

两年制的社区学院、四年制的大学，可以攻读专科（副学士）、本科（学士）、硕士、博士。根据NCES数据，2007—2008学年美国融合高等教育机构的残疾学生总数（本科以上）为249.9万人；2011—2012学年美国融合高等教育机构的残疾学生总数为275.8万人；2015—2016学年美国融合高等教育机构的残疾学生总数为417.8万人。[1]美国残疾学生可以根据自己的能力和意愿，获得与普通学生同样的机会到不同层级的高等教育机构，进行不同学位阶段的学习。

（4）从选择学习的学科和专业的范围看，残疾学生可以选择学习的学科专业较多，如文科、理科、工科，艺术、法律、医学、社会、经济等。

二、英国高等融合教育发展概况

英国是世界上较早倡导融合教育理念的国家之一，也是较早以教育法案的形式提出残疾学生在普通学校就读的国家。英国于1944年颁布《教育法》（*Education Act*），首次以立法的形式确定为残疾儿童建立特殊教育学校。《1976年教育法》（*Education Act of 1976*）对《教育法》进行了修订，提出残疾学生可以在普通学校接受教育的主张，第一次以立法的形式明确保障残疾儿童进入普通学校接受教育的平等权利，为融合教育的发展奠定了基础。1978年颁布的《特殊教育需要报告》，即《沃洛克报告》（*Warnock Report*），首次提出"有特殊教育需要儿童"的概念，并于1981年的《教育法》中确立了此概念，扩大了"特殊教育需要"概念的外延，"特殊教育需要"不仅仅是身体、心理缺陷或情感、行为失调等因素引发的对教育安排的特殊需要，还包括智力超常或某个时间段有学习困难的群体对教育的特殊需要。这种称谓是从教育的视角来审视残疾个体的需要，模糊了残疾学生与普通学生之间的界限，体现出一种广义的残疾观。《沃洛克报告》主张对所有儿童实行一体化教育，即从形式的一体化到功能的一体化，到社交上的一体化，再到社会上的一体化，这对残疾儿童的教育安置模式提出了挑战。

---

[1] NCES. Annual Reports and Information Staff（Annual Reports）[EB/OL].（2023-08-31）[2023-08-31]. https://nces.ed.gov/pubsearch/getpubcats.asp?sid=091#061.

对于残疾人接受高等教育，英国政府也通过制定一系列的法律来加以保障，扩大残疾人接受高等教育的机会。英国1995年颁布了《反残疾人歧视法》(*Disability Discrimination Act*)，这是保护残疾人权益的最重要的法律文件，它旨在消除残疾人所面临的歧视，涉及教育、康复、就业、交通等各领域歧视。《反残疾人歧视法》明确规定，高等教育机构必须提供"残疾声明"，以反映当前针对残疾学生的政策和规定，以及未来将要进行的教学活动的相关信息，高校在履行教育职责时必须充分考虑残疾人的需要。作为对《反残疾人歧视法》的修订和延伸，2001年，英国颁布了《特殊教育需要及残疾法》(*Special Educational Needs and Disability Act*，SENDA)，它是对21世纪之前特殊教育相关法案的总结，也对未来特殊教育发展起到指引作用。它强调对残疾人的反歧视性教育，详细规定了包括高等教育在内的教育领域反歧视条款，首次明确高等教育机构须保证不因学生的残疾或相关理由歧视、不当对待或不为其提供合理的调整措施。2004年，英国发布《高等教育法》(*Higher Education Act*)，其中强调保障弱势群体学生公平入学的政策，并对学生支持体系做了具体规定，督促高等教育机构采取有效措施，不断提高弱势群体学生的比例，残疾学生可以与其他普通学生一样被高等教育机构录取。《平等法案2010》(*Equality Act of* 2010)明确规定，学校若无正当理由，给予有特殊教育需要的学生的待遇低于普通学生属于违法行为。地方政府和高等教育机构必须采取适当步骤，确保SEN学生平等进入学校生活的各个领域，尤其要在评估、课程设计等方面为SEN学生提供合理调整和便利，制订详细的书面无障碍计划等。《平等法案2010》出台后，又陆续推出了一系列完善残疾人高等教育的政策，2014年颁布了《儿童与家庭法案2014》(*Chilrend and Families Act of* 2014)，2015年颁布了《特殊教育需要及残疾实施章程：0~25岁》(*Special Education Needs and Disabilities Code of Practice*：0 *to* 25 *years*，*SEND Code of Practice*：0 *to* 25 *years*)，2017年1月发布《走向卓越的高等融合教学与学习》，提倡高等学校大力发展残疾人高等教育，积极主动地制定相应策略，保障残疾学生享有平等接受高等教育的权利。英国的残疾学生和学习障碍学生采用了"有特殊教育需要"这样一个广义概念。

《平等法案2010》对残疾的定义范围是“……身体或精神上的缺陷，对他们进行正常日常活动的能力产生长期和实质性的不利影响”，这一定义包括影响视力或听力的感觉障碍，以及哮喘、糖尿病、癫痫和癌症等长期健康状况。残疾儿童和青少年不一定有特殊教育需要，但残疾儿童和青少年与有特殊教育需要的儿童和青少年有很大的交集。如果残疾儿童或青少年需要特殊教育，他们也将被包括在“有特殊教育需要”的定义中。

全英国获准授予本科以上学位的大学和学院共166所，其中大学112所，学院54所，可授予的学位包括学士、硕士或博士学位。[1]基于入学机会的开放和政策支持，这些高校都可以招收残疾学生。21世纪以来，英国积极推进高等融合教育，对残疾人高等教育越发重视，残疾学生入读大学和学院的人数和占比一直处于增长状态。据英国高等教育统计局（Higher Education Statistics Agency，HESA）的统计数据，英国2010年整个高等教育阶段的总就读学生数为250.1295万人，其中残疾大学生19.9925万人，占比8%；到2019年，英国整个高等教育阶段的总就读学生数为238.3970万人（比2010年无增长），残疾大学生数倍增，达到33.1170万人，占比达到14%。从教育层次看，英国2010年高等教育本科阶段就读的残疾学生有16.9305万人，占2010年英国全部就读本科学生总人数的9%；硕士阶段就读的残疾学生有3.0615万人，占2010年英国全部就读硕士学生总人数的5.2%。到2019年，本科阶段就读的残疾学生增长到27.2820万人，占比15%；硕士阶段就读的残疾学生人数为5.8350万人，占比10%。2010—2019年英国就读本科和硕士阶段的残疾学生均得到了较大提升。[2]就读教育层次有了很大改善，越来越多的残疾学生获得了接受更高层级教育的机会。英国每年的高等教育招生录取人数每年变化不大，但残疾新生的数量增长很快，在一定程度体现了对残疾学生录取政策的放宽。在可供残

[1] 高校领导赴英国培训团. 英国高等教育发展考察与启示[J]. 北京师范大学学报(社会科学版)，2004(2)：5-6.

[2] 陈雪菲. 英国残疾人高等教育实施的案例研究[D]. 西安：陕西师范大学，2020：19.

疾学生选择的学科与专业方面，2010年与2019年的学科门类几乎没有变化，但是在专业数量上又进行了扩增。近年来，英国高等教育为残疾学生提供的可供选择的学科门类主要有医学（牙科相关）、生物科学、兽医学、农业科学、物理科学、数学科学、计算机科学、工程技术科学及建筑学相关专业等10类科学学科，在此基础上，还有社会学、法学、商业学、大众传媒、语言学、历史、哲学、艺术设计及教育学9类非科学类学科门类。在2010年，就这些学科门类共有149个相关专业有残疾学生就读。到2019年已有162个专业向残疾学生开放。[1]现在，英国高校内的残疾大学生已经基本实现了自由择校以及选择学校开设的多数专业，通过个人努力及在接受学校和社会提供帮助的情况下，他们通常可顺利获得学位，甚至获得博士学位。

三、法国高等融合教育发展概况

在法国，特殊教育是国民教育体系的重要组成部分。高等教育阶段向残疾人开放是源于1975年国民议会通过的《法国学校体制现代化建议》（又称《哈比改革》，*La réforme Haby*）。《法国学校体制现代化建议》申明，国家有义务和责任教育和培养残疾学生，要求所有教育机构承担相关义务，向残疾人尽可能敞开大门。随后，1990年的《教育法实施条例》（*Règlement d'application de la Loi sur l'éducation*）明确规定禁止歧视残疾人，强调残疾人有与普通人拥有同等的政治、经济、社会参与和受教育机会。2005年2月11日的《残疾人机会均等、参与和公民权法》（*Loi sur l'égalité des chances, la participation et la citoyenneté des personnes handicapées*）明确规定残疾学生有在普通学校就读的权利，这成为法国残疾学生教育工作的主要法律依据。2007年的《大学残疾人宪章》（*Charte Université-handicap*）明确指出各大学应设立专门服务机构负责辅导残疾大学生，以保障他们能够顺利完成大学学习。2012年，法国政府进一步修订了《大学残疾人宪章》。近年来，法国政府不断完善《残疾人机会均等、参与和公民权法》，在服务、入学、就业、无障碍环境建设等方面满足残疾人的期

[1] 陈雪菲．英国残疾人高等教育实施的案例研究[D]．西安：陕西师范大学，2020：20.

望，向残疾人及其家人提供接待、宣传、帮扶、咨询等服务，同时向广大公众宣传残疾人扶助政策。法国对残疾的界定范围是智能或认知障碍、心理精神障碍、言语或口语障碍、听觉障碍、视觉障碍、身体病弱、肢体障碍、多重障碍、其他障碍、重度残疾10种。

法国的高等教育院校有三类，第一类为综合性大学，第二类为高等专业学校（大学校），第三类为短期高等教育学校即大学技术学院。根据法国教育部数据，2019年法国共有公立大学71所，工程师学院275所，大学技术学院108所，商业、管理和会计类学院334所，高等艺术、文化类学院298所，医药类学院552所，还有法律、新闻、教师培训以及社会事务等专业性学院。有数据表明，2012—2013学年，获得高中会考文凭609857人，其中有53.4%进入综合性大学，有27.3%进入大学校，19.3%进入短期高等教育学校。[1]从残疾学生进入大学的情况看，自2001年起，入读大学的残疾学生逐年增加，2012—2013学年为14321人，残疾学生占入学学生总数的2.35%。之后，残疾学生数以每学年增加2000人的速度增长，到2015—2016学年，残疾学生入读综合性大学21254人，入读大学校1121人，入读其他教育机构882人，共23257人。[2]

四、澳大利亚高等融合教育发展概况

澳大利亚政府较早地认识到教育在保障残疾人权益中的重要作用，并制定了系列法规政策，为残疾人接受高等教育提供政策支持。1992年，澳大利亚国会通过了《残疾歧视法案》(*Australian Disability Discrimination Act*)，其中提出“残疾学生有权与其他学生以相同方式进入和参与教育与培训”“高等教育机构要保证残疾人的高等教育权利，提供就读机会及支持服务”。2003年，澳大利亚议会通过《高等教育支持法案2003》(*Higher Education Support Act of 2003*)，确立了“高等教育残疾人支持计划”(*Higher Education Disability Support*

[1] 马燕生，张力玮．法国高等教育［M］．北京：中国科学技术出版社，2022：55，101.

[2] MENESR-DEPP (2017). L'état de l'Enseignement supérieur et de la Recherche en Facnce［EB/OL］.(2020-08-31)［2020-08-31］. https://publication.enseignementsup-recherche.gouv.fr/eesr/7/source-MENESR_DEPP.php.

Program, HEDSP 2003），主要为高校满足残疾学生的各种特殊需要提供财政支持，包括教育设备和相关服务，由政府拨款资助。2005年，澳大利亚颁布《残疾人教育标准》（*Disability Standards for Education*），对残疾人申请、注册和参与高等教育的标准进行了规定。2006年，澳大利亚的维多利亚州出台《教育和培训改革法案》（*Education and Training Reform Act*），提出要为残疾学生提供平等的教育机会。2013年，澳大利亚实施"国家残疾人保险计划"（National Disability Insurance Scheme），为残疾人提供个性化的新型支持服务，包括个人护理、专业交通、永久助手和必要的设备等，有效降低了残疾人进入高等教育的难度。对于残疾的范围，澳大利亚在1992年通过的《残疾歧视法案》中做出了较为宽泛的界定，包含肢体、智力、精神、感官、神经系统、免疫系统等在内的残缺或障碍，均可视为残疾。总体上讲，可分为肢体类、感官类、智力类和精神类残疾。

澳大利亚残疾人联盟网站（Australian Network on Disability）显示，澳大利亚有400多万有某种形式的残疾人，残疾人口占全部人口的20%左右。[1]澳大利亚的残疾学生主要在各州的大学和以职业教育为主的技术与继续教育学院（technical and further education, TAFE）等高等院校接受高等教育。在澳大利亚，只要是具有澳大利亚国籍或永久居住权的公民，且完成12年教育或达到同等要求，无论是普通学生还是残疾学生都可以申请接受高等教育，按照学生的中学毕业考试的成绩进行"澳大利亚高等教育入学排名"（Australian Tertiary Admission Rank, ATAR）。大部分高等教育机构为残疾学生提供了特殊的入学机会，如预留特殊入学者名额、澳大利亚高等教育入学排名加分等。受ATAR准入政策的保障，不同残疾类型的学生与其他学生一样，可根据自己的能力和兴趣选择相应的专业。2016年，澳大利亚财政支持的教育系统中，有残疾学生11.39万人，占全部获得财政支持学生总数的9.0%，其中，大学专科及以上

[1] 房风文，张喜才．澳大利亚促进残疾人接受高等教育的举措及启示[J]．中国特殊教育，2018(2):3-7.

学历残疾学生的人数占残疾学生总人数的9.9%[1]，受到财政支持的残疾大学生也越来越多。

五、日本高等融合教育发展概况

日本较早就开始重视残疾人高等教育的发展，通过制定一系列法律法规，对残疾人教育从融合教育向高质量教育转变的动态的演进提供政策支持。日本在1970年制定了《残疾人基本法》。日本最早的残疾人高等教育是在1990年成立了独立设置的残疾人高等教育院校——国立筑波技术短期大学。2004年对《残疾人基本法》进行了修订，增加了支援残疾人自立和参与社会的理念，为推进高等融合教育打下了基础。2007年9月，日本签署了联合国发起的《残疾人权利公约》，成为首批缔约国和履约国。《残疾人权利公约》促使日本政府和高等教育机构转变观念，为残疾人提供高等教育的机会。日本为了履行该公约，于2009年设置了残疾人制度改革推进部，开始推进残疾人制度包括教育在内的相关制度的改革。2011年再次修订《残疾人基本法》。2012年，文部科学省在环境整改工作小组报告中明确学校及其创建者都要对学校环境做出必要、适当的调整。2013年颁布了《消除残疾人歧视法》，并在2016年开始实施，以法律条文的形式明确规定消除对残疾人的歧视是国家和地方公共团体必须履行的法律义务，是私立团体应积极参与履行的义务，这对残疾人高等教育的发展提供了强有力的法律保障。从1970—2016年法律条文的演变可以看出，与现实需要契合的法律公平要义的不断推进，是日本推进融合教育并向高质量教育发展的根本原因。对于残疾的界定，在日本《学校教育法》中进行了规定，包括视觉残疾（包括重度弱视）、听觉言语残疾（包括重度听障）、肢体残疾、智力低下、精神残疾、体弱多病、其他残疾。

日本高等学校中的残疾学生人数逐年增多，2016年的在校残疾大学生人

[1] National Centre for Vocational Education Research. Government-funded students and courses 2016 [EB/OL]. (2023-08-31) [2023-08-31]. https://www. ncver. edu. au/data/assets/word_doc/0024/661056/Students-and-courses-2016-terms-and-definitions.Docx.

数是2006年的5.5倍，达到27256人。[1][2]2016年，日本全国1171所高校中已有542所响应《消除残疾人歧视法》的要求，围绕残疾人高等教育的推进工作出台了一系列基本方针和规章制度。[3]在保障残疾学生高校入学方面，各校为考前咨询、考试提供了合理便利条件，在录取时基于"合理的考虑"给予残疾学生特殊照顾。高校入学考试不设体检，残疾人只要能考上，就能进入高校学习。日本的高等教育机构分为大学、短期大学和高等专门学校三类，根据2016年《大学、短期大学及高等专门学校对残疾学生学业支援情况调查分析报告》(以下简称《调查报告》)数据，高等教育机构中有大学778所、短期大学336所、高等专门学校57所，共1171所高等学校。2016年录取的残疾学生分布在大学、短期大学、高等专门学校，其中大学667所、短期大学180所、高等专门学校52所，共计899所，占比高达76.8%。从残疾学生人数来看，有24687名残疾学生选择在大学就读(占比高达90.57%)；从残疾学生类别来看，所有残疾学生中体弱多病者占比最高，达34.4%，精神残疾者占24.9%，智力低下者(有诊断书)占15.2%，肢体残疾者占9.8%，听觉言语残疾者占7%，视觉残疾者占2.9%，其他残疾者占4.3%。[4]2005—2021年的《调查报告》显示：日本2005年残疾大学生人数为5444人，占学生总数的0.16%；2009年残疾大学生人数为7103人，占学生总数的0.22%；2013年残疾大学生人数为13449人，占学生总数的0.42%；2017年残疾大学生人数为31204人，占学生总数的0.98%；2021年

---

❶ 独立行政法人日本学生支援机构．平成18年度(2006年度)大学、短期大学及高等专门学校对残疾学生学业支援情况调查分析报告．[EB/OL]．(2007-05-22)[2023-08-31]．https://www.jasso.go.jp/statistics/gakusei_shogai_syugaku/__icsFiles/afieldfile/2021/02/09/chosa06_houkoku_1.pdf:6.

❷ 独立行政法人日本学生支援机构．平成28年度(2016年度)大学、短期大学及高等专门学校对残疾学生学业支援情况调查分析报告．[EB/OL]．(2018-07-09)[2023-08-31]．https://www.jasso.go.jp/statistics/gakusei_shogai_syugaku/__icsFiles/afieldfile/2021/02/10/h28report_h30ver.pdf:8.

❸ 廖菁菁．从全纳到高质量：日本残疾人高等教育的新进展及启示[J]．外国教育研究，2018(5):19.

❹ 独立行政法人日本学生支援机构．平成28年度(2016年度)大学、短期大学及高等专门学校对残疾学生学业支援情况调查分析报告．[EB/OL]．(2018-07-09)[2023-08-31]．https://www.jasso.go.jp/statistics/gakusei_shogai_syugaku/__icsFiles/afieldfile/2021/02/10/h28report_h30ver.pdf:8,10,28.

残疾大学生人数为40744人，占学生总数的1.26%。[1]日本在册的残疾大学生人数呈逐年递增趋势。

综上所述，美国、英国、法国、澳大利亚、日本等发达国家较早地在基础教育阶段开展了融合教育，融合教育理念和新的残疾观在各国逐渐深入人心。各国认识到，残疾人接受高等教育是残疾人有尊严地参与社会生活、提高生活质量、实现个人潜能与价值的有效途径，它们制定一系列的法律法规并强制实施，在发展的不同时期逐步加以完善。在教育理念上，各国法律都遵循融合教育的思想，追求公平和正义，并促进融合教育向高质量教育转变，这有效地推动了残疾人高等融合教育的发展。随着社会的不断进步，残疾人从没有接受高等教育的权利到有接受高等教育的权利，从个别精英能实际享受这种权利到更多人完全平等地享受这种权利。当今发达国家的高等教育已经由大众化走向普及化，残疾人高等教育已经迈入了新的阶段，如何保障残疾人平等接受高等教育与普通人接受高等教育一样得到普及，成为21世纪特殊教育最大的挑战与机遇。发达国家的残疾人高等教育发展至今，也仍面临着困难与挑战，如并非所有高等院校对残疾学生的接纳都达到了理想程度；残疾学生由中等教育到高等教育的衔接也存在困难，学生需要接受的转衔服务仍待完善；残疾学生高等教育适应不良的情况仍然存在，一些残疾学生无法很好地完成学业等。各国也在不断地探讨并加以改进。

第三节　中国高等融合教育的发展概况

残疾人高等教育的产生和发展是社会进步和教育事业发展的必然规律。在中国残疾人教育相关政策的不断完善和推动下，中国残疾人高等教育得到了很大发展。

目前，中国残疾人主要通过三种形式接受高等教育：一是通过单独考试单独录取的方式（简称单考单招）获得录取资格，进入普通高等学校中独立设置

[1] 独立行政法人日本学生支援机构．历年残疾大学生数据．[EB/OL]．(2023-08-31)[2023-08-31]．https://www.jasso.go.jp/statistics/gakusei_shogai_syugaku/index.html.

的残疾人教育学院或系科就读；二是通过参加全国普通高校入学考试获得录取资格，在普通高校与普通学生一起学习，即高等融合教育；三是通过参加成人高考、高等教育自学考试及开放大学远程教育等方式接受高等教育，经考核成绩合格者，取得大学专科或本科的学历。目前残疾人高等教育已形成以特殊教育学院（系）为骨干，融合教育为主体，成人教育与远程教育为辅的发展格局。

在中国残疾人高等教育发展初期，残疾人主要通过第一种形式接受高等教育，即在独立设置的残疾人教育学院接受教育。残疾人大学生的类型主要是视力残疾人、听力残疾人、肢体残疾人。1985年，山东滨州医学院成立了招收肢体残疾人的临床医学系，是中国第一个建立在院校的专门开展残疾人高等教育的系，填补了中国残疾人高等教育的空白。1987年成立的长春大学特殊教育学院是中国第一个在普通高等学校中独立设置的残疾人教育学院，它采取单考单招形式招收视力残疾人和听力残疾人。1997年和2000年，天津理工大学聋人工学院、北京联合大学特殊教育学院相继成立，面向全国招收残疾人大学生。2014年，北京联合大学特殊教育学院获批国内首个专门面向视力残疾人招生的临床医学（中医）硕士专业学位授权点，提升了残疾人接受高等教育的层次。2015年，通过单考单招，来自全国的4名视力残疾人进入北京联合大学特殊教育学院攻读临床医学（中医）硕士专业学位。经过多年的不断发展，中国独立设置的特殊教育学院（系）由2010年的16所增长到2021年的23所，这也给残疾人带来更多的选择高等教育院校的机会。在这23所高等教育院校中，举办本科层次以上教育的院校有14所，包括北京联合大学特殊教育学院、天津理工大学聋人工学院、长春大学特殊教育学院、南京特殊教育师范学院、绥化学院教育学院、上海应用技术大学艺术设计学院、金陵科技学院、南京中医药大学、滨州医学院特殊教育学院、郑州工程技术学院、郑州师范学院、重庆师范大学特殊教育学院、西安美术学院特殊教育艺术学院、乐山师范学院；举办专科层次教育的院校有9所，包括辽宁特殊教育师范专科学校、浙江特殊教育职业学院、福州职业技术学院、山东特殊教育职业学院、河南推拿职业学院、长沙职业技术学院特殊教育系、广州城市职业学院、云南特殊教育职业学院、广州中医药大学。招收残疾人大学生的类型主要是视力残疾人、听力残疾人和肢体残疾人。中国残疾人事业统计年鉴数据显示，2021年，普通高校和独立设置的残疾人教育学院录取残疾人大学生总数为16861人，其中独立设置的残疾人教育学院录取的学生为2302人，仅占录取学生总数的13.65%，其中硕士研究生18人，本科930人，高职（专科）1354人。从残疾人类型分布来看，视力残疾人471人，占20.5%；听力残疾人876人，占38.1%；其他类型（肢体残疾、轻度精神残疾等）残疾人955人，占41.4%。[1]学生就读的专业主要集中在医学、艺术、工学三大学科门类，涉及针灸推拿学、视觉传达设计、艺术设计、工艺美术、音乐学或音乐表演、计算机应用技术等专业，学生可以选择学习的专业范围比较有限。

随着中国融合教育的不断发展，越来越多的残疾人学生选择通过第二种形式接受高等教育，即通过参加全国普通高考进入普通高等教育院校，与普通学生一起学习，即高等融合教育。高等融合教育的发展得益于国家政策的不断完善和推进。回溯到1985年，《教育部、国家计划委员会、劳动人事部、民政部关于做好高等学校招收残疾青年和毕业分配工作的通知》发布，要求各地教委、高招办在招生工作中，在德、智条件相同的情况下，对生活能够自理、不影响所报专业的学习及毕业后所从事的工作的肢体残疾（不继续恶化）考生，给予和普通考生同等的录取资格，不应仅因残疾而不予录取。这一通知促进了各地教委、高招办在招生工作中给予残疾考生与普通考生同等的录取资格。1987年，北京大学首次招收了21名来自全国各地的肢体残疾人大学生[2]，开创了残疾人在普通高校随班就读（随班就读是中国实施融合教育的一种形式，是中国参照国际上其他国家的融合教育做法，结合中国的特殊教育实际情况所作出的一种教育创新）的先河。1990年颁布的《中华人民共和国残疾人保障法》和1994年颁布的《残疾人教育条例》，明确保障残疾人享有平等接受教育

---

❶ 中国残疾人联合会. 2022中国残疾人事业统计年鉴[M]. 北京：中国统计出版社，2022.

❷ 朱宁波. 关于残疾人高等教育形式之探析[J]. 中国特殊教育，2001(3)：58-61，59.

的权利，要求普通高级中等学校、高等学校、成人教育机构必须招收符合国家规定的录取要求的残疾人考生入学，不得因其残疾而拒绝招收。这促进了高等融合教育理念的落实。2002年9月，上海盲校的一名高中毕业生，通过盲文点字及放大试卷字号的形式参加了高考，并被上海师范大学录取。2003年起，上海市开始尝试在普通高等院校以融合形式招收视力残疾人大学生，华东师范大学、上海师范大学、上海中药大学、上海第二工业大学等高校陆续接收了数十名视力残疾人大学生就读。与此同时，在全国范围内，各高校也对符合录取条件的残疾考生敞开了大门。越来越多的残疾人在普通高校就读，但就读的残疾学生一般为视力残疾、听力残疾、肢体残疾学生。2008年修订的《中华人民共和国残疾人保障法》对残疾人的定义范围包括视力残疾、听力残疾、言语残疾、肢体残疾、智力残疾、精神残疾、多重残疾和其他残疾的人，可见在高等教育学校中，入学的残疾学生类型还比较少。此外，残疾人可选择的高校范围和专业范围还较小，残疾人大学生在高校的学习存在着个性化支持不足等问题。

2006年，《全国特殊教育“十一五”发展规划》(2006—2010年)及其配套实施方案提出：“巩固提高残疾人高等教育，进一步完善普通高等院校招收残疾考生的政策，拓宽残疾学生接受高等教育的渠道，扩大高等院校对残疾人的招生数量。”2008年修订的《中华人民共和国残疾人保障法》规定：“国家举办的各级升学考试、职业资格考试和任职考试，有盲人参加的，应当为盲人提供盲文试卷、电子试卷或者由专门的工作人员予以协助。”这为向参加各类国家级考试的视力残疾人提供便利条件提供了依据。2010年，《国家中长期教育改革和发展规划纲要(2010—2020年)》颁布，强调重视发展残疾人高等教育，从关心和支持特殊教育、完善特殊教育体系、健全特殊教育保障机制三方面做出系统规划。为了应对实施高等融合教育过程中所遇到的学习支持不足、质量提升和高端就业难等现实问题，上海市残疾人联合会将残疾大学生的教育、就业支持作为残疾人社会保障体系和服务体系建设的重要内容，列入优先、重点建设项目加以推进。上海市残疾人联合会以立项的形式，自2010年起依托设在华东师范大学的上海市特殊教育资源中心，组建了残疾人高等融合教育支持服务团队，在研究残疾人高等教育规律、了解残疾大学生需求的基础上，整合专家资源、搭建服务平台，为残疾大学生在学业与就业方面提供免费、持续的资源支持与专业服务。该研究历时七年，研制出《大学融合教育办公室服务内容与流程》《高等融合教育手册》（学校版、学生版）等，总结了可供借鉴的经验、提出了政策建议。2012年，国家颁布的《无障碍环境建设条例》对无障碍设施建设、信息交流、社区服务等领域进行规范，重申了为《残疾人教育条例》规定的各类国家级考试的视力残疾人提供便利条件的规定。2014年，《教育部关于做好2014年普通高校招生工作的通知》附件“2014年普通高等学校招生工作规定”明确要求：“各级考试机构要为残疾人平等报名参加考试提供便利。有盲人参加考试时，为盲人考生提供盲文试卷、电子试卷或者由专门的工作人员予以协助。”这标志着法律法规从文本形式走向实践。2015年，教育部、中国残疾人联合会联合印发了《残疾人参加普通高等学校招生全国统一考试管理规定（暂行）》，将“合理便利”写入其中，并列举了提供合理便利的具体方式，对各级招生考试机构遵循高考基本原则，为残疾人参加高考提供平等机会和合理便利作出明确规定。这是中国第一个从国家层面为残疾人参加普通高考而制定的管理规定。2015年，有比往年更多的视力残疾人选择参加普通高考。2017年，在总结经验、征求各方意见的基础上，教育部和中国残联共同颁布了《残疾人参加普通高等学校招生全国统一考试管理规定》。为贯彻《“十三五”加快残疾人小康进程规划纲要》，实现逐步建立和完善残疾人高等融合教育政策措施的目标，中国残疾人联合会为了推进全国的高等融合教育的发展，在教育部大力支持下，决定开展高等融合教育试点工作，下发了《关于开展残疾人高等融合教育试点工作的函》（残联教就〔2017〕12号），确定从2017年8月起，在北京、吉林、江苏、河南、湖北、四川六省（市）分别选择北京联合大学、长春大学、南京特殊教育师范学院、郑州工程技术学院、武汉理工大学、四川大学六所普通高等学校开展为期两年的残疾人高等融合教育试点工作，目的是探索普通高校在残疾学生招生录取、专业学习、生活帮扶、就业指导等方面的支持保障服务，为制定和完善残疾人高等融合教育政策措施提供理论依据和实践支撑。

中国残疾人联合会历年发布的《中国残疾人事业发展统计公报》数据显示，在2011—2020年的十年间，残疾人考入普通高等教育院校的学生每年呈现小幅上升态势。2011年，全国有8027名残疾人被高等院校录取，其中有7150名残疾人被普通高等院校录取；到2020年，全国有15804名残疾人被高等院校录取，其中12362名残疾人被普通高等院校录取，占录取残疾人总数的78.2%。[1][2]可见，在国家倡导融合教育的形势下，残疾人在普通高校接受教育已经成为主要形式。“十三五”期间，申请合理便利的残疾人数量逐年增加。五年内，共有5.75万名残疾人被普通高校录取，比“十二五”期间增加了1.92万名，增长比例为50.1%。从教育层次看，以2021年数据为例，全国普通高校招收残疾人14559名，其中，研究生348名，本科生5928名，专科生8283名；全国有31个省（直辖市）招收了残疾学生，招生人数排在前三位的是山东省（1195名）、云南省（1151名）、河南（1118名），普通高等院校残疾人的上线录取率为89.7%。[3]残疾人在普通高校的受教育层次已达到博士学位，如清华大学聋人博士姚登峰、江梦南，南京师范大学博士毕业生侯晶晶等。就读普通高校的残疾人学生类型主要是视力残疾人、听力残疾人和肢体残疾人，近年来也有少数高校招收轻度精神残疾、言语残疾、脑瘫、多重残疾的学生。以2021年录取人数为例，普通高校录取的14559名残疾学生中，视力残疾人1721名、听力残疾人2417名、肢体残疾人8632名、其他类型残疾人1789名，分别占普通高校录取残疾学生总数的11.8%、16.6%、59.3%和12.3%。[4]

---

❶ 中国残疾人联合会．2020年残疾人事业发展统计公报［EB/OL］.（2021-04-09）［2023-08-31］. https://www.cdpf.org.cn/zwgk/zccx/tjgb/d4baf2be2102461e96259fdf13852841.htm.

❷ 中国残疾人联合会．2011年中国残疾人事业发展统计公报［EB/OL］.（2012-04-01）［2023-08-31］. https://www.gov.cn/fuwu/cjr/2012-04/01/content_2630909.htm.

❸ 中国残疾人联合会．2022中国残疾人事业统计年鉴［EB/OL］.（2023-08-31）［2023-08-31］. https://www.cdpf.org.cn/zwgk/zccx/ndsj/jy/2021jy/ae2565398f514a728028682d09a9cbc8.htm.

❹ 中国残疾人联合会．2022中国残疾人事业统计年鉴［M］．北京：中国统计出版社，2022.

残疾人还可以通过第三种形式接受高等教育，即通过参加成人高考、高等教育自学考试及开放大学远程教育的方式接受高等教育，经考核成绩合格者，取得大学专科或本科的学历。中国的残疾人远程高等教育始于2002年。经教育部批准，中央广播电视大学（现国家开放大学）残疾人教育学院于2002年11月正式成立，学院本部设在深圳开放大学。该学院充分利用全国电大系统的教育资源和全国残联系统的政策优势，为全国残疾人及残疾人工作者提供高等教育本科学历、专科学历继续教育和非学历继续教育，逐步构建起了比较完整的残疾人远程教育体系。远程教育形式可以较大限度地避开身体和生理缺陷给残疾人带来的制约，适合残疾人的生理、心理和学习特点，能够为残疾人提供比较灵活、便利地接受高等教育及终身学习的机会。特别是信息技术的飞速发展，为残疾人接受较高质量的高等教育提供了许多新的可能性。远程教育有可能满足重度肢残、听力残疾、言语残疾、视力残疾等各种类型的残疾人的不同学习需求，从而为残疾人平等地参与社会生活创造了更多的条件。国家开放大学开展的残疾人远程高等教育，为残疾人提供了更多接受高等教育的机会，形成了适合残疾人需求、覆盖全国的办学网络，成为中国残疾人高等教育的重要办学力量。目前该学院已建设了覆盖深圳、成都、南京、内蒙古、宁夏、天津、西安、甘肃、长春、沈阳、哈尔滨、青海、新疆、江门、成都、广州等省市的30个地方学院和教学中心，其中地方学院依托省级广播电视大学办学，教学中心依托地市及县级广播电视大学办学，截至2023年春季学期，累计招收本、专科残疾学生20899人。[1]学院主要面向听力残疾人、视力残疾人和严重行动障碍的残疾人开设了广告学、社会工作、法学3个本科专业，数字媒体艺术设计、社会工作、法律事务3个专科专业。该学院根据实际情况，设计实施了一种“混合”教学模式。学习者中的肢体残疾人、听力残疾人、视力残疾人和普通学生混合编班，在一起实施教学，使融合教育理念在成人教育中、

[1] 国家开放大学残疾人教育学院．国家开放大学残疾人教育学院2023年秋季开放教育本科、专科招生简章[EB/OL].（2023-07-15）[2023-08-31]. https://sunnylearn.szou.edu.cn/show.aspx?id=305&cid=61.

在残疾人远程教育中得到贯彻和发展。在残疾人参加成人高考接受高等教育方面,2003年11月,经教育部批准,北京市成人高考首次面向残疾人实行单考单招政策,北京联合大学特殊教育学院在全国首次招生,当年录取了63名考生,分别就读于针灸推拿学(专升本)、服装设计(专升本)、艺术设计(专升本)、服装设计(专科)、音乐学(专科)、钢琴调律(专科)、计算机应用(专科)等专业,残疾学生采取独立编班形式学习。❶

总之,中国残疾人高等教育有了长足的发展。近年来,国家大力提倡发展高等融合教育,使得残疾学生进入普通高校学习的人数不断提升。但是,也必须看到,融合教育理念和新的残疾观在中国尚未深入人心,并非所有的高等院校对残疾学生的接纳都达到了理想程度;由于普通高校对残疾人的学习支持方面还不够成熟和完善,重度残疾人在普通高校学习还存在一定困难。从发达国家高等融合教育的发展历程看,保障残疾人接受高等教育及教育质量的关键是要建构残疾人高等教育的支持和服务体系,包括立法保障、资金投入、入学保障、无障碍支持、转衔服务及就业支持、教师队伍建设等方面。

❶ 麻一青,李珍.北京市残疾人高等继续教育20年成果回顾与展望[J].科技资讯.2023,21(3):184-188,205.

第二章

发达国家残疾人高等教育制度保障

在高等融合教育发展的过程中，发达国家通过不断完善立法和体系化来保障残疾人平等接受高等教育的权利。国家（政府）层面的法律是残疾人高等教育入学机会的重要保障，是提升残疾人受教育质量的重要驱动力。美国、英国、法国、澳大利亚、日本等发达国家的绝大多数残疾人都是通过高等融合教育形式接受高等教育的，各国通过不断完善相关政策以适应残疾学生的多样化需求。这些国家和地区的立法保障主要包括几个方面：一是保障残疾人同其他受教育者一样，享有宪法和教育法规定的受教育权，在高等教育阶段，保证残疾人不因残疾而被拒绝入学，即强调“零拒绝”原则；二是为保障残疾人的入学公平，提供合理便利条件；三是提供高校录取的特殊政策；四是国家对高等教育机构的经费支持、对残疾人个体提供学业资助；五是推进形成高等融合教育校园环境，将融合教育理念融入大学精神和教育活动，为残疾学生提供完备的事务支持、创设无障碍环境，重视无障碍环境建设和辅助技术提供，为残疾学生学习和生活提供服务；六是制订并实施个别化教育计划；七是加强对残疾学生的就业支持和职业发展规划，禁止对残疾人的就业歧视，要求做好残疾学生的职业生涯发展指导，与用人单位做好沟通等。

第一节 强调“零拒绝”原则

发达国家通过立法保障残疾人高等教育受教育权，同其他受教育者一样，享有宪法和教育法规定的受教育权，在高等教育阶段，保证残疾人不因残疾而被普通高校拒绝录取，即强调“零拒绝”原则。美国1973年颁布的《康复法案》第504节确立了保护残疾人高等教育机会平等权的基本原则——高等学校必须录取“有残疾的合格个人”。后来，美国联邦最高法院在相关判例中将“有残疾的合格个人”界定为“虽有残疾但能满足所有教育要求的人”。《康复法案》规定：任何机构都不能歧视残疾人，联邦财政资助的项目或活动中残疾人不应因残疾被排除参与、剥夺获益或受歧视，接受联邦资助的高等教育机构均受这一条款约束。1990年的《残疾人教育法》强调“零拒绝”的教育原则。英国2001年颁布《特殊教育需要及残疾法》，首次明确高等教育提供机构须保证不因学生的残疾或相关理由而对其歧视、不当对待或不为其提供合理的调整措施。法国2005年颁布的《残疾人机会均等、参与和公民权法》明确规定，残疾学生有在普通学校就读的权利。澳大利亚1992年和2005年颁布《残疾歧视法案》和《残疾人教育标准》，规定“高等教育机构要保证残疾人的高等教育权利，提供就读机会及支持服务”。日本2004年修订《残疾人基本法》，强调支援残疾人自立和参与社会，为推进高等融合教育打下了基础；日本2016年实施的《消除残疾人歧视法》，明确规定消除对残疾人的歧视是包括高等教育机构在内的国家和地方公共团体必须履行的法律义务。

第二节　提供合理便利条件

联合国《残疾人权利公约》将“合理便利”定义为：根据具体需要，在不造成过度或不当负担的情况下，进行必要和适当的修改和调整，以确保残疾人在与其他人平等的基础上享有或行使一切人权和基本自由。“合理便利”一词起源于美国的反就业歧视的法律实践，后来逐渐扩展到教育、医疗、公共交通等领域，并逐渐在其他一些国家的反歧视法律实践中得到承认。为保障残疾学生与其他学生享有同等的受教育机会，很多发达国家通过国家政策法规的制定，确保在高校入学考试和入学后的大学学习生活中为残疾学生提供充分的“合理便利”条件。

美国联邦政府2004年颁布的《残疾人教育促进法》明确表示要为每位残疾学生提供高质量的教育，指出接受高等教育的残疾学生可以向学校申明残疾，据此，学校须为其提供合理、适应的服务以保证他们平等参与的机会，这些服务包括：录制讲座、延长考试时间、手语翻译和笔记记录及适当的课程替换等。2008年美国颁布的《高等教育机会法案》明确要求联邦政府提供财政支持，帮助招收残疾人的高等教育机构进行相关教育或研究服务。美国教育考试服务中心（Educational Testing Service，ETS）和美国大学委员会下设的残疾学生服务中心（Services for Students with Disabilities，SSD），负责提供入学考试中的合理便利条件，拥有专门化的服务团队。ETS在残疾人测验公平性保障方面具有丰富的经验，其制定的《ETS质量与公正性标准》对残疾考生的测验开发、测验便利设计、分数解释与使用等问题提出明确的公平性标准要求。ETS允许残疾考生使用计算机读屏软件、字体放大软件、盲文刻印机等一系列高科技设备；SSD的主要职责是为申请大学入学的残疾学生提供考试便利，如提供辅助器具和服务等。美国为九种残疾类型出台了相应的便利申请手册。九种残疾类型包括全盲或低视力、聋或重度听力残疾、肢体残疾及慢性疾病、注意力不足或多动症、孤独症、智力残疾、精神残疾、学习障碍、创伤性脑损伤。在美国，可以根据学生实际情况，延长考试时间，如增加50%的额外时间、双倍时间以及更多的时间。也可延长休息时间，主要包含考试中途休息、延长休息时间、按需延长休息时间。

英国在《特殊教育需要及残疾法》中首次明确高等教育提供机构须保证其不因学生的残疾或相关理由歧视、不当对待或不为其提供合理的调整措施之后，《平等法案2010》明确规定，地方政府和高等教育机构必须采取适当步骤，确保残疾学生平等进入学校生活的各个领域，尤其要在评估、课程设计等方面为残疾学生提供合理调整和便利，制订详细的书面无障碍计划等。2015年《特殊教育需要及残疾实施章程：0~25岁》为英国的学校、教师及专业人员提供行动指南。英国所有大学和高等教育机构都有专人主管残疾人教育，提供包括课程咨询、资金援助等在内的各种支持服务。

法国《大学残疾人宪章》明确指出，政府有义务支付残疾大学生学习、医疗费用以及特殊教育教师费用，学校有责任在服务、入学、就业、无障碍设施建设等方面满足身心障碍者的期望。要求大学向残疾人提供个性化服务，这类服务通常是在大学设置资源中心，由教育、行政、医疗、心理、社会等各个领域的专家组成专业团队，提供鉴定、评估、福利获得、安置、就业、居家照顾等各项服务。

澳大利亚《高等教育支持法案2003》确立了“高等教育残疾人支持计划”，政府拨款资助接收残疾学生的高等教育机构，为满足残疾学生的各种特殊需要购置教育设备和提供相关服务。《残疾人教育标准》对残疾人申请、注册和参与高等教育的标准进行了规定。

日本文部科学省在2012年明确要求学校及其创建者都要对学校环境做出必要、适当的调整，以利于残疾学生的学习。日本规定，大学入学考试不设体检，残疾人只要能考上，就能进入大学学习。大学在招录新生时，对残疾人考生给予考试方面的合理便利。日本除了为视力残疾、听力残疾和肢体残疾考生提供考试的合理便利外，还为视弱考生、听觉障碍考生、病弱考生等其他有特殊需要的考生提供考试支持。日本有明确的具体操作规定，如残疾学生去考场可乘车进入学校、指定座位、延长考试时间，通过文书来传达注意事项、随行者可一直送到考场入口，配置护理者等。对视力残疾考生提供盲文考卷和大字卷、提供特定考场，延长答题时间1.5倍、提供盲文答题纸和盲文针笔等；对听力残疾考生提供试题连续播放、每题停顿，考试时间延长等；对肢体残疾考生可以延长考试时间1.3倍、安排在建筑物一层等。

第三节　提供高校入学特殊政策

发达国家在高校录取工作中引入对残疾人的补偿措施来增加残疾人接受高等教育的可能性，以补偿残疾人在高等教育入学中的弱势地位，具体有配额法和加分法两种方式。

（1）配额法。配额法是在每年的录取名额中预留或单独增加部分名额给残疾学生，专门用于保障残疾人的高等教育入学。如美国高等教育强调任何人不分年龄、性别、种族、障碍的差异，只要符合申请学校的基本要求则能接受高等教育，各大学针对少数民族和弱势群体配有保障名额。1996年，美国加州为保障残疾人的高等教育机会平等权，在以特殊才能合格性决定标准录取的新生中预留2%的名额录取包括残疾人和退伍军人在内的由于特殊情况未能达到其他录取标准的学生。[1]又如，澳大利亚的每个州都设有机构来管理

[1] 申素平．高等教育阶段我国残疾人教育机会平等权的法律保障[J]．中国教育法制评论，2014(12)：127.

残疾人的高等教育申请，申请群体中以适龄残疾学生为主。几乎各州的所有大学都使用州立的集中招生中心来管理包括残疾学生在内的所有学生申请。TAFE学院类的高等院校的申请可以通过“我的技能网(My Skills website)”进行。同时，每个州都设置了区域残疾人联络官(Disability Liaison Officer)，主要负责残疾人权益保护事项，可向学校和残疾学生个人提供咨询服务，接受问题反馈等。澳大利亚大部分高等教育机构都为残疾学生提供了特殊的入学机会，如预留特殊入学者名额等。西班牙在1992年的皇家法令中要求各大学将一年级新生招生名额中的3%留给残疾学生，包括非听力损伤或言语损伤的其他类型残疾学生。[1]

(2)加分法。加分法主要是通过加分或在原有成绩的基础上加权计算成绩，增加残疾考生达到高校录取分数线的可能性。如澳大利亚的大部分高等教育机构除了为残疾学生提供预留特殊入学者名额的特殊入学机会外，还为残疾学生提供澳大利亚高等教育入学排名加分等政策。以新南威尔士州和澳大利亚首都地区的大学申请管理中心为例，该中心实施了“教育通道计划”，为那些在学习过程中受到不利影响的申请者提供入学机会，尤其是受到残疾影响的人。

第四节　经费支持和学业资助

由于残疾人教育要在诸多方面建设适合残疾学生学习的环境，如教学设施、教材教具、师资配备、生活设施、康复设备等都需要进行适应性改造和建设等，这些特性决定了其所投入的资金比普通教育会有大幅增加。据经济合作与发展组织(Organization for Economic Co-operation and Development，OECD)估计，教育残疾学生的人均花费约是普通学生的2~4倍，因而资金问题一直都

[1] 申素平．高等教育阶段我国残疾人教育机会平等权的法律保障[J]．中国教育法制评论，2014(12)：127.

困扰着残疾人教育。[1]

发达国家的经济高度发展为高等融合教育的发展提供了物质基础。各国政府为了支持和鼓励残疾人进入高校深造，从经费投入上给予了极大的支持和保障，通过立法给予高等教育机构经费资助，以解决其在实施残疾人教育方面所面临的经费不足问题，同时完善残疾大学生资助体系，残疾学生可以通过多种渠道获得诸如奖助学金、政府补贴、助学贷款、税收减免等相关的财政补助。

一、对高等教育机构的经费资助

美国自1990年通过《残疾人教育法》，联邦政府即以法律或法令为依据，为残疾少年儿童提供特殊教育和相关服务的拨款。法令规定，只有当地方政府同意执行《残疾人教育法》为残疾少年儿童提供特殊教育和相关服务时，联邦政府才会给予地方政府特殊教育的经费拨款，以满足各州或地方政府进行特殊教育的额外花费的需求，同时要求专款专用，不得与州教育经费混用。总体而言，可以把资助内容分为四类：一是残疾少年儿童评估和个别化教育计划所需经费。学校必须对每一个有可能符合法令规定的残疾类型的少年儿童做全面的个人评估。二是学校根据个别化教育计划，为残疾少年儿童提供保证其接受特殊教育并从中获益所有可能需要的任何相关服务和辅助技术。相关服务包括特殊的交通工具、咨询、物理治疗等。辅助技术是指助视器、增强性沟通装置和使用计算机所需的特殊装备等装置和服务。三是为残疾少年儿童提供指导或支持性服务。具体来说，就是为在家、学校、医院或其他养护机构中的残疾少年儿童提供各种适合他们发展需要的教育教学。例如，通过改造校舍环境，为接收肢体损伤学生的学校提供支持。四是培养为残疾少年儿童提供教育服务的教师，包括普教教师、特教教师、学校管理者和其他辅助人员。还包括为残疾少年儿童的家长提供相关咨询和培训。美国2004年颁布

[1] 曹当勤，陈宁春. 教育公平视野下的残疾人高等教育事业投入机制研究[J]. 教育财会研究，2018(6)：63-67.

《残疾人教育促进法》后，大幅增加了对残疾学生的资助。2008年颁布的《高等教育机会法案》明确表示，联邦政府会提供财政支持，帮助那些招收残疾学生的高等教育机构进行相关教育或研究服务，这在此前已有的法律基础上，从教师素质、残疾生接受高等教育的权利及国家的援助等方面更进一步保障了残疾学生的权益。美国联邦政府承担起残疾人教育发展的责任，明确了残疾人教育属于公共教育的重要部分，开展残疾人教育的经费有多元来源渠道，保障了残疾人教育经费的稳定性。在联邦政府支持的残疾人教育的经费中包含专项补助和一般补助。专项补助会依据补助条件给予特定对象，而一般补助部分会按照高等教育机构接收的残疾学生人数拨给高校。联邦政府对残疾人教育的相关资助逐年增加，如1999年，美国联邦政府根据修订的《高等教育法》开始设立"确保残疾学生获得优质高等教育的示范项目"（Demonstration Projects to Ensure Students with Disabilities Receive a Quality Higher Education），用于资助全美两年制社区学院和四年制高等教育机构，项目经费主要用于资助高校中从事残疾学生教学和管理的师资和行政管理人员技能的提高，以及开发创新、高效的教学方法等。相关高校可提出申请，获得教育部批准后可连续获得三年资助。1999—2010年，该项目共开展了四期，美国联邦政府共向282所受助高等教育机构提供了7000余万美元的资助金，这个项目资助为提高残疾人高等融合教育质量起到了积极作用。[1][2]美国联邦政府不断加大对特殊教育的投入，2005年对特殊教育的资助达111亿美元，比2001年增加了47亿美元。[3]到2010年，对特殊教育的资助达到125.79亿美元，2012年预计

---

[1] U. S. Department of Education. Demonstration Projects to Ensure Students With Disabilities Receive a Quality Higher Education[EB/OL].（2023-08-31）[2023-08-31]. https://www2.ed.gov/programs/disabilities/resources.html.

[2] U. S. Department of Education. Demonstration Projects to Ensure Students With Disabilities Receive a Quality Higher Education[EB/OL].（2023-08-31）[2023-08-31]. https://www2.ed.gov/programs/disabilities/funding.html.

[3] 谢敬仁，钱丽霞，杨希洁，等．国外特殊教育经费投入和使用及其对我国特殊教育发展的启示[J]．中国特殊教育，2009(6)：17-24.

126.31亿美元，2013年奥巴马政府财政预算中有127亿美元用于特殊教育，占总教育经费预算的18.2%。❶通过新增一系列特殊教育经费投入，支持早期干预服务、提高为残疾少年儿童的教育和转变提供服务的教师及工作人员的知识和技能、为残疾儿童家长提供教育和就业培训、帮助残疾人就业、维持州补助项目（保障各州的各学校能够为残疾青少年提供最少受限制环境）、新技术援助和传播等，确保0~21岁的残疾少年儿童群体接受教育，实现教育公平。2000年至2017年的18年间，美国联邦政府预算案中，对特殊教育及相关服务的经费投入逐年增加，从45亿美元左右提高到2017年约120亿美元，是2000年的三倍左右。❷再看对残疾人高等教育的资助，2012年美国教育部财年预算显示，用于帮助低收入家庭和残疾学生克服接受高等教育的障碍，确保其获得平等的大学入学机会并顺利完成学业的一种干预计划（TRIO），2010年实际支出9.1亿美元，2012年估计9.2亿美元。❸

英国政府投入大量资金帮助各级普通学校开展融合教育，1997年英国教育与就业部发表的《所有儿童的成功：满足特殊教育需要》绿皮书明确指出：要给普通学校提供特定的补助经费，加强其接纳残疾少年儿童和满足残疾少年儿童特殊教育需要的能力。根据全球经济指标数据网及英国政府官网的数据，2007—2017年英国财政预算从5866亿英镑稳步增长至7953亿英镑，其中教育预算有波动并有较大幅度减少，但政府对特殊教育的预算一直持续增长，从2007年的21.7963亿英镑增长到2017年的31.2603亿英镑。普通教育和特殊教育的生均经费均呈上升趋势，达到4436.54英镑和28455.94英镑，相比于普通教育生均经费的数额，特殊教育生均经费远远高于普通教育，是普通教育的6倍多。❹英国从2008年开始，对全日制残疾大学生和半日制残疾大学生的资助金额不断增长。

---

❶ 欧桃英，王凤玉．对策与建议：美国特殊教育经费投入与使用的探析及启示奥巴马政府2013年特殊教育经费改革计划解析[J]．重庆文理学院学报（社会科学版），2013，32(1)：133-138.

❷ 傅王倩，陆莎，肖非．美国特殊教育经费投入机制述评[J]．中国特殊教育，2016(8)：8-9.

❸ 马宇．我国残疾人高等融合教育支持体系研究[D]．南京：南京师范大学，2014：129-130.

❹ 袁珊珊．英国特殊教育财政预算及其结构研究[J]．现代特殊教育，2018(11)：75-76.

澳大利亚联邦政府制定一系列法律法规保证为残疾人高等教育提供经费投入和服务。20世纪90年代后，澳大利亚先后出台了《残疾歧视法案》《高等教育支持法案2003》《残疾人教育标准》等。为保障和提高残疾人高等教育入学机会及教育质量，还制定了“高等教育残疾人支持计划”，主要是为高校满足残疾人的各种特殊需要提供支持，共包括三个子计划。一是“残疾学生辅助支持”子计划，也称残疾学生特殊需要子计划。该子计划要求高等教育机构必须严格执行对残疾学生的核查，明确这些学生的特殊需要，为这些学生提供必需的各种教育设备和相关服务。为这些残疾学生提供的教育设备和各种服务所需费用可由高等教育机构申请联邦政府拨款资助，高等教育机构要确保经费专款专用。二是“地区残疾人联系”子计划，其目的是在各地区加强职业教育部门与高等教育机构之间的联系，指导残疾学生了解获得帮助的途径和方式，提高残疾学生的教育质量。三是“以绩效为基础的残疾人支持资金”子计划，以高等教育机构招收的残疾学生人数为基础，按全国残疾大学生人均数提供资助。该计划每年有固定的资金，每所高校能够得到的资金数 $G=A/B\times C$，其中 A 是高校招收的残疾学生人数，而 B 是全国所有高等教育机构招收的残疾学生人数，C 是该子项目拨款总数。澳大利亚政府将在高等教育残疾人支持计划中每年额外投资430万澳元，在2023—2024学年度至2026—2027学年度的4年内额外提供1770万澳元，以吸引和支持更多的残疾学生获得、参与并在高等教育中取得成功。❶

日本在经费投入上也是非常显著的。日本政府通过提高教师及服务人员素质、增加设施设备的资金投入、提供帮助残疾人完成学业的奖助学金等措施保证残疾人接受高等教育的权利。

二、对残疾学生进行学业资助

残疾学生与普通学生相比，接受高等教育的花费会高很多。残疾学生除

❶ Australian Government Department of Education. Budget 23-24 Factsheet-Higher Education Support Students with Disability [EB/OL]. (2023-05-09) [2023-08-31]. https://www.education.gov.au/about-department/resources/budget-2324-factsheet-higher-education-support-students-disability.

了支付学费、书费、住宿费用外，可能还要支付不同专业人员（医生、咨询师、心理学家、治疗师等）的服务费用、个人护理服务费用、辅助设备和交通工具的使用费用、残疾报告的出具、使用非处方药物、轮椅的维护、导盲犬食物和兽医治疗费等费用。为减轻残疾学生接受高等教育的经济压力，发达国家都制定了奖励和资助政策对残疾学生予以经费支持。

美国联邦政府自20世纪50年代起就给大学生提供各项奖助学金与贷款计划。通过各种奖学金、学生贷款及工读计划对符合资格的学生给予财务支持。1965年颁布的《高等教育法》中第一次专门规定的为大学生提供财务资助，赋予了弱势家庭子女获得财务资助的权利。1998年，美国成立了“学生财务资助”（Student Financial Assistance，SFA）专门推动残疾学生资助方案。任何一个高等教育机构都向特殊学生提供补助计划（Grant Programs）和贷款计划（Loan Programs）。补助计划分需要性（need-based）资助和奖励性（merit-based）资助两种。需要性资助提供给负担不起高等教育经费的学生，多数州政府都发放需要性资助金，只有一部分州提供奖励性资助。奖励性资助即奖学金，所有高等教育机构均有设置，以奖励学业优良的学生。美国对大学生的财政性资助经费是由联邦政府、州政府、机构、私人和雇主、非联邦政府贷款共同承担的，其中联邦政府和州政府合计投入总量占比较大，以2016—2017学年为例，联邦政府资助总资金占61.39%，州政府奖助学金4.23%，机构奖助学金占23.40%，私人和雇主资助奖助学金占6.36%，非联邦政府贷款占4.63%，联邦政府和州政府合计投入总量占比高达65.62%。[1]联邦政府对高校开展“联邦校园资助计划”，包括佩尔助学金（Pell Grants）、联邦补助教育机会奖学金（Federal Supplemental Educational Grants），联邦斯塔福德贷款、联邦帕金斯贷款以及大学勤工助学、补助性保障等。残疾学生可以优先申请，并得到相应的照顾。美国高等教育法规定，如果一个学生需要抚养费用或伤残费用，其佩尔助学金的金额应该增加。佩尔助学金是中学后教育中资助范围最大的助学

[1] 曲绍卫，柏豪，李浩华．中美高校大学生资助经费比较研究［J］．清华大学教育研究，2019，40（2）：66-71.

金，几乎覆盖美国32%的本科生。[1]从1972年每位学生最高资助金额为1400美元，一直增长到2012年最高资助金额为5550美元。[2]同时，国家职业康复（VR）计划也给予残疾学生资助，使残疾学生可以以此来支付大学费用，州立相关职业康复服务部门为残疾学生提供职业康复项目，并提供一般性奖学金和助学金。

美国接受残疾学生的高校都设有学生财政援助办公室，许多高校的《残疾学生学校权益》规定，残疾学生可优先获得助教奖学金，积极为残疾学生提供勤工俭学和研究生助理机会。美国残疾学生获得资助的途径有很多，除了上述联邦政府、州政府、学校的资助外，美国各种基金会也为残疾学生提供资金支持。例如，美国残疾基金会有专门为残疾人提供的奖学金，美国视力障碍联合基金会有专门为视力障碍者提供的资助奖学金等。各基金会为重大疾病患者及伤残患者提供的奖学金也很多。因此，大多数残疾学生能够得到有力的资金支持，完成学业。

英国对于残疾学生的经济援助主要有两种形式：一种是与普通学生同等的资助，如奖学金、助学金、学生贷款等。另一种是专门针对残疾学生的经济支持，包括残疾学生补贴（Disabled Students' Allowances，DSA）、支持基金（Support Fund）、个人独立支付（Personal Independence Payment）、就业及支持补贴（Employment and Support Allowance）。第一种与普通学生同等的资助，包括提供助学金与学生贷款制度两项主要的财力支持。经济困难大学生可以申请贷款，对经济困难学生的确定与贷款的催收均由国家税收系统承担。

英国政府为了避免因学费调涨造成弱势学生的高等教育入学阻碍，将学生贷款范围扩展到学费部分并放宽偿债标准。2004年，英国高等教育法修订，大学生毕业后收入超过1.5万英镑时才需要偿还学费贷款；2012年，随着学费上限再次提高，学费还款门槛上涨至2.1万英镑；为进一步降低大学毕业

[1] 曲绍卫，柏豪，李浩华．中美高校大学生资助经费比较研究［J］．清华大学教育研究，2019，40（2）：66-71．

[2] 马宇．我国残疾人高等融合教育支持体系研究［D］．南京：南京师范大学，2014：130．

生的负担，2018年，还款门槛被提升至2.5万英镑。[1]同时英国政府还延长了还款期限，借此减轻贷款者的偿债压力，偿债金额由薪资水平决定，平均偿还期限为25年，若学生在毕业后年薪一直未达到开始偿债的薪资门槛或25年内仍无法还清贷款，可免除尚未偿还的余额。残疾学生补贴是在1974年出台的高校残疾学生补贴制度，由英国政府提供资金。通常由残疾学生向身心障碍者办公室提出申请，并提交相关诊断证明材料，通过专业的鉴定与评估后可获得。残疾学生补贴共有四种：一是专业设备补贴（specialist equipment allowance），一般可覆盖学生在移动设备、学习软件、助行器、盲文打印机、录音机、文字处理器、无线麦克风等方面的资金开销。二是非医疗服务补贴（non-medical helper allowance），是在医疗相关费用外学生购买用于阅读的专用设备、校对服务、手语翻译、聘请助手（记笔记、帮忙推轮椅）等的费用。三是一般补贴（general allowance），是因残疾造成课程学习所需的额外费用，如复印、打印、购买课外书籍等。四是交通补贴（travel allowance），是因残疾而需支付的出行费用。残疾学生补贴给予全日制学生、非全日制学生、研究生的补助金额不同，全日制学生的补贴最高。

近年来，虽然英国政府对高等教育的拨款大幅度下降，但对残疾大学生、研究生给予的残疾学生补贴逐年有小幅增加。从陈雪菲的硕士论文中可以看到2016—2020四个学年度政府财政部门划拨的详细补贴金额，见表2-1。可见，2016—2018学年度和2018—2020学年度政府划拨的补贴金额总体呈递增趋势。以2019—2020学年度为例，全日制残疾学生可获得的补贴标准是：专业设备补贴上限5684英镑、非医疗服务补贴上限22603英镑、一般补贴上限1899英镑、交通补贴无上限。[2]

---

[1] 曹然．低压力、高覆盖的学生贷款——英国学生贷款模式探究［J］．清华金融评论，2022（4）：108.

[2] 陈雪菲．英国残疾人高等教育实施的案例研究［D］．西安：陕西师范大学，2020：30-31.

表 2-1　英国残疾大学生补贴标准

学生类型	2016—2017学年(英镑/课程)			2017—2018学年(英镑/课程)		
	专业设备补贴	非医疗服务补贴	一般补贴	专业设备补贴	非医疗服务补贴	一般补贴
全日制	≤5212	≤20725	≤1741	≤5358	≤21305	≤1790
非全日制	≤5212	≤15543	≤1305	≤5358	≤15978	≤1342
研究生		≤10652			≤10362	
学生类型	2018—2019学年(英镑/课程)			2019—2020学年(英镑/课程)		
	专业设备补贴	非医疗服务补贴	一般补贴	专业设备补贴	非医疗服务补贴	一般补贴
全日制	≤5529	≤21987	≤1847	≤5684	≤22603	≤1899
非全日制	≤5529	≤16489	≤1385	≤5684	≤16951	≤1424
研究生		≤10993			≤20000	

从英国教育部官网可以看到：2022—2023学年，本科生和研究生每年最多可获得25575英镑的资助；2023—2024学年，本科生和研究生每年可获得高达26291英镑的资助。❶

日本在国家层面和各级政府及社会层面都设有专门的残疾人支持服务机构。在国家层面，残疾人支持服务机构包括国立特别支援教育综合研究所、日本学生支援机构、日本聋人高等教育网络、聋人和盲人高等教育研究支持中心等。国立特别支援教育综合研究所的主要职责：一是根据文部科学大臣制定的中长期目标，拟定自身的中长期发展规划，制订年度事业计划；二是推进日本特别支援教育的相关综合研究；三是组织对特别支援教育相关领域的从业人员进行专业的、技术性的研修等。在各级政府及社会层面，有都道府县等地方政府教育委员会及残疾人社会福利协议会，社会各界捐赠及建立的各种基金，日本财团及全日本聋哑联盟等为聋人高等教育提供支持。

❶ 日本财团及全日本聋哑联盟 GOV. UK. Help if you're a student with a learning difficulty, health problem or disability[EB/OL]. (2023-08-31)[2023-08-31]. https://www.gov.uk/disabled-students-allowance-dsa.

第五节 推进形成高等融合教育校园环境

一、将融合教育理念融入大学精神和教育活动

联合国《残疾人权利公约》确定了各国残疾人事业的指导思想和原则，强调残疾人是一个可以对社会和人类作出贡献的群体，倡导残疾人应取得平等的地位和权利，充分参与社会生活。美国、英国、法国、澳大利亚、日本等发达国家签约国制定政策推进高等融合教育，注重形成互帮互助、相互接纳、尊重与欣赏的和谐校园文化氛围。在高等教育机构的纲领性文件大学章程中要体现对残疾人教育及各项权利的保障，将融合教育理念融入大学精神和教育活动中，形成适宜残疾学生学习的校园氛围、教师和同伴同学的接纳态度。让普通学生了解并尊重残疾学生，能接纳与欣赏残疾学生的差异，使校园中的师生之间、生生之间能够和谐相处，残疾学生和普通学生能够一起快乐学习。

二、大学要提供完备的事务支持

根据联合国《残疾人权利公约》的"合理便利"定义，很多发达国家为保障残疾学生有和其他学生同等的受教育机会，按照政府政策要求设立残疾人服务办公室(Office of Disability Service)并为残疾学生提供完备的事务支持。美国、英国、澳大利亚等国家在接收残疾学生的普通高校中，大都设有残疾人服务办公室或残疾学生服务中心，负责残疾学生的相关事务支持。残疾人服务办公室主要为残疾学生提供合理的调整服务。一般对残疾学生提供的调整服务有两大类，一类是学术上的调整，另一类是辅助帮助和服务。除此之外，残疾人服务办公室还为学生提供网上资源信息。如通过网站提供教学辅导、身心健康咨询服务，以提高残疾学生的自信心和知识竞争力。为保障残疾学生的高等教育的质量，美国的普通高校中大多在校内设立残疾资源中心(Disability Resource Center)，向残疾学生提供特殊教育支持与服务。除了学校和学院级的残疾人服务办公室主要负责残疾学生事务外，学校各组织机构也都为残疾学生提供需要的服务，如美国杜克大学为残疾学生提供服务的残疾管

理系统(Disability management System),就涉及残疾学生的住宿、就业、公共生活、学习指导、事务管理、辅助技术的应用和意见投诉等。此外,许多高等教育机构成立了各类组织和协会,为残疾学生的生活、学习及就业提供服务与指导,如康奈尔大学的残疾人服务团队、就业指导工作坊等。

三、大学要创设无障碍环境

由于残疾人在身心方面存在障碍,因此,需要国家制定相关政策来保证为其接受教育提供必要、适当的援助。要求高等教育机构为残疾学生创设无障碍环境,使残疾学生平等地享受各种教育教学资源。

美国1990年由布什总统签字生效的《美国残疾人法》为残疾人在使用社会服务设施、出入公共场所和就业等方面提供了更大的便利,标志着美国残疾人事业真正进入了"无障碍时代"。

英国具有里程碑意义的法令是1995年颁布的《反残疾人歧视法》,强制规定建设者为残疾人提供进入建筑物以及建筑物内部的通道,并提供停车或通往卫生间的特殊指示。

法国2005年颁布的《残疾人机会均等、参与和公民权法》为大学无障碍环境建设带来根本性的变化,明确规定了残疾人在普通学校就学的相关场所无障碍设施建设要求,确定了关于无障碍设施的普遍原则。

澳大利亚1992年颁布的《残疾歧视法案》是一项综合性质的法律,该法案第24节明确规定任何人提供的商品、服务和设施都不能对残疾人群构成歧视,确保他们能够同等使用。

日本厚生省于1973年为改造社会环境,提高残疾人和老年人的参与能力,制定了"福利城市政策",因此这一年被称为日本福利工程元年。当时以仙台市轮椅乘坐者为中心发起的"从设施走向街区"运动拉开了日本福利城镇建设运动的序幕,之后各都道府县和主要城市相继制定了关于出入口的标准规定。

创设无障碍环境包括提供基于技术的辅助支持、基于网络平台的学习支持、物理环境的无障碍等。

(1)提供基于技术的辅助支持。随着科学技术的进步和发展,人们用越来越多的技术来为残疾人学习提供辅助。一是提供自适应设备,对行动不便的学生提供有助于独立行动和学习的支持,如可调式座椅、电动代步车、携带书籍的轮式书包等。二是提供随堂技术服务,为残疾学生提供一对一的辅导支持服务,包括口译服务、笔记协助及其他技术及设备(如调频听力发射器)帮助残疾学生增进课堂学习。三是提供移动通信设备作为辅助残疾学生学习的重要工具,用以记录、观看和听取不同类型的课程。此外,各高校还指导残疾学生应用屏幕阅读技术和语音识别技术,使盲人、肌肉萎缩的学生能方便地使用电脑。

(2)提供基于网络平台的学习支持。一是服务网站的设计必须符合通用设计原则和无障碍的原则,即遵循使用的公平性(equitable use)、使用的灵活性(flexibility in use)、简单而直观的实用性(simple and intuitive use)、信息容易理解(perceptible information)、容错设计(tolerance for error)、省力设计(low physical effort)、提适当有效利用的体积与使用空间(size and space for approach and use)七个原则,以方便各种类型残疾学生登录和访问。二是提供在线网络课程,方便各类型残疾学生学习。各高等教育机构开设了在线网络课程,包括网络课堂、在线课程教材、在线课堂录音等,同时配备屏幕阅读器。在线网络课程可以方便残疾学生灵活访问和课后复习,更好地适应了残疾学生的学习要求。三是残疾人专用软件得到了有效开发和应用,大多数残疾人专门软件可在常用的电子信息设备上使用。如华盛顿大学的接入技术实验室(Access Technology Lab)为盲生提供语音输入或盲文输入指令,为低视力学生提供放大的屏幕图像、替代的键盘和鼠标,使用语音识别软件作为书写工具等。

(3)物理环境的无障碍。"无障碍"理念强调环境的可及性(accessibility),包括"可达、可进、可用"等原则。在此理念下,美国、英国、澳大利亚、日本等国家极其重视无障碍环境的建设。在校园里所有教室、教学楼与相关教学场所都需要满足无障碍环境要求,确保在融合教育环境中残疾学生的通行无障碍,使残疾学生能够享用校园的教育资源,参与学校的各种活动。包括室外通路、避难层坡道及扶手、室内出入口、室内通路走廊、楼梯、升降设备、厕所、停车空间等。如为盲生出行铺设盲道、设置扶手等,图书馆、计算机机房中配备专门服务于残疾学生的设备,为残疾学生提供专用考试房间、可以自动打开的门、可以调节的课桌,室内篮球场可以让残疾学生坐在轮椅上打篮球等。为方便学生出行,学校的公共汽车上设有残疾人座位,公共汽车上的封闭门打开时,坐在轮椅上的残疾学生可以轻松出入,公共汽车下装有会伸缩的金属升降架,借助金属架,残疾学生可被送降到地面上。无障碍校园便利设施包括便利的住宿设施,宿舍必须有足够的数量和种类可供残疾学生选择,并且有利于保护学生隐私和促进残疾学生学习。如为有严重身体障碍并配备个人服务人员的学生提供宿舍;对于下肢残疾的学生,在残疾学生宿舍都会建有专门的大空间厕所,方便残疾学生转动及摆放轮椅。

第六节 制订并实施个别化教育计划

由于残疾人在身心方面存在障碍,要求高等教育机构在教学中为残疾学生提供最为适合的教育,制订个别化教育计划,允许对残疾学生学习做出适当调整,并做好转衔服务。

美国1975年的《所有残疾儿童教育法》要求为所有3~21岁的残疾儿童和青少年制订符合其身心发展特点的个别化教育计划。1990年的《残疾人教育法》要求为14岁以上残疾学生制订的个别化教育计划中要对他们的转衔服务需求进行陈述,并每年更新。从残疾学生16岁开始,个别化教育计划还必须包含一个给残疾学生提供所需转衔服务的陈述,包括各机构的责任和机构间必要的联系。1997年颁布的《残疾人教育法修正案》(105-17公法)提出了改善从中学教育到高等教育的转衔服务。

英国《儿童与家庭法案2014》正式确定了EHC(Education, Health and Care Plan, EHC计划)特殊教育服务体系,它主要针对0~25岁的重度特殊儿童和青少年,以特殊儿童和青少年及其家庭的功能性需求为核心,通过提供综合性、连续性、动态化、个别化的教育、医疗和保健方面的支持与服务，尽可能帮助每一位有特殊教育需要的儿童和青少年实现最佳发展，促进他们更好地生活。为更好地落实EHC，英国教育部和卫生部联合发布《特殊教育需要及残疾实施章程：0~25岁》，对需求评估流程、制订计划书、特殊学校或机构的认可、确保相关需求落实的责任及经费预算、25岁之后的计划、计划书的反思、重新评估、服务终止与变更等相关细节方面进行了具体规定。

个别化教育计划的内容框架包括学生和家庭的基本信息、学生的现有能力描述与分析、学术调整及支持服务策略、学生发展的长短期目标、目标达成的具体评价方法、转衔服务需求及计划等。

高等教育机构采取多样化的一般性学习支持措施，以适应残疾学生不同学习要求和生理特点需要。一般性的学习支持主要包括：①提供咨询服务。高校设有专门的残疾咨询机构并配备服务人员，为残疾学生提供学习策略、学习方法、时间管理技能、沟通技巧、职业规划等指导和咨询，以帮助他们适应大学的学习和生活。②改变评价方式。高校会根据残疾学生特点对考核评价进行调整，使其学习成果评价更具有灵活性，包括延长考试时间、变通评价方式（如用口头陈述，而不是书面陈述），以及允许远程电子邮件提交作业等。③调整学术环境。如减少课程负担，选择替代课程，提供学习笔记、手语翻译、延长考试时间、安装可读屏幕、语音识别及其他一些软硬件。④其他学习支持措施。包括特殊教具、个别辅导、延长借书时间、提供各种形式的信息材料（如盲文、数字有声读物、在线资源等）、设置无障碍设施等。此外，残疾学生可以根据自身残疾特点，与一般性学习支持相结合，建立个性化的学习方式方法，如制定自身压力管理策略、建立同伴关系分享学习经验和相互学习等。同时，图书馆为方便残疾学生利用馆藏资源提供相应服务，如检索资源、预订书籍、复印期刊文献、为残疾学生参加图书馆项目提供特别支持等。这些措施可以很好地帮助学生根据个性化需求，形成自己特定的学习策略，有效克服因残疾造成的困难，减轻学习负担和压力。

美国的高校贯彻通用设计理念，保障学习无障碍。通用学习设计（Universal Design for Learning,UDL)最早是在20世纪90年代初由美国特殊技术应用中心(Center for Applied Special Technology,CAST)提出的,它是一种以满足学生多样化需求为基础的课程设计框架,它将数字媒体技术渗透于课程的各要素设计之中,通过提供多样化的内容呈现、表达与参与方式,从教和学两个方面出发增强课程的灵活性和适应性,向学生提供适宜的符合其需要的支持,使所有有特殊需要的学生,特别是残疾学生能够像普通学生一样获得知识、技能和学习的热情。如美国加利福尼亚州立大学北岭分校的通用设计中心(Universal Design Center,UDC),面向整个大学的所有人员进行通用设计理念的普及和技术上的支持,定期开展相关培训。

英国的高校也积极落实通用学习设计理念进行课程开发。如德蒙福特大学明确规定若课程开发不符合通用学习设计理念则需重新提交修订版本,伦敦大学学院制定了《包容性课程自检清单》,英国高校还通过调查了解残疾大学生的学习体验来反思课程开发与设计存在的问题。高校为残疾大学生制订专属教育计划,让残疾大学生融入普通班级后运用包容性教学策略,实现因材施教与融合教育的有机结合。

澳大利亚残疾学生的学习支持计划由执业医师与教师沟通完成。执业医师会根据残疾学生介绍的信息及健康医师报告,与残疾学生合作制订特殊的学习支持计划,内容涉及合理的教学调整和特殊学习支持。支持计划制订后,执业医师会向教师提出教学方法和课程调整建议及计划实施方案,并详细解释残疾学生的残疾情况和学习支持所需。

转衔服务旨在培养残疾学生继续中学后教育及就业、独立生活的能力,以使他们在中学后的生活中具有最大的独立性和创造性。从高中到大学的升学转衔服务对协助残疾学生顺利升入高校发挥着关键性的作用,它有助于高中残疾学生顺利就读高等院校、融入大学生活、实现自我发展。转衔服务可以使高中与高校之间建立良好联系,提升年轻人的志向水平。从大学到社会的就业转衔服务通过系统、专业的指导与相关资源支持,帮助残疾学生顺利就业,使其自力更生、平等参与社会生活。根据美国实践经验,对残疾学生的转衔服务主要通过个别化转衔计划(Individualized Transition Plan,ITP)来实施,而且从残疾儿童时期就开始。凡有意接受高等教育的残疾学生,其转衔计划需包括职业决策、社会技能、自我意识与自我提倡技能发展等内容,以便其在高等教育阶段更好地向教育提供者解释自己的特殊需要。

第七节　就业支持和职业发展规划

让残疾学生接受高等教育的目的是提高其知识技能,使其潜能得到开发,能够更好地融入社会,有效维护残疾人的生活、学习、工作等基本权益,让他们获得更好的生活品质。残疾大学生的就业质量不仅影响到学生本人的职业发展、生活质量和幸福感,也将影响其他适龄残疾学生的求学期望和入学动力。残疾人就业难会影响地方教育行政部门和特殊教育学院办学的积极性,影响学生接受高等教育的渴望度,影响家长让残疾孩子接受高等教育的积极性,从而形成一种恶性循环,最终影响残疾人的教育公平。发达国家非常重视残疾人的就业问题,努力促进社会营造包容氛围,通过政策立法,使残疾人在社会上能与其他成员"平等、参与、共享"社会资源,采取优惠政策和扶持保护措施保障企业残疾人就业比例,帮助他们从事最适合他们身心特点的工作,帮助他们逐步走向经济上的独立和人格上的独立。

很多发达国家设立专门的机构对残疾人教育提供支持;也有一些国家设立专门的职能部门,分门别类对残疾人事务进行管理;还有一些国家设立就业服务和职业培训机构。

美国为促进残疾学生就业,在1980年成立了身心障碍者就业委员会负责支持性政策的制定和实施。1998年建立成年残疾者就业小组,并消除现行政策中对身心障碍者就业方面的限制。1999年颁布《工作机会和激励改进法案》(*Ticket to Work and the Work Incentives Improvement Act*),规定为18~64岁的残疾人提供工作彩券用于职业训练、就业或其他支持服务。2001年劳动部新设就业政策办公室,增加财政预算和支持计划促进残疾者就业。2001年后,各高等教育机构设立就业指导中心,重心是帮助学生寻找与专业对口的实习、实训单位，跟踪调查实习实训情况，组织专门的就业招聘会，进行就业技巧方面的培训。此外，设有专业的特殊教育工作人员为身心障碍学生提供转衔服务，促进其学业、职业及社会性的发展。这些政策促进了残疾大学生的就业，美国本科学历的残疾人就业率达到50.3%，而且有了大学学历，薪酬标准也会提高。吉尔摩尔（Gilmore）等调查发现美国就读高等院校的残疾生在转衔服务的支持下，有更多的机会进入竞争性就业环境。对视力障碍者工作类型的研究发现，教育程度越高，其工作专业性越强。残疾大学毕业生的就业率远高于未就读高校的残疾人，并且接受高等教育后有助于其生涯规划与发展。

英国通过立法禁止对残疾人的就业歧视。1995年颁布的《反残疾人歧视法》要求保障残疾人就业权利，严格禁止对残疾人的就业歧视。规定雇主因残疾而歧视雇员或求职者是违法行为。如果残疾求职者或雇员认为受到不公平待遇，可以寻求多方帮助，可通过雇主内部诉讼程序投诉，如果不满意，则可以联系咨询调解与仲裁服务部门，或者向就业法庭提起诉讼。政府鼓励企业招收残疾人就业，提供资助用于为残疾雇员改造或增加设备、提供辅助性服务以及交通补贴等。以安排残疾人等困难群体就业为目标的社会企业近年来在英国得到蓬勃发展，这些企业同样按照公司注册，但是利润不用于分红，而是用于投入扩大再生产和提高员工待遇。英国设立了就业服务和职业培训机构，在残疾人就业方面，英国政府为残疾人提供免费的就业服务和职业培训，其中最重要的是“特别就业中心”（Job Centers Plus）。该中心成立于2002年，是执行积极就业政策的一个重要机构。2006年，英国各地基本上都设立了特别就业中心的办事处，所有人都可以得到就业指导帮助及与工作及失业相关的福利救济。特别就业中心有专门的残疾人就业顾问，针对残疾人的具体情况提供单独的支持和帮助，协助残疾人提高职业技能、找工作及培育残疾人就业友好企业、开发残疾人就业岗位等。

日本出台了许多政策扩大残疾人的就业机会，《残疾人雇用促进法》规定，私人公司、国家和地方的公共团体都必须雇用一定比例的残疾人。为减轻企业雇用残疾人带来的经济负担，日本有一种“残疾人雇用调整金”制度。这一制度规定：长期雇用员工超过300人的企业，如果残疾人雇用比例不达标，那么根据差额人数以每人每月5万日元的标准向政府缴款；如果残疾人雇用比例超过规定，那么企业可按差额人数以每人每月2.7万日元的标准领取“残疾人雇用调整金”。[1]日本还设有许多补助金，鼓励企业持续雇用残疾人；另外，按规定雇用残疾人的企业可以享受各种税收优惠政策。日本社会不仅帮助残疾人就业，还想方设法让残疾人能够胜任工作。残疾人每天的工作时间可以缩短，可以在家工作，也可以享受弹性工作时间。如果有残疾人的家庭打算创业，还可以获得一定的资助。日本在各级政府及社会层面，有都道府县等地方政府教育委员会及残疾人社会福利协议会，社会各界捐赠及建立的各种基金，日本财团及全日本聋哑联盟等为聋人高等教育提供支持。

第八节　制订实施方案指导工作实践

本节以英国《特殊教育需要及残疾实施章程：0~25岁》为例。

一、章程简介

英国在2015年颁布了《特殊教育需要及残疾实施章程：0~25岁》，它是英国在《平等法案2010》和《儿童与家庭法案2014》出台后推出的一系列实施章程中的一个。它是一个广泛协商的产物，汲取了先行试行新方法的地方政府的经验，并广泛听取了个人和团体的意见。它对所有与有特殊教育需要及残疾的儿童和青少年一起合作的各主体起到引导作用，以确保这些儿童和青少年的需要能被及早发现，并迅速得到帮助和支持。章程中对针对中重度有特殊教育需要及残疾的0~25岁儿童和青少年的教育、医疗和保健计划有了更详细的规定，希望他们能够从中获得帮助，并对他们的生活产生最大的影响。章程从提高融合教育有效性出发为促进有特殊教育需要的学生的全面发展做了整体性设计，对地方政府、学校、教师、家长等主体的职责提出了明确要求。

该章程包括前言、简介、第1章至第11章，以及2个附件，共292页。各章

[1] 严圣禾．日本社会关爱残疾人功夫在平常[N]．光明日报，2010-12-04(2).

节名称如下：

第1章　原则

第2章　公正的信息、建议和支持

第3章　在教育、医疗和保障领域共同努力，取得共同成果

第4章　地方服务

第5章　早教机构

第6章　学校

第7章　继续教育

第8章　从最早期即为成年做准备

第9章　教育、医疗和保健需求评估和计划

第10章　特定情况下的儿童和青少年

第11章　解决分歧

由于篇幅所限，我们仅详细介绍章程中与高等教育相关的第7章“继续教育(Further Education，FE)”的内容。

二、章程第7章“继续教育”的主要内容

第7章“继续教育”的主要内容包括：本章内容、相关立法、简介、为16岁以上学生提供教育的教育机构的法定职责、《平等法案2010》规定的职责、为青少年提供职业生涯指导、识别SEN、学院的SEN支持(包括评估学生需要什么样的支持、规划正确的支持、落实提供支持的条款、定期审查所提供支持、学院内外的专业知识、记录保存、对SEN的资金支持)。具体内容如下：

(一)本章内容

本章解释并提供了关于《儿童与家庭法案2014》第41条批准的继续教育学院(further education colleges)、第六学级学院(sixth form colleges)、16~19岁学院(16-19 academies)和一些独立的专业学院(independent specialist colleges)的法定职责，对有特殊教育需要(SEN)的青少年进行识别、评估并提供支持。

（二）相关立法

1. 相关法案

（1）《儿童与家庭法案2014》以下章节：

·一般合作——地方政府职能：第28节

·一般合作——理事机构职能：第29节

·有特殊教育需要但没有计划的儿童和青少年：第34节

·独立的专业学校和特殊的16岁以上学院-批准：第41节

·EHC计划中指定的学校和其他机构：入学义务：第43节

·尽最大努力确保提供特殊教育：第66节

·实施章程——第77节

（2）《平等法案2010》。

2. 相关条例

2014年《特殊教育需要与残疾条例》

（三）简　介

7.1　16岁以上的教育和培训形式非常多样化。包含学校六年级（school sixth forms）（包括主流学校和特殊学校）、第六学级学院、普通继续教育学院、16~19岁学院、特殊的16岁以上学院（special post-16 institutions），以及私营或志愿部门的职业学习和培训提供者。它们可提供的学习课程范围广泛，包括AS/A-level、各种职业资格认证课程、学徒制、培训制、支持实习和定制学习包。涉及对学校（School）的规定在第6章中已介绍。

7.2　主流提供者包括第六学级学院、普通继续教育学院、学院六年级、艺术与设计专业学院（specialist art and design colleges）、陆上学院（land-based colleges）和16~19岁学院。学院通常比学校大很多，并且向青少年和所有年龄段的成年人提供广泛的课程。特殊学校六年级（special school sixth forms）、独立的专业学院和普通高等专科学院（general FE colleges specialize）都要为SEN学生提供服务。此外，非营利机构、志愿部门、独立和私营培训和就业服务组织也会为16岁以上的SEN学生提供服务。除非另有说明，本章中“学院”一词的使用包括根据《儿童与家庭法案2014》第41条批准的普通继续教育学院、艺术与设计专业学院和陆上学院、第六学级学院、16~19岁学院、特殊的16岁以上学院。

（四）为16岁以上学生提供教育的教育机构的法定职责

7.3　根据《儿童与家庭法案2014》（以下简称《法案》）第41条批准的继续教育学院、六年级学院、16~19岁学院和独立的专业学院有以下具体的法定职责：

1. 有与地方政府合作安排有特殊教育需要的儿童和青少年的义务。这是一项互惠的义务。这意味着，地方政府在履行本法案这一部分规定的职能时，必须与指定机构合作，反过来这些机构也必须与地方政府合作。

2. 如果学院被列入教育、医疗和保健（EHC）计划，就有义务接纳一个青少年。青少年有权指定这个学院完成其EHC计划，地方政府有责任在EHC计划中指定该学院，除非在与该学院协商后，地方政府确定该学院不适合这个青少年的年龄、能力、天赋或SEN，或者若将这个青少年安置在那里，将与资源的有效利用或他人的有效教育不相容。

3. 遵守本实施章程的责任。

4. 有责任尽最大努力确保青少年所需的特殊教育。这项责任适用于继续教育学院、六年级学院和16~19岁学院。它的目的是确保提供者为SEN学生提供适当的支持。它不适用于独立的专业学院或特殊学校，因为它的主要目的是为SEN青少年提供服务，无论学生是否有EHC计划，它们都必须为SEN学生履行这一责任。这项责任适用于年龄在25岁以下的继续接受教育的SEN学生，包括年龄在14岁至16岁由学院直接招收的学生。该职责包括各种学习项目（包括一些短期项目）的学生，以及入门级以上的各个级别的学生。但它并不适用于学习高等教育课程的学生，因为这些学生可以获得残疾学生补贴的支持。这节的大部分内容也与独立的专业学院相关。

7.4　如果一个青少年有学习困难或残疾，那就认为青少年有特殊教育需要，需要我们为他们提供特殊教育。提供特殊教育是一种额外的或不同于主流学院中同龄学生的支持。有关SEN定义的更详细信息请参阅本实施章程的简介部分。学院应该提供一种融合性的学习和教学方法，为不同个体提供差异化的高质量的教学。这种方法应纳入所有学科领域和各级教学中，并支持所有学生的教学，包括SEN学生。

7.5　学院应该对SEN青少年有高期望，无论他们的需求和学习水平如何。学院应专注于为这些青少年提供支持，使他们能够进步，并在成年生活中达到积极的目标。这些目标包括接受高等教育或继续培训或就业、独立生活（这意味着他们拥有的选择能力和控制能力高于所获得的支持）、良好的健康状况和参与社区活动。关于支持青少年为成年生活做准备的详细资料载于本章程第8章“从最早期即为成年做准备”。

7.6　所有16~19岁的学生（包括那些有EHC计划的25岁以下的学生）应该遵循一个连贯的可提供延展和进步的学习计划，使他们在成年生活中取得最好的结果。关于学习计划和就业途径的细节请参见第8章“从最早期即为成年做准备”的第8.32—8.40段落。关于良好的结果设置的更详细信息请参见第9章“教育、医疗和保健需求评估和计划”的第9.64—9.69段落。这些原则应适用于所有青少年的规划。

（五）《平等法案2010》规定的职责

7.7　依据《平等法案2010》和《儿童与家庭法案2014》第41条批准的继续教育学院、第六学级学院、16~19岁学院和独立的特殊学校对残疾儿童或青少年负有责任。特别是，它们不能歧视、骚扰或伤害残疾儿童或青少年，它们必须做出合理的调整以防止残疾儿童或青少年处于实质性的不利地位。这一责任应是预见性的，即要求事先考虑到残疾青少年可能需要什么，以及可能需要做出哪些调整来防止这些不利情况发生。

7.8　这些学院在防止歧视、促进机会平等和培养良好关系方面负有更广泛的责任。本实施章程第一章“原则”中对《平等法案2010》中关于残疾歧视义务的细节做了进一步规定。本章的指导应结合第1章的原则来阅读，第一章侧重于融合性实践和消除学习障碍。

(六)为青少年提供职业生涯指导

7.9 根据资助协议，继续教育学院、第六学级学院必须确保所有有EHC计划的18岁以下的学生以及19~25岁的学生都能获得独立的职业生涯指导。第8章提供了更多关于儿童和青少年职业生涯指导的信息。

(七)识别SEN

7.10 学院应参与学校和学院之间的转衔计划，以便准备好满足学生的需求，并确保学生顺利过渡到学院生活。第8章的第8.22—8.28段落为学校和学院提供了如何共同努力以顺利转衔的指导。学院应该在学生入学前、入学时以及随后的阶段给所有申请人一个机会来说明他们是否有学习需要、是否有残疾或是否有影响学习的健康状况。如果学生提出声明，学院应该与学生讨论将如何为其提供支持。任何筛查和评估都应是有区分的，并与学生可能的SEN水平相称。

7.11 在学生开始学习课程后，可能会出现一些需要。教学人员应该在专家的指导下，识别学生可能因为SEN而遇到困难的地方。

7.12 对于在学校学习落后的学生或学习水平低于2级的学生，应识别他们的需要，并提供适当的支持。不应该仅仅因为学生的成绩低于大多数同龄人就认为他们有SEN。他们可能有，但这应该通过评估被明确地识别出来，并得到支持。同样地，也不应该假定那些正在修读高级课程的学生就没有任何学习困难或残疾，他们也许需要提供特殊教育支持。

(八)学院的SEN支持

7.13 如果学生有学习困难或残疾，需要提供特殊教育支持，学院必须尽力提供适当的支持。应该支持青少年参与讨论他们的志向、他们的需要，以及他们认为能最好帮助到他们的支持。支持的目的应该是促进学生的独立性，使学生能够在就业或高等教育、独立生活、健康和参与社区方面取得良好进展。第8章为帮助青少年为成人生活做好准备提供了指导。

7.14 提供支持应基于循证。这意味着学院应该注意到自己部门和其他地方的有效实践，并为学生个体量身定制。学院应定期审查有特殊教育需要的学生或残疾学生的需要。学院应该采取一种周期性的方法来评估需求、计划和提供支持，并审查和评估提供的支持，以便在必要时进行调整。它们应该让学生，特别是那些年龄在16—18岁的学生、他们的父母在一个周期的各个阶段都参与进来，围绕个体进行规划。学院应确保其员工有能力有效地做到这一点。

注：评估学生需要什么样的支持见7.15节、规划正确的支持见7.16—7.17节、落实提供支持的条款见7.18、定期审查所提供支持7.19—7.21节、学院内外的专业知识见7.22—7.24节、记录保持见7.25—7.27节、对SEN的资金支持见7.28—7.35节。

7.15 如有学生被确定为有SEN及需要SEN支持，学院应将所有相关信息收集起来，包括学校、学生、与学生一起工作的人员，以及学院进行的所有筛查测试或评估信息。应该开会与学生讨论这些信息，在会上学生应该得到支持，可以由家长、律师或其他支持者陪同。这种讨论可能会确定是否需要学院内外更专业的评估。

7.16 若学院确定学生需要SEN支持，学院应与学生讨论他们的志向、即将实施的支持的性质、对取得进步的预期影响和对支持进行审查的日期。应该和学生一起制订计划，所提供的支持和干预应根据学生的愿望进行选择，并应基于可靠的有效性循证，由具有相关技能和知识的从业人员提供。

7.17 特殊教育支持可能包括的内容，例如：

·辅助技术

·个人护理（或获得护理）

·专业学费

·记录员

·口译员

·一对一和小组学习支持

·康复/独立生活训练

·可访问的信息，如基于材料的符号

·获得治疗（如言语和语言治疗）

7.18　学院应确保已商定提供的支持得到落实，并由具有资质的职员提供所需的支持。学院应与学生讨论，评估所提供干预的影响和成功性。

7.19　应定期审查所提供支持的有效性及其对学生进步的影响，并考虑到学生的进步情况，以及学生的志向和期望是否有任何改变，而这些改变可能导致提供支持的种类和水平也有所改变。学院和学生应共同规划所提供支持的任何变化。学院应该重新审视这一行动周期，在对学生有了更深入的了解后，完善和修改他们关于提供支持的决定，以及获得那些能最有效地帮助学生获得好结果的方法。应对所有SEN学生的支持都进行审查，而无论该学生是否有EHC计划。

7.20　如果学生有EHC计划，地方政府必须至少每12个月审查一次该计划，包括审查为学生提供支持的情况。在审查过程中，学院必须与地方政府合作。作为审查的一部分，地方政府可以要求学院代表其召集并举行年度审查会议。有关EHC计划审查和学院角色的更多信息请参见第9章“教育、医疗和保健需求评估和计划”。从学生13岁起，每年的审查重点是为成年做准备。关于就业途径和支持青少年为成年生活做准备的进一步信息载于第8章“从最早期即为成年做好准备”。

7.21　学院还应不断审查他们根据《平等法案2010》所做的合理调整，以确保他们已经合理地消除了所有学习障碍。学院还应该确保SEN学生或残疾学生知道该向谁寻求支持。

7.22　学院管理机构应确保所有教职员与SEN学生或残疾学生有适当和融合的互动，并应确保员工队伍具备适当的专业知识。还应确保课程人员能够发展他们的技能，意识到实践的有效性，并保持他们的知识能够与时俱进。学院应确保他们能够获得专业技能和专业知识，以支持SEN学生的学习。这可以通过与其他机构的合作做到，如成人社会保健或医疗服务、专业组织和/或直接雇用执业人员。应确保学院内有指定人员（类似于SENCO特殊教育协调员的角色）监督SEN服务的提供，以确保为合作提供支持。这个指定人员应为学院的战略和运营管理献计献策。学院的课程人员和资源支持人员应该知道，如果他们需要有人帮助来评估学生的SEN，他们应该去找谁，因为他们关心下一步的进展或需要得到进一步的建议。学院及16~19岁院校应该在审查和管理对SEN学生的支持时，参阅本实施章程第6章所概述的更广泛的内容（从第6.28段落起）。

7.23　学院应确保获得校外专业服务和专业知识。例如，这些机构可包含教育心理学家、儿童和青少年心理健康服务机构、专业教师和支持服务机构、支持就业服务机构和治疗师。这些机构可以在任何时候提供帮助或建议，以最好的方式支持SEN学生或残疾学生。在学院提供的强有力的、循证支持不能满足学生需求的地方，应该寻求专家帮助。如果尽管学院已经采取了相关的、有目的的行动来识别、评估和满足学生的需求，但学生仍然没有取得预期的进步的话，那么学院或青少年应该考虑要求进行EHC需求评估，可参见第9章。

7.24　学院应该给SEN学生或残疾学生更多的指导、建议和支持，以使他们为成人生活做好准备，包括学院毕业后的转衔，参见第8章“从最早期即为成年做准备”。

7.25　学院应该保留学生的个人资料和最新的支持提供记录，以便与学生讨论他们的进步和接受的支持。这些资料应该包括准确的信息以证明学生在学院期间所接受的SEN支持的情况及其有效性。它们应该详细记录为满足学生的SEN而提供的额外或不同的支持，以及朝着特定结果目标的进展情况。应该包括有关学生的特殊教育需求、干预措施和专家支持的信息。这些信息应该作为定期与学生讨论的一部分，在适当的情况下（比如说与学生的家人）

讨论学生的进步、预期的结果和下一步计划。对于在押的青少年，青少年犯罪小组将向学院寻求信息，以支持他们的初步评估。学院应该尽快回应这些请求，参见第10章。

7.26　与学校一样，学院将自行决定记录保存的方法，但应确保个性化学习者记录（ILR）数据应以符合资助规则的方式被及时和准确地记录。如果学生有EHC计划，学院应定期向当地政府提供有关学生在实现EHC计划规定的既定结果方面取得进展的信息。如果学生获得了当地政府的高需求资金支持，但没有EHC计划，学院也应该向当地政府提供有关学生进展的信息，以通知其委托方。

7.27　关于支持和帮助儿童和青少年为成年做好准备，包括就业途径和向成人服务转衔的进一步资料载于第8章。关于寻求需求评估和EHC计划的信息参见第9章。

7.28　所有学校和学院六年级、第六学级学院、继续教育学院和16~19岁学院都会获得资源，以支持有额外需求的学生，这些学生包括SEN学生和残疾学生。

7.29　上述机构获得拨款是依据核心条款的一个国家资助公式。它们还会为有额外需求的学生（包括SEN学生）提供额外资金。这笔资金不是固定的，而是包含在它们主要拨款中的"单行"预算中。与主流学校一样，学院也应利用所有可用的资源提供适当的、高质量的特殊教育需要的支持。

7.30　作为学院常规预算计划的一部分，学院应决定如何利用这些资源来支持SEN青少年的可持续发展。院长或高层领导应对学院可用资源有一个清晰的认识，并考虑在现有资源的背景下满足SEN的战略方法。

7.31　学院可提供一个清楚的说明，来说明他们通常提供的特殊教育服务的种类。这将有助于家长和其他人了解他们通常可以期望学校为有特殊教育需要的青少年提供什么。

7.32　学院不需要用其核心和额外的主要拨款支付更昂贵的提供支持的全部费用。预计他们提供的额外的支持的费用将高达国家规定的每位学生每年的门槛。如果地方政府(通常是青少年居住的地方政府)负责任,那它应对于为了满足青少年特殊教育支持所需的费用超过了国家规定的门槛的情况提供额外的补充资金。对于19岁以上的青少年,如果学院获得额外补充资金给青少年,则不需要EHC计划。但是,如果地方政府认为有必要通过EHC计划为其提供特殊教育需要的支持,则应进行EHC需求评估。地方政府应在如何决定高需求资金和教育安置方面保持透明。他们应该与学校、学院、家长和青少年分享支持这些决定的原则和标准。

7.33　应该指出的是,学院为所有16~18岁和19~25岁有EHC计划的学生的支持费用是由教育拨款局(EFA)提供资助的,并由地方政府为有高需求的学生提供支持。学院不应该向这些青少年收取学费。关于资金的更多信息可以在英国政府官网上找到,参见第7章中的链接。

7.34　学院对所有19岁以上没有EHC计划的学生(包括那些声明有学习困难或残疾的学生)的支持费用由技能资助局(SFA)资助。学院可以向这些学生收取费用,但符合居住条件和资格标准的学生将获得当地政府资助,有关资助资格的进一步信息可在SFA网站上获得,请参阅第7章的链接。但本条款不适用于学院中的高等教育学生。学院可从高等教育资助委员会(HEFCE)获得对高等教育学生的资助。

7.35　有关19~25岁学生的资助的详细资料可参见第8章“从最早期即为成年做准备”。

(九)相关词汇解释

有特殊教育需要的儿童或青少年(A Child or young person has Special Education Needs, A child or young person has SEN):有学习困难或残疾的儿童或青少年,需要为他们提供特殊教育。义务教育适龄儿童或青少年的学习困难或残疾,是指他/她在学习上明显比大多数同龄儿童有更大的困难,或他/她有残疾而无法或妨碍他/她使用一般在主流学校或主流16岁以上院校为同龄儿童提供的教育设施。

特殊教育需要协调员(Special Educational Needs Coordinator,SENCO):在学校或幼儿园负责协调特殊教育需要的合格教师。在小型学校,校长或副校长可能承担这一角色。在规模较大的学校,可能会有一个SENCO团队,可在团体中确定一个人来履行SENCO的角色。

教育、医疗和保健计划(Education,Health and Care Plan,EHC计划):EHC计划详细说明将向SEN或残疾儿童或青少年提供的教育、医疗和社会保健支持。它是地方政府在对儿童或青少年进行教育、医疗和保健需求评估后确认其需要EHC计划支持,与相关合作机构协商后制定的。

信息、咨询和支持服务(Information,Advice and Support Services):信息、咨询和支持服务是为有特殊教育需要或残疾的儿童及父母、有特殊教育需要或残疾的青年人提供建议和信息。它们就特殊教育需要制度提供中立和实事求是的支持,以确保儿童、家长和青少年在他们的教育和照顾中是积极的和知情的。信息、咨询和支持服务虽然是由地方政府资助的,但它们要么与地方政府保持一定的距离,要么由一个志愿组织来运营,以确保儿童、他们的父母和青年人对他们有信心。

残疾学生补贴(Disabled Students Allowance,DSA):为有残疾或长期健康问题、精神健康问题、学习困难(如阅读障碍或运动障碍影响学习能力等)的本科生或研究生提供的补贴。它可以用来支付特殊设备、记录仪等费用或运输费用。

教育资助机构(Education Funding Agency,EFA):美国教育部的一个分支机构,负责管理3~19岁的学习者及3~25岁的有特殊教育需要的学生或残疾学生的资金。EFA将资金拨款给152个地方政府,用于维持学校和志愿援助学校。EFA还负责资助和监督院校、大学、技术学院、工作室学校和免费学校,以及对学校和第六学级的楼宇维修计划。

父母监护者论坛(Parent Carer Forum):父母监护者论坛是一群残疾儿童的父母和监护者,他们与地方政府、教育、医疗和其他支持提供者合作,确保他们计划和提供的服务满足残疾儿童和家庭的需要。

个人预算(Personal Budget):个人预算是由地方政府确定的一笔资金,用于提供EHC计划中规定的条款,父母或青少年要参与确保该条款执行。这些资金可以由父母或青少年直接持有,也可以由地方政府、学校、学院或其他组织或个人代表他们持有和管理,并用于委托EHC计划中指定的支持。

青少年(young person):超过义务教育年龄的人(在结束学业年年满16岁)。从这一点上看,《儿童与家庭法案2014》涵盖的做出决定的权利事项直接适用于青少年,而不是把权利给他们的父母。

三、与第7章相关的章节内容简介

(一)第6章"学校"

第6章解释了主流学校应采取怎样的行动,按照《平等法案2010》和"全民健康教育需求评估和计划"规定履行其职责。主要就以下几个方面进行了规定和指导:

1. 改善成果:对SEN儿童和青少年的高志向和期望。
2. 平等和包容。
3. 医疗条件。
4. 课程。
5. 儿童和青少年的职业生涯指导。
6. 确定在学校中的SEN。
7. 广泛的需求。
8. 学校提供的特殊教育。
9. 学校的SEN支持(评估、计划、执行、审查)。
10. 转衔。
11. 有关专家。
12. 请求进行教育、医疗和保健需求评估。
13. 让家长和学生参与计划和审核进度。
14. 数据的使用和记录的保存。

15. 发布信息:SEN信息报告。

16. SENCO在学校中的作用。

17. 对SEN的资助。

(二)第8章“从最早期即为成年做准备”

第8章适用于所有为有特殊教育需求的或残疾的儿童及青少年服务的人群,尤其适用于那些为14岁及以上儿童及青少年服务的人群。它规定了教育(包括学前教育、学校、学院和16~19岁学院)、医疗和保健领域的专业人员应如何支持有特殊教育需求的或残疾的儿童及青少年为成年生活做好准备,帮助他们在就业、独立生活、医疗和社区参与方面取得最佳成果。第8章规定的原则适用于所有有特殊教育需求的或残疾的青少年,除非其中声明这些原则只适用于有EHC计划的青少年。第8章强调,远大的抱负对成功至关重要,关于长期目标的讨论应该尽早开始,最好在九年级(13~14岁)之前就开始。应该关注儿童或青少年的优势和能力,以及他们想要达到的结果。第8章既包括进入16岁后教育的转衔,也包括从16岁后教育进入成人生活的转衔。主要就以下几个方面进行了规定和指导:

1. 地方政府和保健服务机构应如何战略性地规划儿童和青少年为成年生活做准备所需的支持。

2. 早教机构、学校和学院应该如何让儿童和青少年获得所需的信息和技能,帮助他们获得独立,为成年生活做准备。

3. 九年级的支持,为有EHC计划的儿童和青少年准备成年审查的内容。

4. 计划向16岁以上教育转衔。

5. 16岁以上教育院校如何设计学习项目并创造就业途径。

6. 应该如何支持青少年自我决定。

7. 为有EHC计划的儿童和青少年提供一揽子服务,每周5天。

8. 向高等教育转衔。

9. 19~25岁的青少年。

10. 成人医疗服务转衔。

11. 成人社会保障转衔。

12. 放弃教育和培训后进入就业岗位。

(三)第9章“教育、医疗和保健需求评估和计划(EHC)”

教育、医疗和保健需求评估和计划是一个前瞻性的计划,它有助于提高SEN学生的抱负。它对满足评估需求所需的计划进行了概述,以支持SEN儿童或青少年实现他们的抱负。第9章涵盖了EHC计划的法定评估、规划和准备中的所有关键阶段,以及相关主题的指导。主要包括以下内容:

1. 请求进行EHC需求评估。
2. 考虑是否有必要进行EHC需求评估。
3. 支持合作评估和规划的原则。
4. EHC需求评估和EHC计划编制的法定步骤和时间表。
5. 如何编写EHC计划。
6. 申请一所特定的学校、学院或其他机构。
7. 申请和批准个人预算,包括资金来源。
8. 最终确定和维护EHC计划。
9. 移交EHC计划。
10. EHC计划的审查。
11. EHC计划的重新评估。
12. 修改现有EHC计划。
13. 终止EHC计划。
14. 公开EHC计划。

第三章

发达国家残疾人高等教育入学选择

在发达国家，融合教育的发展对高等教育产生了深刻影响，国家制定的入学制度禁止高等教育机构歧视残疾申请者，各类高等教育机构均向残疾人开放，鼓励他们接受高等教育，保障他们的入学机会与权益。要求各高等教育机构设残疾人服务办公室或设专人负责残疾学生的相关事务，包括入学资格审查、帮助残疾学生申请联邦助学贷款、制订合理的学术调整计划、提供辅助设备支持与服务、协调校内其他部门开展合作为残疾学生提供服务和帮助、残疾学生的教学管理工作、提供就业转衔服务等各种支持服务。

第一节　残疾学生就读高校的选择和招生形式

发达国家高等教育全面实施融合教育，各类高等教育机构均向残疾人开放，只要符合条件，残疾学生可以选择任何一个高等教育机构就读。各高等教育机构具备单独招生自主性，可以自主决定招收的系所、名额和录取的学生。下面以美国、英国、澳大利亚、日本为例具体介绍。

一、美国残疾学生就读高校的选择和招生形式

美国国家教育统计中心调查显示，美国残障大学生占学生总数的比例不断增长：美国1999—2000学年残障大学生人数（本科以上）为166.9万人，占学生总数的8.7%；2003—2004学年为234.3万人，占学生总数的10%；2007—2008学年为249.9万人，占学生总数的10%；2011—2012学年增长到275.8万人，占学生总数的10%；2015—2016学年增长到417.8万人，占学生总数的20%[1]，如图3-1所示。

[1] NCES. Annual Reports and Information Staff (Annual Reports)[EB/OL]. (2023-08-31)[2023-08-31]. https://nces.ed.gov/pubsearch/getpubcats.asp?sid=091#061.

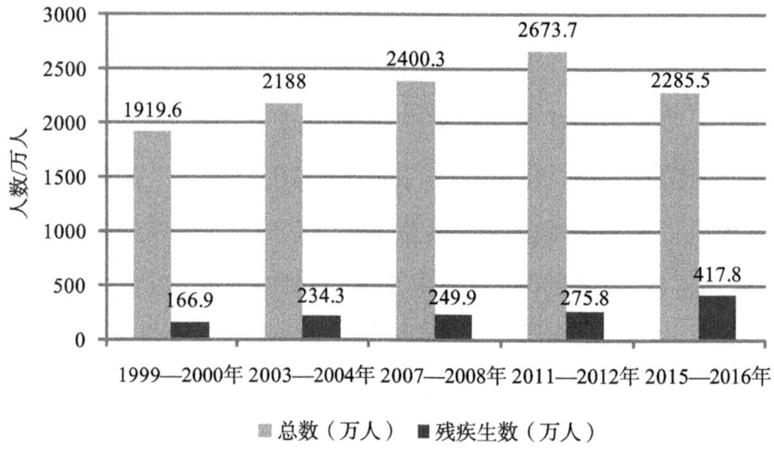

图3-1　美国历年高等教育学生总数和残疾学生总数

据美国残疾人高等教育协会资料显示，目前各种残疾类型的青年都可以进入高等教育机构学习，残疾学生可以根据自己的能力和意愿选择在高等教育机构的不同层次和学位的阶段进行学习。近年来，感官障碍和身体障碍类学生高等教育入学率保持相对稳定。精神障碍类学生人数大幅增加，已成为障碍人数最多的一群，包括重度抑郁症、创伤后应激障碍和精神分裂症、强迫症、恐慌症、人格障碍和其他相关障碍。美国现行招生考试制度采取开放申请方式，学生根据自己的能力、兴趣及需要申请学校。主要的入学考试制度有综合选拔式入学制（美国最具代表性和最主要的考试制度，主要包括高等学校入学考试成绩和学生的其他入学条件）和非选拔式入学制（即不经大学入学考试和严格筛选过程，符合最低条件者均可自由入学）。由美国教育测验服务中心和高等教育考试服务中心负责四种类型的入学考试。

（1）学术性考试。由教育考试服务中心举办，每年举行多次，考试不分科目，只分语言和数学两大部分。

（2）学业成就考试。由教育考试服务中心举办，每年举行多次，一些水平较高、入学竞争较激烈的大学采用此类考试方式。

（3）美国高等学校考试。此类考试由美国高等学校测试计划中心举办，它与前两类考试的不同之处在于既考查学生的学科知识与技能，又考查学生的智能，是综合学业成就考试和学术性考试的一种考试。

（4）托福考试。它由教育测验服务中心举办，目的是检查报考美国高等院校的外国留学生的英语水平；学生的其他入学条件则是指各个高校招生时，不只是要求学生参加入学考试，还看重高中所修的课程和学分、课程成绩、班级名次、入学推荐信及面试等。虽然各高校入学制度略有不同，但基本上都要求学生完成十二年的中小学教育并取得高级中学的毕业证书，没有申请数量限制。学生向所申请的学校递交一系列材料，包括公开考试的成绩证明（SAT/ACT）、入学申请表格、自荐与推荐信等。高中的学习成绩及名次、特定学科的学分、全国性成就测验分数、推荐信及大学所办理的口试成绩是录取学生的考虑因素。

美国高等教育强调任何人不分年龄、性别、种族、障碍的差异，只要符合申请学校的基本要求则能接受高等教育。各大学针对少数族群和弱势群体配有保障名额。由于美国残疾学生基本上都在普通高校学习，所以各个障碍类别在高等教育院校均有出现。

二、英国残疾学生就读高校的选择和招生形式

英国高等教育统计局数据显示，2010 年英国有 160 所高校招收了残疾学生，到 2019 年，这一数据没有改变。[1]英国有获准授予本科以上学位的高校（大学和学院）166 所[2]，也就是说，96% 的高校都录取有残疾学生。根据英国教育部网站高等教育学生统计数字显示，英国残疾大学生占学生总数的比例不断增长，英国 2013—2014 学年残疾大学生人数为 22.92 万人，占学生总数的 9.97%[3]；2017—2018 学年增长到 31.11 万，占学生总数的 12.88%；2021—2022

[1] 陈雪菲．英国残疾人高等教育实施的案例研究［D］．西安：陕西师范大学，2020：20.

[2] 高校领导赴英国培训团．英国高等教育发展考察与启示［J］．北京师范大学学报（社会科学版），2004（2）：5.

[3] HESA. Figure 4-HE student enrolments by personal characteristics 2013/14 to 2017/18［EB/OL］．（2023-08-31）［2023-08-31］．https://www.hesa.ac.uk/data-and-analysis/sb252/figure-4.

学年增长到45.16万人，占学生总数的15.78%。❶2021—2022学年，最常见的类型是特殊学习困难，如阅读障碍、运动障碍或注意力不足/多动症，占所有已知残疾学生的32%。另有131900名学生报告有精神健康问题，如抑郁症、精神分裂症或焦虑症。❷

英国实行证书型大学入学考试制度，影响高校录取的证书主要有：第一种是学生在16岁完成第一阶段中等或中学教育后参加考试取得的普通中等教育证书（General Certificate SecondaryEducation，GCSE）。采用颁发单科结业证书方式，每个学生一般选择5门课程参加考试。第二种是学生在18岁完成继续教育（Further Education）中“学术性”的“第六学级”（是中学高级班或大学预备班）教育后参加考试取得的高级普通教育证书（General Certificate of Education Advanced Level，GCEA-level或A-level）。采用颁发单科结业证书方式，每个学生一般选择3~4门课程参加考试。为了拓宽高级水平考试课程的广度，增加了高级补充普通教育证书考试（Advanced SubsidiaryLevel,AS-level），AS-Level科目在深度和难度上相当于A-Level的前半部分，学生第一年都将从AS-Level科目开始学习，可以选修多门以上不同的AS-Level科目，而在第二年再确定三门科目参加A-Level考试。第三种是国家普通职业资格证书（General National Vocational Qualification，GNVQ），它是兼顾文化教育与职业教育预科课程，分初、中、高三个等级，学生修完高级中学课程后可申请大学。第四种是2013年颁布的14-19岁文凭考试制度，主要针对英格兰14~19岁教育所提出的变革(Qualifications and Curriculum Development Agency，2010）。英国大学具有独立、自主的招生权利，可以自行决定入学申请类型、考试科目与范围、录取标准。学生申请时，须准备个人学习计划、推荐信、16岁会考成绩这三份材料。个人学习计划包括选择课程的理由、个人特别的经验、将来职业与

❶ HESA. Figure 5-HE student enrolments by personal characteristics 2017/18 to 2021/22［EB/OL］.［2023-08-31］. https://www.hesa.ac.uk/data-and-analysis/sb265/figure-5.

❷ HESA. Higher Education Student Statistics：UK，2021/22-Student numbers and characteristics［EB/OL］.（2023-01-19）［2023-08-31］. https://www. hesa. ac. uk/news/19-01-2023/sb265-higher-education-student-statistics/numbers.

生涯的机会及判断适合就读此学系的佐证等;推荐信包括申请者申请该学校的理由、过去的学习经历和对未来会考的成绩预测。申请资格分为一般条件与特定条件两种,一般条件通常泛指各校规定的资格考试类别与几个科目数,特定条件则是由各科系自行视需要而特定的几个科目类型。所有学生都在入学前一年提出申请,根据报考学校招生简章准备材料并邮寄到大学院校入学许可中心,该中心综合处理各所学校的入学申请及分发等事宜。学校接收材料后,根据学生的高中成绩、日常表现、面试成绩全面测查学生的综合素质。入学制度上重视公平性、禁止歧视。如英国牛津大学指出招生时不论年龄、肤色、身心障碍、种族、婚姻状况、家庭社会地位、宗教信仰等特征,一视同仁。

三、澳大利亚残疾学生就读高校的选择和招生形式

澳大利亚高等教育机构包括以大学教育为主的大学和以职业教育为主的TAFE学院。残疾学生主要在各州的大学、TAFE学院接受高等教育。据澳大利亚教育部《2011—2013年高等教育报告》(Higher Education Report 2011—2013)显示,高等教育部门包括37所公立大学、3所私立大学、2家海外大学在澳大利亚的分校、1个非大学机构(巴彻尔土著高等教育研究所)、其他3家自评定的高等教育机构(澳大利亚托伦斯大学有限公司,澳大利亚电影、电视和广播学院及澳大利亚神学院)、由高等教育质量和标准局注册的约130家非自评定的高等教育机构。[1]非自评定的高等教育提供者是一个非常多样化的专业团体,主要是州政府或私人机构,规模不一,提供商业、信息技术、神学、酒店、卫生、法律和会计等领域的课程。残疾学生是高等教育中增长最快的平等群体,2014—2019年入学人数增加了44%。[2]澳大利亚高等教育准入方式:澳

[1] Australian Government Department of Education. Higher Education Report 2011-2013 [EB/OL]. (2015-05-27) [2023-08-31]. https://www.education.gov.au/higher-education-publications/resources/higher-education-report-2011-2013.

[2] Australian Government Department of Education. Budget 23-24 Factsheet - Higher Education Support Students with Disability [EB/OL]. (2023-05-09) [2023-08-31]. https://www.education.gov.au/about-department/resources/budget-2324-factsheet-higher-education-support-students-disability.

大利亚按照学生中学毕业考试的成绩进行“澳大利亚高等教育入学排名”，学生在获得该排名后，可向州立高等教育招生中心提交申请或直接向大学提交申请，以此来获得相应的大学入学资格，这一规定适用于包括残疾学生在内的所有学生。澳大利亚各州的大学、TAFE学院等高等教育申请，没有全国统一的官方管理机构，各州都设有机构进行管理。有澳大利亚国籍或永久居住权的公民，且完成12年教育或达到同等要求，都可以申请接受高等教育。残疾学生根据各州管理机构或高校的要求主要通过网络方式提出申请，并且在进行高等教育申请时可以同时申请学习支持服务，提前告知学校自己的残疾状况及需要的支持服务。新南威尔士州、维多利亚州、澳大利亚首都地区、昆士兰州、西澳大利亚州、南澳大利亚州和北领地的所有大学都使用州立的“集中招生中心”来管理包括残疾学生在内的所有学生申请，而塔斯马尼亚大学作为塔斯马尼亚州的唯一大学，单独管理自己的招生申请。残疾学生还可通过澳大利亚政府设立的“我的技能网站”申请TAFE学院类的高等院校，网站提供国家职业教育和培训组织的目录和课程供学生搜索、比较课程和课程提供者。同时，每个州都设置了区域残疾人联络官，主要负责残疾人权益保护事项，并拥有广泛的职权，可向学校和残疾学生个人提供咨询服务，接受问题反馈。残疾学生在申请接受高等教育时会得到特殊照顾，大部分高等教育机构为残疾学生提供了特殊的入学机会，如预留特殊入学者名额、澳大利亚高等教育入学排名加分等。

四、日本残疾学生就读高校的选择和招生形式

根据日本2021年《调查报告》数据，在日本大学、短期大学和高等专门学校三类共1176所高等学校中，有942所招收残疾学生，占比高达80.1%。2021年残疾大学生人数为40744人，占学生总数的1.26%。2021年，从残疾学生类别来看，精神障碍者占比最大占30%，体弱多病者29%，发育障碍者21.3%，肢体障碍者4.5%，听觉言语障碍者4.5%，视觉障碍者1.9%，其他障碍者7.5%。在大学、短期大学、高等专门学校中，大学录取精神障碍学生最多（11512人，

31.6%)，短期大学录取体弱多病学生最多(756人，42.5%)，高等专门学校录取的发育障碍学生最多(1052人，45.2%)。[1]残疾考生录取选拔方式有以下几种：入学管理局(Admissions Office，AO)入学考试、面向社会残疾人推荐入学、国家考试中心组织的一般学力考试和个别学力考试。①入学管理局入学考试。应届残疾高中毕业生通过学校推荐入学，考生需要通过个人申请和考生毕业学校推荐，同时考生的调研报告要符合学校招生要求。此外，由学校推荐入学的学生必须通过书面考试(理论知识考试)、面试和小论文。②面向社会残疾人推荐入学。被推荐入学的社会人士必须满足三点要求：第一，需要有一年及以上的工作经验；第二，年龄在22岁以上；第三，要参加并通过书面考试和面试。③国家考试中心组织的一般学力考试和个别学力考试。国家考试中心一般学力考试是全国范围的大学入学考试。个别学力考试由各大学独立负责组织实施，相当于我国的单考单招制度，是全国性的学力考试。学生入学选择一般学力考试和个别学力考试中的一种即可。

第二节　残疾学生接受高等教育的层次

由于发达国家全面实施高等融合教育，高校会提供不同的高等教育层次，使残疾学生可以选择接受专科、本科、硕士、博士层次的教育。2008—2009年美国教育部调查显示，进入两年制学院的残疾学生最多，占51.6%，进入四年制大学的残疾学生占48.4%。[2]这是因为社区学院、职业技术学院等两年制教育机构提供给残疾学生的支持服务更完善到位，对那些不打算转入四年制大学读取学位的残疾学生来说，在社区学院、职业技术学院等两年制教育机构中学习，可以在相对较短的时间内获得职场需要的工作技能。需要说明的是：残疾学生参与高等教育的模式与同龄普通学生有些差异，有大于60%的残疾学

---

❶ 独立行政法人日本学生支援机构．令和3年度(2021年度)大学、短期大学及高等专门学校对残疾学生学业支援情况调查分析报告[EB/OL]．(2022.-08-26)[2023-08-31]．https://www.jasso.go.jp/statistics/gakusei_shogai_syugaku/__icsFiles/afieldfile/2022/08/17/2021_houkoku_2.pdf：8，10，16.

❷ 豆巍．美国残障人全纳高等教育研究[D]．保定：河北大学，2014：23.

生选择非全日制(部分时间或者是一年中的部分时间),他们之所以做出这样的选择,是因为他们的残疾状况使他们需要花费比普通学生更长的学期来获得所需学分。[1]由于美国大学中有些残疾学生并不申明自己是残疾人,所以残疾学生的实际数应高于上述残疾学生统计数。

但近些年选择四年制的高等教育机构学习的残疾学生占比较高。2022年4月,新的NCES数据显示,大多数被大学录取的残疾学生进入了四年制的大学,69%的残疾学生进入了四年制大学,28%进入了两年制大学。[2]近年来,攻读硕士和博士的残疾学生数量也有较大幅度增长。美国2011—2012学年学士后(post-baccalaureate)残疾学生增长到19.5万人,占学生总数的5.3%;2015—2016学年学士后残疾学生增长到42.3万,占学生总数的11.9%。[3]

日本2019年和2021年《调查报告》显示,2009年有高达93.1%的残疾学生进入大学学习,仅有4%的残疾学生进入短期大学学习、2.9%的残疾学生进入高等专门学校;2013年有高达92.9%的残疾学生进入大学学习,仅有3.8%的残疾学生进入短期大学学习、3.3%的残疾学生进入高等专门学校;2017年有高达91.1%的残疾学生进入大学学习,仅有4.6%的残疾学生进入短期大学学习、4.3%的残疾学生进入高等专门学校;2021年有高达89.4%的残疾学生进入大学学习,仅有4.4%的残疾学生进入短期大学学习、6.3%的残疾学生进入高等专门学校学习。[4]可见,日本绝大多数学生选择进入大学学习,多年来呈小幅度下降趋势;进入短期大学学习的人数在小幅度波动;进入高等专门学校学习的人数呈小幅度上升趋势,且在2021年超过了在短期大学学习的残疾学生人数。

---

[1] 豆巍.美国残障人全纳高等教育研究[D].保定:河北大学,2014:23-24.

[2] NCES. A Majority of College Students with Disabilities Do Not Inform School, New NCES Data Show [EB/OL]. (2022-04-26)[2023-08-31]. https://nces.ed.gov/whatsnew/press_releases/4_26_2022.asp.

[3] NCES. Annual Reports and Information Staff(Annual Reports)[EB/OL]. (2023-08-31)[2023-08-31]. https://nces.ed.gov/pubsearch/getpubcats.asp?sid=091#061.

[4] 独立行政法人日本学生支援机构.历年残疾大学生数据.[EB/OL].(2023-08-31)[2023-08-31]. https://www.jasso.go.jp/statistics/gakusei_shogai_syugaku/index.html.

第三节　残疾学生就读专业的选择

发达国家全面推行融合教育，高校会通过提供必要的个别化学习支持计划使残疾学生如愿在相关专业就读。残疾学生就读的专业分布也呈现出多元化的特征，一般可以和普通学生一样选择自己喜欢的专业，选择范围很宽。

当然，一些发达国家也开设有专门针对残疾人的高等教育机构，但数量极少。如美国仅有高立德大学、罗切斯特大学国家聋人工学院两所专门针对残疾人开设的高等教育机构。日本仅有筑波技术大学一所专门针对残疾人开设的公立高等教育机构，它是招收视力障碍和听力障碍学生的三年制职业教育学院。这些高等教育机构紧密结合残疾学生的身心发展特点，立足于当地经济社会发展，强调实践能力培养，专业设置考虑残疾学生容易就业的领域。专业的选择范围和教育层次的选择也是比较宽泛的。如美国高立德大学为听力障碍本科生设置了艺术、生物科学、商业、新闻、通信、计算机与信息科学、教育、心理学健康、人类科学、语言与文学、数学与统计、哲学与宗教、物理科学、心理辅导、休闲健身、家庭和消费者科学、视觉和表演艺术、社会科学、社会服务等39个文学学士和理学学士学位专业。学校为听力障碍学生在多个学术领域设立了研究生课程，提供文学硕士学位和理学硕士学位、专业学位及博士学位。美国罗切斯特大学下设的国家聋人工学院，目前在校听力障碍学生约1200名，其中600多名学生在罗切斯特大学的其他学院（约有200多个专业的学士学位和硕士学位课程可供选择）以融合教育形式接受教育，这些学生成绩达到一定标准会有继续硕士和博士学习的机会。学校为融合教育学生提供了全面的支持服务，这些学生配有150名手语翻译。国家聋人工学院每年招收400名学生，其中大约1/4的学生在罗切斯特大学其他学院学习相关专业，其余3/4的学生在国家聋人工学院学习，接受学院根据现实的就业机会提供的优秀技术教育。约有50%学生学习应用科学的副学士学位（Associate of Applied Science degree，AAS），2~4年内学生修完全部课程并取得足够的学分后，可以申请到RIT的其他学院以融合教育形式继续学习学士学位和硕士学位课程；

另50%的学生就读职业研究的副学士学位（Associate in Occupational Studies，AOS），加强实践能力培养，2~4年学习毕业后直接就业。国家聋人工学院的专业设置十分广泛，并且都是实用性较强的专业，涉及工业、医学、生物、经济、艺术等多个领域，该学院特别重视对残疾学生的综合素质和社会融合能力的培养，强调残疾学生毕业后能够顺利就业从而融入社会。日本筑波技术大学为视力障碍学生开设了信息处理学科、理疗学科和针灸学科的相关专业，为听力障碍学生开设了设计学科（美术、工业）、机械学科、建筑工程学科、电子信息学科的相关专业。[1]

[1] 朱涵．美国罗切斯特理工学院国家聋人工学院高等融合教育特点及启示[J]．现代特殊教育，2018(14)：56-62.

第四章

发达国家高等融合教育的支持服务

高等融合教育的实施离不开对残疾学生的支持服务，这些支持服务主要体现在无障碍环境设计、通用学习设计、个别化教育计划、残疾学生的学习支持、帮助学生融入校园五个方面。

第一节　无障碍环境设计

高等融合教育学校创建的无障碍环境，是残疾人融入高等学校的重要平台，是保障残疾人拥有平等教育权利的最基本要求。发达国家将无障碍环境的建设视为残疾学生获得教育机会的重要支持要素。

为了让残疾人更好地融入社会，北欧国家在20世纪30年代开始兴建残疾人专用设施，消除物理空间环境中的障碍，无障碍设计理念开始萌芽。之后，美国、英国也开始大力推动空间环境的无障碍。无障碍设计（barrier free design）这个概念正式出现则是在20世纪70年代，是联合国组织1974年提出的设计新理念。它强调在科学技术高度发展的现代社会，一切有关人类衣食住行的公共空间环境及各类建筑设施、设备的规划设计，都必须充分考虑不同程度生理伤残缺陷者和正常活动能力衰退者（如残疾人、老年人）的使用需求，配备应能满足这些人群的服务功能与装置，营造一个切实保障人类安全、方便和舒适的现代生活环境。

一、无障碍环境建设法律法规

无障碍环境建设的发展一般与地区的经济发展水平相关密切。北美、北欧、亚洲的日韩等地区经济相对发达，无障碍环境建设起步早，有关无障碍建设的立法体系比较完备，它是推动无障碍环境建设快速发展的有力支撑和保障。

美国率先制定了“无障碍标准”，是第一个让无障碍设计具有强制性的国家，也是目前世界上有关无障碍法律法规最完善的国家之一。1963年的《高等教育设施法》中就出现了联邦政府要求学术设施重建的规定。1973年的

《康复法案》第504条规定,残疾学生如果在高等教育过程中受到设施设备的限制,那么将视为高校对残疾学生的歧视。此法案对所有接受联邦政府资助的高等教育机构加以法律约束力。1990年的《残疾人教育法》中更加强调残疾人无障碍建筑和设施的创设,并将适用范围扩展为"不管是否接受联邦政府的资金"的高等教育机构。此外还制定了《建筑障碍条例》等,这些条例都确定了无障碍环境建设的法律约束,如果出现了违背这些法律约束的情况会被提出控告。美国政府还通过税收调整方案等优惠政策鼓励无障碍环境的建设和推广。《康复法案》(2006修订)第508节规定,要求网站的服务应满足由美国无障碍委员会制定的信息无障碍标准,要求从事商业活动的网站必须和一般的商业机构一样遵守美国残疾人法中有关无障碍设施的规定。《2002电子政务法》第202节规定,通过互联网发布相关政策和项目、提供政府信息服务,要充分考虑使用互联网有障碍的群体,尽可能保证政府的信息和服务能为这些群体获得,并寻找可替代的模式。

英国政府相继制定了《慢性病患者及残疾人保障法案》(1976年制定,规定经营性的公共建筑应当提供室内外残疾人通道及停车和卫生设施,在诸如大学的教育类建筑中也应当具备相应的残疾人设施)、《反歧视残疾人法》(1995年)及《平等法案2010》《英国残疾人房屋设计标准行业法规》(1976年)、《建筑规则》(1987年制定,之后不断修订)等,为无障碍环境建设提供了法律依据。英国政府还积极倡导社会资金流向无障碍环境建设并为无障碍环境建设提供技术支持。英国残疾人权利委员会(Disabilities Rights Commission,DRC)同英国标准协会(British Standards Institution,BSI)制定了网页无障碍规范,它涵盖了无障碍网站开发的各个方面。英国政府于1995年制定了《残疾人士差别禁止法》,2002年5月27日,在此基础上颁布了《商品、设备、服务无障碍的权利:实施纲要》,其中提出了关于网站无障碍方面的要求,以此为依据来保障网站无障碍技术规范的实施。

法国于2005年颁布的《残疾人机会均等、参与和公民权法》带来根本性的变化,明确规定了残疾人在普通学校就学的相关场所无障碍设施建设要求,学生在校学习期间提供资金帮扶，确定了一项关于无障碍设施的普遍原则，从总体上确定了其适用范围，规定了关于无障碍设施改造的经济补贴，提出“10年内必须完成建筑物和交通设施的改造”。法国电子行政开发局（ADAE）编写了网页无障碍指南，该指南以法国盲文网协会开发的无障碍网页标准为基础，还包含了以雅各布·尼尔森（Jacob Nielsen）的研究成果为基础的可用性标准。2005年2月11日，法国政府对公共部门所有的网页服务公告了以网页无障碍指南为基础的法国法律，规定公共部门网页服务的无障碍改造期限为3年，没有遵守法规的制裁措施由法律的实施纲要决定。

澳大利亚联邦政府制定了《国家残疾人战略》《残疾歧视法案》《残疾人教育标准》《公共建筑无障碍标准》《公共交通无障碍标准》等，下辖的六个州和两个地区也都根据各自的实际情况制定了适用于本地区的无障碍法规，如反映《国家残疾人战略》的《残疾行动框架》或残疾行动计划等。澳大利亚人权和平等机会委员会（Human Rights and Equal Opportunity，HREOC）是致力于信息无障碍的非政府实体之一，它配合政府部门和网络资源开发团体，为保证残疾人群无障碍地获取网络信息提出具体建议和策略。2002年8月，HREOC公布了“World Wide Web Access：Disability Discrimination Act Advisory Notes”（3.2版），包含了信息无障碍设计的法律依据和技术背景等内容。澳大利亚制定信息无障碍方面的政策具有代表性的有两个地区：首都堪培拉，于2008年11月公布了《网站开发和管理标准》；南澳大利亚，于2005年6月公布了《政府网站标准》，为网站无障碍建设提供了政策和技术保障。

日本于1950年出台了《身心障碍者福祉法》；1970年出台了《残疾人基本法》；1994年制定了《爱心建筑法》和《交通无障碍法》，2006年这两个法合并为《交通与建筑无障碍法规》。在国家层面的无障碍法规下，日本各地方都道府县也结合各地自身发展状况制定了地方条例，细化了标准，甚至提高了要求、扩大了范围。日本确立优先发展区域无障碍建设的机制，将设施与周边环境一体化，实现无障碍环境的连通。此外，还通过宣传和教育途径，加强国民无障碍建设意识和责任。1998年日本邮政省下达了《残疾人群电信设备可访问性方针》。2001年颁布的《Re-Japan 2002》战略的信息社会重点建设计划中规定,给残疾人和老年人提供信息无障碍的环境。2005年10月日本政府又出台了工业化标准JIS X8341-3《老年人和残疾人的设计准则—信息和通信的设备,软件和服务—第3部分》,其中包含网站设计无障碍方面的规定。2005年12月日本总务省发表了《确保公共领域的无障碍研究会报告书》,规定了地方公共机构实现网站无障碍所需的从基本思路到实践的具体步骤。

二、无障碍物理环境

物理空间的无障碍是无障碍环境建设的前提,它遵循"最少受限制环境"原则。所谓"最少受限制环境"原则是指尽可能将残疾学生安置在正常的教育环境中,使其尽早适应正常人的生活,一般是根据残疾学生的生理、心理条件和认知水平,选择最适合其受教育的、满足其各方面需要而又相对最低限度的隔离式教育环境。

1. 校园建筑、道路等物理环境无障碍

校园的常用道路、楼梯、厕所、停车场、标识、公共汽车等要实现无障碍。校园道路应方便肢体残疾学生、视力残疾学生和使用拐杖者通行,在出入口、地面、电梯、厕所、房间等建筑中可使用相应设施方便残疾人通行。如为楼梯设置防撞的弯曲的扶手;台阶采用防滑材料制作;各处设置无障碍指示牌;门禁处采用人脸识别技术;修建空间宽阔的无障碍厕所;各处道路铺设专用盲道;校园里有高度差的路上都要有倾斜的小斜坡,便于轮椅通行,路边多出的部分要经过削减处理;为肢体残疾学生配置轮椅电梯,有坐在轮椅上即可触摸的楼层按钮,触摸电梯按钮时应有盲文提示和提示音等。

为方便残疾人出行,应在校园停车场最方便的位置设置残疾人专用停车位,方便停放轮椅或私人汽车。学校的公共汽车上应设残疾座位,这些座位是一排活动的可折叠的椅子,当残疾学生坐着轮椅进入时,可以折叠起来为残疾学生提供更大的空间;公共汽车上的封闭门打开时,坐在轮椅上的残疾学生可以轻松出入,公共汽车下装备会伸缩的金属升降架,借助金属架,残疾学生可

被送降到地面上。基于用者优先的考虑，学校应在校园设施建设上确保所有标志牌和标签清晰易读，例如在公告栏、建筑物及图书馆内的所有无障碍设施上使用清晰的标牌。

2. 教室、图书馆、宿舍等室内空间无障碍

在教室、图书馆等教学场所设置可以调节的课桌、残疾学生专用座椅等；设置残疾学生专用考试房间；图书馆、计算机机房配置专门服务于残疾学生的设备；为残疾学生安装可以自动打开的门，有自动感应器或者专用轮椅进出标志按钮，方便使用轮椅者开门进出。

为残疾学生提供的宿舍必须有足够的数量和种类可选择，并且有利于保护残疾学生隐私和促进残疾学生学习。例如，优先为残疾学生安排更大的房间，由于残疾学生的个人护理时间较长，也应为残疾学生提供单独、配套的浴室；为化学过敏的学生提供无化学污染的宿舍；为严重身体残疾并配备个人服务人员的学生提供宿舍；对于下肢残疾的学生，为方便转动及摆放轮椅，宿舍都应有专门的大空间厕所，面积是平常厕所的两倍或以上，为方便残疾学生从轮椅上轻松起来，坐厕位靠角两边的墙上，应有两条坚固的金属扶手。

为了保证残疾学生的体育锻炼，增强其身体素质，鼓励其积极参加体育活动，室内篮球场应设置能够让残疾学生坐轮椅打篮球的场地。

在饮食方面，要确保菜单设置清晰易读，同时餐厅工作人员应随时留意残疾学生的就餐状况并及时向每位餐厅工作人员进行信息分享，如发现某些学生因特殊情况需要在特定位置就餐，工作人员此后应专门为他们预留方便的位置，实行专座专享。

3. 在校园网站上提供无障碍校园导览

为方便残疾学生使用校园无障碍设施，高等融合学校通常会为残疾学生提供全面的校园访问支持。在学校的官网上应可以看到校园无障碍设施清单，通过查看清单就可以了解校园无障碍设施的分布地点，方便找到适宜的无障碍设施。例如，剑桥大学针对学校的一些重要区域绘制了地图，地图上可以清楚地看到各教学区及生活区的分布情况，轮椅停车点、公共交通下车点、建

筑物出入口、便于轮椅出入的斜坡、足够宽且门始终敞开的建筑物内外电梯、无障碍卫生间等的具体位置。剑桥大学还与AccessAble网站合作，将各学院的无障碍设施完整地录入AccessAble系统，方便外校残疾学生或外来访客找到所需的无障碍设施，在AccessAble网站上可以看到剑桥大学提供的便于轮椅出入的斜坡、无障碍卫生间、无障碍更衣室等，以及方便行动不便人士的助行器、辅助增强听力的设备等辅助设备。

三、无障碍网络环境

随着信息技术的发展，各种网络应用已经深刻影响着人们生活、学习和工作，也对残疾人的社会生活产生巨大影响。由于残疾人自身身体条件的限制，大量的信息资源对他们来说很难做到完全可访问、可获取，因而易造成残疾人使用信息技术的数字鸿沟。

网络无障碍（web accessibility，又称网页亲和力或网络可达性），旨在确保任何人都有办法取得网页上的媒体内容，无论人们是否有残疾，都不会妨碍他们接收网页信息。也就是让网上的内容“易于亲近”，易于取得、利用。无障碍网页特别针对残疾人的需要，即使使用者能力不一，也能轻易使用网页所提供的资讯和服务。

无障碍网络环境建设相比于无障碍物理环境建设要晚得多。美国、英国、澳大利亚、日本等国家从20世纪80年代开始相继发布网络无障碍规定，要求高校等公共机构对自身网站及应用程序进行完善。

万维网联盟（World Wide Web Consortium，W3C）是Web技术领域最具权威和影响力的国际技术标准机构。1997年2月，W3C成立了Web无障碍推进组织（Web Accessibility Initiative，WAI），该组织主要侧重于基于网页无障碍访问的技术标准的研制。1999年制定了《无障碍网页内容指引1.0》（Web Content Accessibility Guidelines 1.0，WCAG1.0），现行版本为《无障碍网页内容指引2.0》版（WCAG2.0），另外还发布了《开发工具可访问性指南（ATAG）》和《用户代理可访问性指南（UAAG）》等，内容包括：Web内容在无障碍方面的实施和开发；

开发者如何创建残疾群体可无障碍访问的开发工具，以及如何支持残疾人通过浏览器、媒体播放器及其他用户代理程序获取信息，并提供相关辅助技术等。

学校网站的设计应考虑残疾学生的需求，提供无障碍设计，考虑易用的、可替代性的或者方便读屏的软件等工具捕捉网页元素信息等方案。

（1）网站导览设计。网站应把与残疾学生服务相关的内容主要设置在一级导览下，小部分设置在二级导览和三级导览类目下。总体来说只要设置在三级导览之内，就可在一定程度上为残疾学生提供方便。在标签设置上，均应用词简短、精练，能基本覆盖标签下的内容。

（2）网页提供视觉、听觉等多重设计。视力残疾学生无法看到电脑屏幕，或在观看电脑屏幕时存在困难。因此，网站应能配合使用屏幕阅读软件、点字软件、屏幕放大器及色盲人士可看得到的颜色。屏幕阅读软件或点字软件可将网页内容转换为语音或点字信息，因此网页中的图形、图表、动画、影片等应加上替代性的说明文字，适当使用网页标签，以使视力残疾学生了解图形的含义。多媒体数据应提供声音解说，以使视力残疾学生可以了解影片内容。听力残疾学生无法听到网上多媒体的声音与影片。因此，网页中的多媒体的声音与影片文件应加注文字或字幕或者提供全文文字转译功能，以使听力残疾学生可以接收信息。

（3）表格编排。应以HTML语言撰写，加上明确清楚的标题与表头，内容排列方式由左至右，由上至下，方便屏幕阅读软件将其转换成线性数据。

（4）网页技术运用。网站插件的使用需要下载安装软件，耗费下载时间，所以除了提供文字说明外，还应提供替代性版本。另外，网站上的动态性数据（如跑马灯、闪烁动态效果、需要实时更新的数据等）都应提供替代性版本。

（5）网页编排。网页信息编排应简洁一致、清晰明确。由左而右、由上而下编排，单选按钮每页都有固定位置。每个网页都要有标题，以便辨识网页之间的关系，避免迷失。使用的框架应简单明了，每个框架应有标题并说明彼此间的关系，网页内容最好以一个屏幕画面呈现，不用卷动窗口就能包含所有重要信息;内容切割要适当,避免过长造成阅读困难。网页中的超链接、文字大小、间距、颜色等的使用都要清晰明显。

(6)网页色彩。网页背景颜色应保持一致,与前景色颜色需反差大、较易判读,使用者应可以自行选择背景颜色。

(7)使用全球信息网络联盟建议的标准。尽量使用W3C建议的标准规格,如使用HTML来编写网页,避免编译错误,实现浏览器兼容。

(8)设计较大按钮或用快速键取代部分鼠标功能。肢体残疾学生无法通过正常方式使用键盘和鼠标操作电脑。不同类型的肢体残疾学生所遇到的问题也各有差异,如肢体不灵活的人会难以控制鼠标,丧失部分肢体的人则可能完全无法使用鼠标或键盘。因此,应设计较大的按钮,方便肢体残疾学生点击,而且重要项目不应放得太接近,以免学生错误点击项目。对于不容易操控鼠标、正确点选按键的部分肢体残疾学生,可以使用快捷键取代部分鼠标功能。

(9)网站配合使用辅助技术,如语音控制软件,方便残疾学生能够通过语音指令操控网站。

第二节　通用学习设计

高等融合教育强调残疾学生在融合而非隔离的情境中接受教育,但普通的教育课程将所有的学生统一看待,会按照同一个模式和结构设计课程,而残疾学生与普通学生相比接收和理解信息的能力存在差异性,具有不同的特殊需要、发展水平和学习方式。如何保证所有学生都能平等地参与课程学习,实现教学信息无障碍,是融合教育背景下每一位教师,尤其是课程设计者必须面对和解决的问题,这就是通用学习设计力图解决的问题。

一、通用学习设计的基本概念

通用学习设计理念来源于通用设计(Universal Design)概念。通用设计概念最早是1987年由美国北卡罗来纳州大学的残疾人设计师罗纳德·梅斯

(Ronald L. Mace)提出的,是建筑学领域的一个革命性的设计概念。通用设计理念旨在减少后期的调整或特别设计,使产品和环境的适应性最大化,目的在于让尽可能多的使用者用尽量少的额外支出就能享受到各种产品公共设施及生活环境的便利,从而使每个人的生活简单化,其最高目标是使环境适合所有人。自20世纪80年中期起,教育研究者开始把通用设计的概念移植到教育领域中。通用学习设计就是试图根据建筑学中通用设计的理念来设计融合教育课程,满足学生多样化需求的一种努力和尝试。通用学习设计最早是在20世纪90年代初由美国特殊技术应用中心提出。中心将通用学习设计定义为一种课程设计模式,并认为通用学习设计是一种以满足学生多样化需求为目标,从学习者的认知能力及大脑加工网络运行特征出发,将现代数字化媒体的辅助技术应用到课程内容、课程设计、课程材料及课程评估等各个方面的新型的课程设计框架。它致力于减少课程的障碍,将现代信息技术渗透于课程的各个要素设计之中,通过为学生学习提供丰富多样的支持,使每个学生特别是有特殊需要的学生都能最大限度地获得知识技能。通用学习设计强调课程的灵活性和呈现方式的多样性,以实现对不同背景、不同学习风格和不同能力的学生的适应性和通达性,使他们真正掌握和理解课程。如果在课程设计之初就能够充分考虑到每一个学生的特性,进而设计学习活动,确保课程的设计、内容的呈现、方法的选用及教学环境能够满足每一个学生独特的需要,这就是通用学习设计。

二、通用学习设计的三个特征

通用学习设计有三个特征,这三个特征是建立在现代脑科学研究成果的基础之上的。脑科学和认知神经科学研究表明,每个人的大脑中有不同的功能分区,不同的功能区反映学习的不同方面。具体来说,大脑中有三个网络负责接收和加工信息,即识别网络、策略网络和情感网络。这三个网络分别对应通用学习设计的三个主要组成方面:课程信息的呈现、课程活动的参与和学生在课程活动中的表达。识别网络帮助学生感知学习内容是什么,辨别和理解学习材料;策略网络使学习者能够有计划地参与学习过程,执行和监控自我学习的各种行为,主要影响学习者的学习过程及方法;情感网络帮助学习者明确为什么学习,侧重于影响学习者的情感、态度及价值观。通用学习设计就是要以脑科学和认知科学为出发点,明确课程标准所对应的学习系统,选择恰当的支持途径。为了满足通用性这一核心目标,在课程内容的选择和设计、教学以及评估方面满足以下三个特征。

(1)提供多样化的信息呈现方式。不同的个体对同一事物的识别存在差异,通用学习设计要求课程设计要针对学习者各自的生理和认知特点,选择恰当的信息呈现方式,确保所有学习者都能平等地感受到关键信息,采用多样化的信息呈现方式,包括多样化的听觉信息、视觉信息、解释信息时采用多样可供选择的语言、图表和符号等。如课程内容的呈现可以采用文本、电子文档、图片、视频、音频等形式,满足不同学生的接受信息的需要。应允许学生自行调整呈现信息的格式,改变图像、文字、声音的大小等。课程内容应可以在电脑、手机等不同的电子装置上呈现。

(2)提供多样化的表达方式。允许学习者通过不同的方式表达自己所学的知识。强调为每位学习者特别是残疾学生提供多样化的表达和交流方式,允许学生有充分自主权选择自己熟悉的和自认为最佳的方式来表达和交流自己对所学知识和技能的理解和掌握程度。可以采取不同的交流媒介完成课程作业或过程性测试等,如论文写作、口头报告、PPT、工作记录、视频录音、实物作品等。

(3)提供多样化的参与方式。通用学习设计要求课程教学要提供多种提高学生学习兴趣、优化学习动力的参与方式,使具有不同信息加工个人偏好的学生能够最大限度地参与到课程活动之中。教师要针对学生的个性学习需求,提供不同类型支持和适当的挑战,以提高学生的学习动机和参与度,形成良好的师生和生生互动。

三、通用学习设计的九条原则

2001年，斯考特(Scott)和麦克吉尔(McGuire)等学者在原有的通用设计7条原则的基础之上，提出了通用学习设计的9条原则。

(1)公平性原则。指对不同能力的学生来说，教学都应是有效的、有帮助的。

(2)灵活性原则。指设计要迎合学生广泛的个人喜好和能力。

(3)简单直观原则。指设计出来的教学应是明白易学的，不会受到学生的经验、知识、语言能力等因素的限制。

(4)显著信息量原则。指无论四周情况或学生是否有感官上的障碍，都应该把必要的信息传递给学生。

(5)较高容错性原则。指设计应该使学生因错误操作或意外动作所造成的负面结果或危险减至最小。

(6)低体能消耗原则。指课堂内的教学设施应该尽可能地让学生有效、舒适地使用。

(7)空间的合理使用与改进原则。指提供足够的空间和尺寸，使学生能够方便使用，并且不受其身形、姿势或行动障碍的影响。

(8)倡导合作学习原则。指在教学过程中，要鼓励学生之间、学生与教师之间的互动与合作。

(9)良好教学氛围原则。指教学氛围友善且包容性强，对所有学生都提出明确的发展目标。

四、通用学习设计的应用

在高等融合教育院校，要求有残疾学生就读的课程的教师均应按照通用学习设计的原则设计课程和组织课程教学。根据美国特殊技术应用中心2011年发布的《学习通用设计指南2.0版》内容，通用学习设计课程包含四个高度相关的核心要素：目标、方法、材料和评估。

(1)目标。为所有学生设定具有适当挑战性的教学目标。教学目标的精心设计和表述是吸引学生积极参与和取得进步的前提，它代表了学生应该掌握的知识、概念和技能。同时应提供给学生达成目标的方法，学生可以使用不同的工具、媒介、支持和辅助，如普通学生可以手写报告，视力残疾学生或肢体残疾学生可以用语言形式完成。

（2）方法。在复杂的课堂中，没有一种方法可以适用于所有的学习者。明确课程教学目标之后，教师要做好学生的学情分析，结合课程学习的需要，灵活选择教学方法，要考虑这些方法对学生的适用性，分析和找出各种因素可能对某些学生造成的阻碍。教师可以通过为学生提供多元化的呈现方式和表达方式提高每位学生的参与度。

（3）材料。材料通常被看作用来表达学习内容和学习者用来展示知识的媒介，通用学习设计课程的材料应是灵活的、可变的，强调突破文本的限制，利用数字媒体的优势如数字化文本、多媒体软件、录像机、录音机和互联网等以多元表征的形式给学生呈现学习内容，数字化教学内容还带来了提供辅助和链接的便利。

（4）评估。通用学习设计课程要求评估要有足够的灵活性，教师要克服传统评价的局限，使用恰当的评估技术，能够提供即时的、准确的信息，从而改进教学和确定学生对知识的理解程度。应根据个体之间的不同差异为学生提供灵活多样的评价。

第三节　个别化教育计划

个别化教育计划是为某个有特殊教育需要的学生制定的旨在满足其独特教育需要、具有授权性的书面指导性教育文件，它清晰而详细地阐明一个残疾学生所应接受教育的计划和相关服务，是满足学生多样化需求的核心方式，是融合教育付诸实践的工具之一。

1975年，美国国会颁布的《所有残疾儿童教育法》提出要为每个接受特殊教育的学生制订一份书面的个别化教育计划，它第一次以法律形式被确定下来。随后许多国家和地区纷纷引入该概念，开展相关的理论研究与实践活动，但所用词汇略有差异。英国和加拿大同样要求为残疾学生制订个别化教育计划(Individualized Education Plan,IEP);法国要求为残疾学生制订个别学习计划(Personal Learning Program)并将特殊教育学校发展为融合教育的资源中心。在之后几十年的实践中,个别化教育计划经历了一系列的变革,不断地被补充和完善。

一、个别化教育计划的内容框架

IEP内容框架包括学生和家庭的基本信息、学生的现有能力描述与分析、学术调整及支持服务策略、学生发展的长短期目标、目标达成的具体评价方法、转衔服务需求及计划等。

二、个别化教育计划的参与人员

IEP的制订与实施,需要最了解学生、即将直接与学生进行接触及进行教育教学的人们通力合作,每个有特殊需要的学生均需一个IEP团队支持,成员应包括普通教育教师、特殊教育教师或支持服务提供者、相关专业人员、家长或监护人、学生、地方特殊教育机构代表、学校教育行政人员等。其中,家长或监护人须参与IEP的制订和决策,是不可替代的;同时,要注重学生在IEP制订过程中的主导作用。在建立特殊需要学生的IEP团队时,需明确每个团队成员的任务和责任。

三、个别化教育计划的制订

制订IEP应是一个循环改进的过程,其步骤为:拟定IEP初稿→召开IEP会议,确定IEP正式稿→实施IEP→总结及拟定新的IEP。每一个IEP周期的最后一个阶段,都是对当前阶段的总结、对学生进步情况的评估,同时其评估结果也是下一个IEP周期的起点。

(1)拟定IEP初稿。

①学生和家庭的基本信息。主要包含学生的基本信息、家庭情况、生长史、医疗史、教育经历、到校交通工具等。这些信息主要由家人、教师、同伴、

专业人员（如语言治疗师、物理治疗师、心理咨询师、医生、志愿者）等提供。其中，学生的基本信息包括学生的姓名、性别、生日、入学时间、学制、系部、入学渠道、家庭住址、残疾类别、残疾程度、联系方式等；家庭情况包括家庭成员、父母关系、主要监护者、家庭教养方式、家庭经济情况、家庭转介需求、家长期望等；生长史包括学生发展过程中一些重要的成长记录，如母亲妊娠期、生产过程及学生语言、认知、行为社交等方面的发展；医疗史包括疾病史、用药情况、致残原因等；教育经历包括与今后学习相关的受教育经历。学生的基本资料也应尽可能完整、全面，其中学生的生长史、医疗史、教育经历等要说明对学生学习的影响，这些信息均有利于之后的IEP决策。

②学生的现有能力描述与分析。基于专门医疗机构的鉴定和评估（通过对残疾学生的生理检查、标准化测验、非标准化测验等方式，对学生感知觉能力、认知能力、沟通能力、学业能力、社会交往能力、情绪行为能力、行动能力等各方面身心发展情况进行评估），分析学生的优势和劣势，以确定学生的现有能力。学生的现有能力的描述应包含学生现有的学业成绩和功能性表现、学生的残疾对其本人及参与普通课程学习的影响。内容表述要目标明确、可行、可测量。

③学术调整及支持服务策略。为了使残疾学生在校园内更好地学习生活，高等融合教育院校应在评估基础上为残疾学生提供合理的学术调整和支持服务，调整的目的是使残疾学生有和普通学生相同的参与机会。

a学术调整策略。融合教育的课程要体现“融合”的理念，它应是考虑到全体学生的不同学习需求、不同学习风格及文化背景差异等而设计的。课程的设计、实施、评价必须考虑到学生的多样化需求以确保“所有人都能使用”。融合教育的课程要贯彻通用学习设计理念，强调要面向所有学生、要体现学生差异性、要保证每个学习者能够充分参与学习活动。因此，教师需要对原有的普通课程加以调整。国际教育委员会提出，融合教育课程必须是弹性化的、相关的与可调整的，以满足终身学习者的不同特征与需求。课程的调整应基于对学生能力的评估，从而选择符合学生需求的调整策略，要让残疾学生能够最大限度地融入班级，尽量选择最少干预的调整策略。教师还要根据实际情况不断进行动态调整，如果课程调整以后仍不能满足学生的需求，则应考虑使用替代性课程或活动。替代性课程是指为残疾学生重新设计单独的课程内容和教学活动，课程的主题、目标、内容、教学方式与普通学生的课程完全不同，可能会把一些学科性课程内容转换为功能性课程。实践表明，只有极少数（中重度和极重度）的有特殊教育需要的学生需要替代性课程，大多数有特殊教育需要的学生只需采用很小的改变即可满足要求。还有一种补救性课程，是针对一部分有特殊教育需要的学生的，这些学生虽然有能力学习普通课程，但由于各种原因无法保证学习的进度和顺畅性，如学习障碍、严重情绪行为障碍学生等。补救性课程是以某种方式对普通课程的内容进行强化或扩展，促进学生掌握更好地参与普通课程学习的必需技能等。

b 支持服务策略。为了使残疾学生在校园内更好地学习生活，高等融合教育院校都应在教学实施、教学管理和教学评价上提供合理的、适合的调整和服务，以满足残疾学生诸如感觉、体力、语言技巧等方面的辅助需求。一是在教学实施的课堂协助和课外协助方面：为了能够让残疾学生充分参与课堂，获得知识、提高学术能力，要给予残疾学生有针对性的协助。如为视力残疾学生和听力残疾学生提供笔记员或录音机；为肢体残疾学生安排陪同人员辅助听课；为听力残疾学生提供手语翻译或实时字幕；合理安排课程及活动，保证残疾学生有足够的时间到达上课地点；对学生进行必要的心理治疗；给残疾学生充分的休息和恢复体力的时间；等等。残疾学生可以选择不同的完成作业的方式（可以用口述录音替代长篇写作，视力残疾学生或阅读障碍者可以使用听力材料完成作业等）。二是在教学管理方面：给予残疾学生课程注册优先权；可延长学生获得学位的规定时间，如果残疾学生不能像普通学生一样在规定学期修完足够的课程时，学校应视情况允许其在后续学期继续修完剩余的课时，给予“全日制学生”的待遇，这样可以节约残疾学生的学习时间并节省学习费用；为残疾学生提供特殊停车位；提供可选择的媒介资料，如盲文资料、大字资料等；图书馆配备辅助设备；提供可移动课桌、盲文计算机和打印机。

三是在教学评价方面:实施严格且合理的考试和考核是保证教学质量的重要环节,对于残疾学生也是如此。一般不降低学业难度,而是给予残疾学生适当的协助予以补偿,如可适当延长考试时间或申请将考试分成几个阶段,提供可选择的考试地点和考试形式,考生可申请单独考试,改变测试形式以减少精神残疾者的焦虑感,考试时提供阅读者或抄写员等。

④学生发展的长短期目标。长期目标一般为年度目标,是学生在一年的时间内要达成的目标,着眼于学生的全面发展目标。短期目标一般为学生在数周或数月时间内要习得的可测量的技能或行为。一个长期目标下所设有短期目标的数量与学生的残疾类型和残疾程度、目标的难度、目标对学生学习的影响有关。目标的确定应着眼于学生的最近发展区,为学生提供带有一定难度的内容,调动学生的积极性,并提供支持,使其能够发挥潜能,进而向下一阶段发展。

⑤目标达成的具体评价方法。根据不同的目标表述确定相应的评价方法,如观察、访谈、操作、档案袋评价、课程评价等。

⑥转衔服务需求分析及转衔计划。根据残疾学生对大学学习后的升学或就业目标和个别化需要,做好升学或就业规划,为其提供合适的服务和帮助。具体方法详见第五章。

(2)召开IEP会议,确定IEP正式稿。召集IEP团队成员对IEP初稿进行研讨,整合团队成员的意见和建议,确定IEP正式稿。

(3)实施IEP。在教学过程中不断对IEP中确定的目标的完成情况进行监控和评价,追踪把握学生的发展情况,必要时调整IEP,评价学生的学习情况并向家长报告。

(4)总结及拟定新的IEP。每学年末召开IEP会议,对该学年IEP的执行情况进行总结,分析目标达成情况、学生取得的进步及不足。在已有的IEP执行、评价的基础上形成下一学年新的IEP。

四、美英高等融合教育的个别化教育支持

在美国，招收有残疾学生的高等融合教育院校中大都设有残疾人服务办公室，负责残疾学生的相关事务，包括入学资格审查、帮助残疾学生申请联邦助学贷款、制订合理的学术调整计划、提供辅助设备支持与服务、协调校内其他部门开展合作为残疾学生提供服务和帮助、负责残疾学生的教学管理工作、提供就业转衔服务等，以促进和确保残疾学生可以不受歧视和限制地参与到教育计划和活动中。如果高校中没有残疾人服务办公室，则若该校是接受联邦政府资助的高校，就会设有一个《康复法案》或《残疾人教育法》协调员，或者由学生事务处主任或者学生顾问负责残疾学生事务工作。一些高校还设有学生支持服务办公室、咨询服务部、职业服务中心等部门。残疾人服务办公室会把残疾学生的有关信息传递给教师，与教师充分讨论学术调整计划，教师接受残疾人服务办公室指导并为残疾学生的教学负责。残疾人服务办公室要求教师根据通用学习设计理念调整课程和教学。在课程通用设计中，教师先预设一个可用且容易完成的课程，预设课程期间要与残疾资源中心充分沟通，要让残疾学生参与提供意见，如果某个学生仍需要课程有适应性改变，可以选择随时与教师和残疾资源中心沟通、修正。对于教学评价（考试考核）的调整，如果学生有需要，则学生和教师要提前提交考试调整申请表给残疾人服务办公室或残疾人服务协调员，学生要提前会见协调员，说明考试调整需求，获得考试调整授权书，考试会在协调员指示下按程序进行。残疾人服务办公室还会定期为教职员工提供新技术、新理念方面的培训，帮助促进教职员工提升能力素质以便做好残疾学生教学、管理、支持服务工作。以笔者曾在2017年到访过的美国加利福尼亚州立大学北岭分校为例。该校成立于1958年，是加利福尼亚州立大学23个校区中最大的一个，有4万名学生，其中包括1800余名各类残疾大学生，因此该校在高等融合教育方面建立了一套相对完整的支持服务机制。这是一套符合《残疾人权利公约》提出的无障碍环境中的“UD+AT”（“通用设计”+“辅助技术”）的支持服务机制。该校除了设有残疾人资源和教育服务中心（Disability Resources and Educational Services，DRES）外，还设

有通用设计中心(UDC),作用就是提供许多服务来帮助在校园的师生掌握如何构建或组织教学材料,以便学生无障碍地使用。通用设计中心帮助CSUN确保校园内的无障碍技术符合国家标准,为网站的管理工作人员提供网站可访问性和可用性的培训,为Web和应用程序开发人员提供无障碍设计的培训,研讨可访问性和可用性策略方面的相关问题。对于大学和教师购买、升级的软件和设备的合规性和可用性进行审核测试。例如,一名教授想更新软件,要由该中心审核要购置的产品是否符合无障碍标准,如果不符合无障碍标准,那么要联系供货公司进行相关修正,以使所购置的产品达到无障碍标准。通用设计中心还使用一些软件(如C-1 Xtera、Canvas、Ally等)来检查各学院网站的无障碍性是否符合要求等。通用设计中心面向CSUN所有人员进行通用设计理念的普及和技术上的支持,定期开展相关培训。学校要求所有教师树立通用设计理念,强调实现无障碍是每位教师的责任,每位教师上课提供的所有材料都应是无障碍的、适合融合教育的。例如,所有课堂播放的视频都要求加字幕(即使观看者中没有听力残疾人),这样不仅对听力残疾人有帮助,而且对有语言功能障碍的人或者一些在图书馆采用非放声方式学习的学生都有帮助。学校强调每个人都有责任创建可访问的、可用的信息。要求教师实现课程无障碍,要求教师本人掌握通用设计相关技术,能自行完成有关无障碍要求。

在英国,几乎所有高校都成立了为残疾人提供专业支持与服务的组织,很多高校拥有专门的网站。例如,英国剑桥大学成立了残疾人资源中心(Disability Resource Centre,DRC),德蒙福特大学成立了残疾学生咨询与服务处(Disability Advice and Support,DAS),伦敦大学学院也成立了学生服务和福利处(Student Support and Wellbeing,SSW),等等。这些组织的主要职责是为残疾学生提供全面服务:①为正在申请和即将入学的残疾学生提供咨询服务和个别辅导;②设计和实施针对残疾学生的资助项目,为残疾学生制订个别化支持计划,确保其拥有平等的学习机会;③为教职工提供咨询和培训,促进教职工的专业发展,并确保教师能够遵守关于残疾人平等权益的法律规定。以剑桥大学为例，该校的DRC负责和管理残疾学生的所有事务，为残疾学生提供保密和方便获得的服务。DRC与各学院/系合作，致力于在整个大学范围内推广融合教育的最佳实践做法，并不断完善为残疾学生提供的支持，使剑桥大学能够更好地履行《平等法案2010》里所规定的对残疾学生的义务。所有向DRC报告残疾状况的残疾学生，都会收到一份为每位学生量身定做的学生支持文件（Student Support Document，SSD）。学生支持文件的制定并按以下步骤进行：①由残疾人资源中心的残疾顾问将收集到的现有信息交由专业机构进行“诊断评估”，获得评估结果；②与残疾学生本人讨论评估结果和一系列需要学校进行调整和提供支持服务的问题；③在征得学生同意的情况下，与相关学院/系讨论可提供的支持，完善方案；④由残疾顾问进行资源整合，编制完成正式的SSD，确定支持策略，并纳入DRC的残疾学生系统内。纳入DRC的残疾学生系统的残疾学生在学习过程中可以向DRC提出申请，学校/学院/系都会依据这个文件进行学术调整和提供支持服务。当学生遇到特殊情况时，可以向DRC寻求帮助，这有助于学生融入学校的环境，充分发挥潜能，更好地学习和生活。各高等融合教育院校在课程的调整和通用学习设计方面对教师有明确的要求，如曾以其突出的服务被《星期日泰晤士报》授予首届年度社会融合大学奖的英国德蒙福特大学（DMU），该校充分考虑残疾学生在课程设置与调整、校园建筑设计方面的需求，并做出适当的调整。近年来在全校范围内积极推广通用学习设计原则，对任课教师的教学过程提供以下要求：①所有设计的课程内容都要符合UDL原则；②对教学过程中遇到的任何障碍要努力克服；③在教学过程中引入学校重播（DMU Replay）政策。教师在教学三环节（制定课程目标、进行考核评估、提供教学材料支持）要贯穿UDL原则，必须考虑所有学生的特点及需求，依据学生的不同属性主动提供支持帮助，增加所有学习者的学习机会，使他们获得更多的参与感和学习动力。再如伦敦大学学院，该学院制定了《融合性课程自检清单》供教师审视其课程设计是否满足融合教育要求。课程团队需向审查委员会说明课程的可及性和包容性，以及如何针对可能遇到的障碍进行调整。此外，英国高校非常重视了解残疾学生的改进建议，残疾学生作为融合教育和学业支持服务实践的参与者和体验者，其反馈意见具有相当重要的参考价值。英国高校通过调查了解残疾学生的学习体验，反思课程开发与设计存在的问题并不断改善。如哈德斯菲尔德大学在每年六月份开展年度调查，调查涵盖多个指标，包括对课程开发与设计的意见、对导师指导的满意度等，真正做到从学生的立场出发思考支持服务如何更好地惠及残疾学生。

第四节　残疾学生的学习支持

残疾学生包含听力残疾学生、视力残疾学生、肢体残疾学生、精神残疾学生（含孤独症）、学习困难学生、智力残疾学生等多种类型，学校尊重不同类型残疾学生的个性化、多元化学习方式，根据残疾学生的学习需求，给予相应的帮助支持，保证残疾学生的学习无障碍。向学校报告残疾的学生一般都会得到学校合理的调整支持，包含无障碍服务支持和辅助设备支持。下面介绍几类常见的残疾学生的学习支持。

一、听力残疾学生的学习支持

听力残疾是指各种原因导致的双耳不同程度的永久性听力障碍，听不到或听不清周围环境声及言语声，以致影响其日常生活和社会参与。

1. 听力残疾分级

（1）极重度损伤（听力残疾一级）：较好耳平均听力损失≥91dB HL，在无助听设备帮助的情况下，不能依靠听觉进行言语交流，在理解和交流等活动上极度受限，在参与社会生活方面存在极严重障碍。

（2）重度损伤（听力残疾二级）：较好耳平均听力损失在81~90dB HL之间，在无助听设备帮助的情况下，在理解和交流等活动上重度受限，在参与社会生活方面存在严重障碍。

（3）中重度损伤（听力残疾三级）：较好耳平均听力损失在61~80dB HL之间，在无助听设备帮助的情况下，在理解和交流等活动上中度受限，在参与社会生活方面存在中度障碍。

(4)中度损伤(听力残疾四级):较好耳平均听力损失在41~60dB HL之间,在无助听设备帮助的情况下,在理解和交流等活动上轻度受限,在参与社会生活方面存在轻度障碍。

2. 为听力残疾学生提供的无障碍服务支持

(1)安排在教室前排或靠近门的位置:可以减轻声音对听力残疾学生的干扰。

(2)手语翻译:手语翻译均接受过正规训练,取得了相应的文凭和职业资格。

(3)带有字幕的视频材料。

(4)笔记记录:由于听力残疾学生在课堂上要观看手语翻译的动作以了解教学内容,因此不可能再有时间记录笔记,而教师的演讲稿大都只是一个提纲,于是笔记记录支持服务应需而生。笔记记录员被录取后还要经过培训才能正式上岗。一般担任笔记记录的都是同专业高年级或同级健听学生,他们通常在课堂、实验室和外出考察时记笔记,完成后交给此项工作的协调员,由其负责放到网上,供听力残疾学生使用。笔记记录员是有偿的。

(5)延长考试时间和改变考试地点、改变评价方式。

(6)延长借书时间。

(7)咨询服务:听力残疾学生一入学,学校咨询中心就会指派专人跟踪其学习生活情况,一旦发现问题,会及时疏导解决。

(8)新生适应指导:一般在第一学期开设,主要指导听力残疾学生学习如何认识自我、如何认识专业、如何尽快适应大学生活。

(9)职业考察研究:允许学生用一定时间了解专业及与其相关的职业,然后再选择专业。

(10)支持辅导:听力残疾学生可以在规定时间里到学习中心上网学习,找个别辅导员寻求辅导、开展讨论等。中心服务人员中也有听力残疾学生,他们在中心服务可以得到报酬。

3. 为听力残疾学生提供的辅助设备

（1）助听器、听力增强（感应回路系统、发射机和接收机、无线麦克风等）等相应设备。

（2）C-Print技术支持：对于不懂手语、低视力、有阅读障碍、肢体有残疾等的学生，当手语翻译或笔记记录都无法满足他们课堂学习、小组讨论、商务会谈或社交活动的需要时，C-Print这种将声音信息转换为文本信息的技术就发挥作用了。C-Print软件需要电脑和网络环境支持，帮助听力残疾学生随时了解课堂上发生的事情，随时提出问题。

（3）思维导图软件（Auxilary Technology Suite，ATS）：一种使用者将自己的想法输入软件内，会自动生成大纲或组织结构图的软件。这种软件方便残疾学生按序编写论文、安排工作顺序和整理复习资料。

（4）文字转语音软件：随时且及时地将输入软件的信息转换成语音，帮助使用者克服因自身发音困难而阻碍与别人沟通、交流的状况。

（5）无障碍学习室：残疾学生注册并提交预约申请即可使用，学习室内提供人体工程学桌椅、已安装好辅助软件的电器设备、助听器及可触摸使用的盲文设备等适合各类残疾学生的辅助设备，同时残疾学生在遇到任何问题时也可随时向工作人员寻求帮助。

二、视力残疾学生的学习支持

视力残疾是指由于各种原因导致双眼视力低下并且不能矫正，或双眼视野缩小，以致影响其日常生活和社会参与。

1. 视力残疾分级

视力残疾包括盲及低视力。其中盲又包括视力残疾一级、视力残疾二级；低视力又包括视力残疾三级、视力残疾四级。视力残疾均指双眼而言，若双眼视力不同，则以视力较好的一眼为准。

（1）视力残疾一级：最佳矫正视力为无光感～<0.02，或视野半径<5度。

（2）视力残疾二级：最佳矫正视力为0.02～<0.05，或视野半径<10度。

(3)视力残疾三级:最佳矫正视力为0.05～<0.1。

(4)视力残疾四级:最佳矫正视力为0.1～<0.3。

2. 为视力残疾学生提供的无障碍服务支持

(1)安排在教室前排或靠近门的位置:可以减轻视像对视力残疾学生的影响。

(2)在教学过程中为视力残疾学生调整字体大小及文本色彩。

(3)多种形式的信息材料:如大字号印刷品、盲文版教材、数字有声读物、在线资源等。

(4)申请盲文试卷,也可以申请让一位读卷教师和一位帮助答卷的教师帮助残疾学生进行课程考核。

(5)延长考试时间和改变考试地点、改变评价方式、延长借书时间、咨询服务、新生适应指导、职业考察研究、支持辅导等服务。

3. 为视力残疾学生提供的辅助设备

(1)计算机读屏软件。

(2)电子放大器。

(3)改制的电脑键盘、扩大与替代沟通装置,如低视力学生可使用的C-Print技术支持。

(4)可发声的计算器、放大镜等。

(5)闭路放大器。

(6)额外照明设备:方便低视力学生阅读。

(7)彩色覆盖器:一种有不同颜色叶片的工具,把该工具放在所要查看的资料上,可以更改原有配色,为阅读障碍学生进行阅读提供可能。

(8)高速扫描仪:将纸张资料任意转换为电子文本,方便携带。

(9)盲文刻印机、盲文复印机、立体复印机。

(10)无障碍学习室。

三、肢体残疾学生的学习支持

肢体残疾是指人体运动系统的结构、功能损伤造成的四肢残缺或四肢、躯干麻痹（瘫痪）、畸形等导致人体运动功能不同程度丧失及活动受限或参与的局限。

1. 肢体残疾类别

(1)上肢或下肢因伤、病或发育异常所致的缺失、畸形或功能障碍。

(2)脊柱因伤、病或发育异常所致的畸形或功能障碍。

(3)中枢、周围神经因伤、病或发育异常造成躯干或四肢的功能障碍。

2. 肢体残疾分级

(1)肢体残疾一级：不能独立实现日常生活活动。

(2)肢体残疾二级：基本上不能独立实现日常生活活动。

(3)肢体残疾三级：能部分独立实现日常生活活动。

(4)肢体残疾四级：基本上能独立实现日常生活活动。

3. 为肢体残疾学生提供的无障碍服务支持

(1)安排在教室前排或靠近门的位置：可以方便肢体残疾学生轮椅进出。

(2)延长考试时间和改变考试地点、改变评价方式、延长借书时间、咨询服务、新生适应指导、职业考察研究、支持辅导等服务。

4. 为肢体残疾学生提供的辅助设备

(1)行动辅具：对于肢体残疾学生来说，最需要的是为他们自由行动提供便利的设备。行动辅具包括手动轮椅/运动型轮椅/高度可调轮椅、助行车，以及电动站立轮椅（含特殊操纵接口）等。有的助行车在普通助行车基础上还增加了携带书籍的位置。

(2)设置专用停车位：许多大学提供了专用停车位，方便他们停放轮椅或私人汽车，学校会在官方网站上发布详细地址，并且在停车位附近安排安保人员轮流值班，发现有残疾学生需要帮助时，及时提供服务。

(3)设置专用通道：大学图书馆在建筑物内外留有通道，安装了一些相关装置，方便使用轮椅的残疾学生进出图书馆。残疾学生通过这些通道可直达服务台，方便工作人员为残疾学生提供咨询，帮助其抵达专用区域和需要使用的设备处。

（4）可调节高度书桌：在教室内、图书馆的检索区、休闲区与阅览区均分布可调节书桌，为不同高度的残疾学生上课、查阅书籍、阅读与休息提供方便。

（5）人体工程学座椅的安置：可调节高度、角度的人体工程学座椅可帮助残疾学生找到最舒适的位置。

（6）坐姿摆位辅具：适型坐垫、人体工程学靠垫等。

（7）阅读书写辅具：例如粗柄握笔、捉握笔辅具及翻页机等。

（8）计算机辅具：包括替代性键盘、轨迹球与嘴控鼠标/头控鼠标/红外线鼠标等。

（9）C-Print技术支持。

（10）无障碍学习室。

四、孤独症学生的学习支持

孤独症（Autism），是一种隐性残疾，患有孤独症的人从外表上看与普通人没有不同，其残疾主要体现在：沟通社交能力异常，与父母依恋关系缺失，可能有极其突出的语言障碍，包括语言功能发育不完全或落后及正常语言功能发育后出现退化的情况；对外界兴趣缺失，体现为部分患者孤独离群，不愿与社会建立正常联系，对事情漠不关心，回避他人，不愿理会，沉溺于自己世界的情况；刻板重复的行为模式，如机械化地重复某一行为，不肯改变这种习惯和行为方式，如有变动则有明显的焦虑反应出现；部分患者甚至可能有痛感迟钝的表现，有自伤自残现象。

1. 为孤独症学生提供的无障碍服务支持

（1）对孤独症学生实施融合教育，包括保持固定的课堂时间表、采取结构化演讲、提前告知完成作业的期限、明确阐述学业要求、给予清晰的书面反馈、严格管理小组讨论、提供学习技能指导等。

（2）举办集体活动缓解其社交压力。如英国的德蒙福特大学，坚持每年都为预期在9月底入学的孤独症学生举办极具特色的迎新活动，通常会邀请多名学生共同外宿，有时还邀请家长或朋友参与进来，通过参与日常活动，包括结伴去杂货店购物、一起做一顿晚餐，参观图书馆或者自由组队在市中心进行自由活动等。这有效地缓解了每年孤独症新生初到学校时因恐慌拒绝与外界沟通的症状。每一年活动地点和内容都依据学生的实际状况有所不同，活动设置都很有趣，收到的反馈也非常积极正面。如创办孤独症午餐俱乐部，定期召集孤独症学生共同进餐，共度午休时间，打破其孤独症状态，为孤独症学生更好地参与集体活动、释放压力、克服障碍提供了有效渠道。

（3）也可以获得延长考试时间和改变考试地点、改变评价方式、延长借书时间、咨询服务、新生适应指导、职业考察研究、支持辅导等服务。

2. 为孤独症学生提供的辅助设备、辅助技术支持

（1）“Brain in Hand”辅助软件提供护理支持。Brain in Hand集成了直观、个性化的Web和移动软件与人工支持，使人们可以随时随地通过手机或平板电脑轻松访问适用于他们的支持服务。该系统通过让护理人员和提供支持者共同参与，提供个性化护理方案，使孤独症学生在必要的时候可以对自己进行护理措施。使用Brain in Hand的孤独症学生通过得到远程支持，在与提供支持的专家人员保持联系的前提下尝试开展更加自信、独立的生活。在德蒙福特大学，符合申请条件的学生可以免费获得Brain in Hand许可，并获得专家和教师的帮助，包括帮助那些做决定较困难的孤独症学生，使他们能够对日常问题做出反应，还可帮助他们管理自身焦虑，帮助提高孤独症学生的独立性，获得个性化支持。

（2）图书馆设置专门针对孤独症学生的阅读室。馆内工作人员每年会针对孤独症学生需要的辅助设备进行质检与更新，随时确保其处于可使用状态，并能充分满足孤独症学生的需要；馆内工作人员还针对孤独症学生提供了面谈或在线咨询的服务，帮助在图书馆内的众多孤独症学生高效地使用馆内设施、阅读书目，便捷地访问图书馆内所有图书资源与相关服务。图书馆引进多样化书籍，方便孤独症学生找到符合自身兴趣点的图书，拓展兴趣。一部分在

某领域显示的智力水平非常高的孤独症学生，可以就自身感兴趣的领域的书籍、知识与人分享和探讨，精进知识储备、拓宽知识面，提升沟通能力，促进社交参与度。

五、特殊学习困难学生的学习支持

特殊学习困难学生常伴有阅读障碍、运动障碍、计算障碍和书写障碍等，具体学习困难的影响因人而异。一般来说其大脑对信息的处理速度慢，无法做到快速浏览和阅读信息、快速吸收信息，所以这类学生阅读材料、撰写论文需要的时间可能更长，还可能有处理异常的情况发生。

（1）提供及时、合理的学习监督。教师针对特殊学习困难学生提供阅读清单和对指定阅读任务的详细指导，如果任务信息过长，教师会将信息进行分解，使学生慢慢消化，并在与其交谈和开展辅导时尽力使用简洁、清晰、明确的语言，给予学生足够的时间去消化信息和准备答案。如果教师要求学生以小组形式完成学习任务，那么需要提前为小组成员提供讨论资料，并在学生小组讨论进度停滞不前时及时提供帮助。如果教师需要学生撰写论文作为学习成绩的话，必须提前设置论文提交的截止日期，保证留给学生足够长的写作时间并提供标准写作格式及范例，最后需要就各项学习任务的优点及需要改进的地方提供详细、清晰的书面或口头反馈。最值得注意的一点是，教师在学生进行小组讨论时，需要进行额外的监督，因为可能会有学生之间信息处理效率的差异导致进度差距的情况出现，这时教师需要及时采取策略，安抚学生低落、失望的情绪。

（2）在教学过程中允许学生使用笔记本电脑做笔记，在可能的情况下提前为学生提供电子文档格式的PowerPoint演示文稿和讲义，并在制作PowerPoint演示文稿时尽可能采用柔和的彩色背景，为演示文稿编号以帮助学生在做笔记时进行参考，方便特殊学习困难学生进行阅读与学习，同时在教学内容设置上为学生提供摘要和框架，尽可能多地附带有标记、注释的图表，并在每节课的课程内容中引入新词汇，最后在每堂课结束时，进行总结，复习要点。

(3)延长考试时间和改变考试地点、改变评价方式、延长借书时间、咨询服务、新生适应指导、职业考察研究、支持辅导等服务。

六、为各类残疾学生提供在线网络课程

在线网络课程方便各类型残疾学生学习，包括网络课堂、在线课程教材、在线课堂录音等。同时配备屏幕阅读器，方便残疾学生灵活访问和课后复习。这些更好地适应了残疾学生的学习要求。

第五节　帮助学生融入校园

残疾学生步入大学校园后可能会面临适应、学习、人际关系、就业等各方面问题，高等融合教育院校从多个方面采取不同措施，协助学生顺利适应校园生活，并鼓励他们融入校园生活，让他们也得以追求学术成就，成功就业，逐梦精彩人生。

一、致力融合的学校愿景

国家法律赋予残疾人接受高等教育的平等权，高等融合教育院校致力于在学术追求和就业等方面提供平等机会，并消除对所有职员、学生和其他与大学有往来的人员的任何形式的歧视。融合高等教育学校在无障碍物理环境、无障碍信息环境、无障碍学习环境等各方面为残疾学生提供了积极的支持。但仅仅是身体的融合还不是真正的融合，残疾学生更需要从内心真正融入群体中。高等融合教育院校要将残疾学生入学、获得支持和调整视为学校学术使命的重要组成部分，帮助残疾学生在融合环境下取得成功。我们可以在很多学校的网站上看到学校旗帜鲜明地表达融合愿景，致力为残疾学生提供平等的教育机会并且提供各种可能的支持。同时，学校也重视残疾学生代表参与学校的决策、管理，让残疾学生感受到被尊重。

二、在校园推广共融意识

学校通过开展多样化的活动，建立多元和共融的校园文化，加强师生的包容性意识，促进共融。如在公共大楼设立多元资源中心，学生和教职员工可以进入中心参观展览的图书、不同类型特殊需要人群的辅助设备等资源，并且参加一些体验活动，更加了解不同类型的残疾、残疾人所面对的限制和困难，体验如何帮助残疾人的生活更轻松和快乐，更有能力为他们提供支援。学校还定期开展促进融合的活动，如音乐表演、讲座、工作坊、培训、辅助技术使用、分享包容和平等机会及社会互动的活动等，以加深对残疾人士及有特殊教育需要的学生的了解。还可以在很多大学网站上看到关于残疾学生的励志故事的分享视频，通过这些分享，一方面增加了大家对残疾学生大学生活的了解，另一方面也增强了残疾学生的自信心和求学志向。

三、开设跨学科通识课程

学校在通识教育方面注重跨学科，对中低年级学生设置了包括人文、地理、艺术、科学、健康、认知、读书、社会等多门类、多专业的通识课程。这些课程中有关健康类的教育可以直接用于培养和提高大学生的心理健康素质。还有很多其他领域的课程的学习则可以起到间接促进作用。跨学科的各类不同专业的学生在一起上课，互相进行交流和学习，有助于学生拓展思路、加强认知、开阔眼界，进而促进心理健康。

四、学业导师指导

学业导师帮助大学生进行学业规划，根据学生特点给学生专业选择和学业上的各种支持。学业导师需要由专门资格的人员来担当，残疾大学生必须与学业导师接触并达到一定的时间量，每个学生和学业导师的沟通活动和内容都会形成文本、建立档案，便于之后对学生进行分析并及时发现问题或进行有效引导。学生和学业导师不仅仅进行与专业选择和学业相关的交流，还可以进行财务（学费）、未来职业等各方面的交流。学校很注重学生的困境，会根据发现的问题给予相应的帮助，这种帮助让人觉得舒服，而不是让人感觉是在帮助弱者或有问题的人。

五、同伴支持

学校还为有特殊教育需要的学生设有同伴支持计划，旨在帮助学生在社交、个人和学术上更快地适应校园生活。如美国加利福尼亚州立大学北岭分校要求新生必须参加第一年的研讨会，同行导师提供一对一的同伴指导。所有同行导师都是高年级学生，他们都需接受指导技能和人际关系方面的持续培训。同行导师提供联系学生利用大学资源培养学术和自我发展技能、在签约社区崭露头角、体验学习和互动之旅等多种服务。

六、教师引领

教师对残疾学生获得学业成功起着重要作用。教师提供融合的学习课堂，对残疾学生保持着积极与接纳的态度，对他们保持尊重并对他们的信息保密，提醒他们有任何生理、心理或学习障碍且需要便利服务时尽快联系学生残疾服务办公室（不同国家可能使用不同的名称）。教师提供学生之间互助的学习情境，支持与赞许他们之间建立友好和谐的人际关系，开展形式多样的交流活动，建立平等开放、互相尊重、资源共享的环境。教师在课堂上会非常关注学生，注意学生反馈，及时了解其知识掌握情况，使其更好地适应课程学习。一些教师在课堂上还关注学生在面对学业困难时的压力，用正念作用、欣赏性教育等积极的方法鼓励学生用良好的心态面对困难和解决困难。

七、鼓励独立和自我实现

学校为残疾学生提供残疾服务和帮助时，特别注重鼓励独立，鼓励残疾学生与导师和教职员工建立持续有效的联系，通过自主学习和发展，学习自我宣传技能，积极参与有助于个人和社会成长的课外活动，获得明确的专业和学术选择，掌握生活和工作技能，体现自我实现的价值。

八、提供心理健康服务

学校确保学生在有需要时即能获得心理支持，尤其关注学生的首次求助经历，确保其能在第一时间获得专业的帮助；同时加强校内心理健康服务体系中各部门的联系，创建心理健康服务协作网络，共享心理健康评估数据与信息，协同解决学生面临的心理问题。心理咨询中心为了保护学生的自尊还设有严格的保密制度。学校注重为不同类型的残疾学生提供个性化心理咨询服务，如在残疾学生入学时，指派专人跟踪了解每个残疾学生的学习、生活和心理健康状况，建立心理档案，当发现问题时及时进行心理咨询、辅导和心理健康教育，保证每个残疾学生保持积极健康的心理状态。

学校提供远程在线心理健康服务。远程在线心理健康服务由于其契合当代大学生的学习生活习惯、能够显著提高服务效率而在高校得到快速发展，在新冠疫情发生后更是得到广泛应用。如部分美国高校已将远程在线服务拓展到电话、视频、短信、电子邮件等多种渠道，实现了同步、异步心理健康服务，降低了偏远地区、国外留学和校外实习学生获取服务的时间及金钱成本。

第五章
发达国家高等融合教育的转衔服务

转衔(transition)是指从一个机构转换到另外一个机构,从一个阶段转移到另外一个阶段之间的衔接。转衔的内涵在于“转变”和“衔接”,一方面是身份的转变(如由中学生转变成大学生、由大学生变为社会人和劳动者等);另一方面是指身份转变后的一个衔接过程。每个学生的成长过程中都会面临个人角色的转变、职业的选择与转换等众多的转衔。研究显示,学生接受中学教育和高等教育,并不一定能有效地引导其成功地实现转衔,这种转衔对普通学生都是一种挑战,对于残疾学生这种挑战就更为艰巨。由于残疾的原因,残疾学生大都很难克服各转衔阶段的变化,存在转衔困难。因此,融合教育中对残疾学生的转衔服务就显得尤为重要。高等融合教育的转衔服务包括从中学教育到高等教育的转衔服务(升学转衔服务)、从高等教育到走上社会工作或独立生活的转衔服务(就业转衔服务)。升学转衔服务可以指导和协助残疾学生获得最佳的学习机会,顺利从中学教育进入高等教育,融入和适应大学学习生活,可以使高中与高校之间建立良好联系,提升年轻人的志向水平。就业转衔服务可以提升残疾学生的自我决定能力,通过提供功能性课程和在真实的社区工作环境中的实践活动,提高残疾学生的生活技能和适应真实融合的社会工作环境,发展人际交往关系能力,从而使残疾学生在完成高等教育后,能够顺利步入社会,找到适合自己的工作,开始自食其力的成年生活。

第一节　转衔服务的内涵

“转衔”一词的首次提出是在美国1986年的《残疾儿童教育法修正案》中。该法案规定需对残疾学生提供相关的转衔支持服务。之后,在1990年,美国修订了的《残疾人教育法》,要求将转衔服务内容列为个别化教育计划(IEP)的必要项目,要求学校为所有特殊教育的对象在16岁前制订个别化转衔计划(ITP),且每年修订。1997年美国对《残疾人教育法》进行了修订,强调了个别化转衔计划的重要性,并将制订转衔计划的年龄从16岁提前到14岁。2004年再次修订《残疾人教育法》,并对“转衔服务”的概念进行了补充和完善,规定了转衔服务所包含的为残疾儿童发展服务的一系列协调性活动。

(1)以结果为导向,注重培养残疾儿童的学业能力和非学业能力,进而帮助残疾儿童更有效地从学校生活过渡到离校后的社会生活,如接受高等教育、职业教育、融合就业、继续教育和成人教育、成人服务、独立生活和参与社区生活等。

(2)转衔服务的活动内容要基于学生的个别化需求,充分考虑每个学生的优势、兴趣和喜好等。

(3)转衔服务包括为学生传授知识技能、提供相关服务、参与社区生活、确立就业目标及其他离校后的成人生活目标等,同时,如果可能的话,应当帮助残疾学生获取日常生活技能,并为他们提供功能性职业评定等服务。

成功的转衔是预测残疾学生今后学业和社会发展的重要指标。随着生涯教育和终身教育理念的发展,涵盖幼儿阶段及离校之后全方位的终身转衔服务,成为国际特殊教育发展的趋势。

第二节　个别化转衔计划

个别化转衔计划是一个面向未来的、以结果为导向的服务计划,它的目标设计充分强调以残疾学生的未来需要为基准,并从残疾儿童时期就开始实施。转衔服务必须包括教育、相关服务、社区生活体验、成年后的职业发展指导和其他如制定离校后成年生活目标等,并且保证在适当的时候让学生获得日常生活的技巧。在美国,个别化转衔服务是强制进行的。年满14岁的残疾儿童无论有没有申请该项服务,都必须被邀请参加个别化转衔计划的制订和实施。基于生涯发展和终身教育理念编制残疾学生的个别化转衔计划,有助于教师、家长了解各个阶段的转衔服务任务,更好地帮助残疾学生做好准备,促进其成功转衔。

制订ITP和开展转衔服务需要有跨学科转衔团队的支持。转衔团队的参与主体广泛,专业性强,主要人员有特殊教育教师、转衔专家、家长、管理者、康复人员和相关服务提供者,他们在转衔服务计划中承担着不同职责和作用并相互配合与合作，根据学生的转衔目标和个别化需要，为其提供合适的服务和帮助。其中，特殊教育教师起到协调各方的关键作用，其是否具有跨学科合作意识是决定转衔服务能否有效实施的关键性因素。美国特殊儿童委员会制定的特殊教育教师高级培养标准和高级专门领域标准中有特殊教育转衔专家（advanced special education transition specialist）的专业标准，引导教师学习掌握转衔服务所需的知识与技能。

制订ITP需要经过准备阶段、讨论完善阶段、形成文本计划阶段、计划实施阶段4个阶段，需要转衔团队召开制订转衔计划的会议，对残疾学生个案开展转衔评估并确定负责人和完成目标的时间表。

一、准备阶段

收集学生的相关信息，包括：

（1）前一年制订的ITP及进度报告。

（2）从近期鉴定报告中描述的学生的能力及需求。

（3）学生的年度教育报告。

（4）学生最近的IEP。

（5）学生最近的成绩单。

（6）教育评估报告。

（7）职业评估报告。

（8）相关的药物、心理或其他评估。

二、讨论完善阶段

（1）确定学生的转衔目标。

（2）完成目标所需的具体步骤和行动。

（3）将ITP与IEP或其他计划整合。

（4）明确责任人及进度表。

三、形成文本计划阶段

ITP文本至少应该包括以下四个方面：

(1)确定学生的转衔目标。

(2)确定完成目标的步骤及策略。

(3)确定转衔服务的负责人。

(4)确定转衔服务的时间表。

四、计划实施阶段

转衔团队成员会根据ITP中制定的每项任务及其责任人以及进度表具体执行。各责任人在具体执行过程中，需要不断明确自己的责任。当条件发生改变，责任人怀疑自己不能完成任务时，则需及时告知团队成员并进行沟通调整，以保障服务计划的顺利执行。

ITP的执行结果必须符合预定的目标和标准，并要以追踪、监控及评价的方式来呈现，应可测量、切合实际。转衔服务效果追踪主要是审查和评估转衔服务的可接受性和有效性、转衔目标的达成度及特殊学生的后续发展情况等。转衔服务效果追踪可以从两个途径实施：一是残疾学生所在的高等学校或者工作单位提供访谈和调查资料，反馈转衔支持服务实施是否有效；二是心理学家与转衔团队合作开发个性化的评分表和核对表，进行进度监测和满意度调查，检核转衔目标的实现程度和确定的改进方式。

第三节　升学转衔服务

升学转衔服务是指中学教育到高等教育的转衔服务，又称为中学后教育转衔支持服务，主要致力于提高残疾学生的知识和技能，帮助其毕业后能继续接受高等教育。但成功的升学转衔服务不仅是协助学生顺利拿到高校入学通知，还包括培养学生的自我决定能力及适应大学生活的能力。

升学转衔服务大体包括升学转衔准备辅导、升学转衔计划制订与实施、升学转衔服务的追踪三部分。

(1)升学转衔准备辅导。升学转衔服务并不是等到残疾学生即将中学毕业或已经离校才开始,而是要及早做好准备。在高中三年的教育中,高一、高二期间对残疾学生进行学业、生活、职业技能的训练,培养他们独立生活、问题解决与自我决定的能力,从而协助他们确立生涯目标,减少将来升学时课程衔接的困难。如通过识别资源来帮助学生学习时间管理和日程安排技能;尽早学习并获得计算机技能,为将来完成高等教育中的注册课程、访问课程材料、获得成绩等做好准备;参加适当的预备课程,确保能够满足转衔高校对高中必修课程的要求;在高中参加转衔高校的暑期预备课程,以方便向高等教育过渡。

(2)升学转衔计划制订及实施。高三期间根据残疾学生的生涯需求进行转衔,对于有升学需求的残疾学生提供升学转衔服务,一直到其顺利转衔到高校为止。首先,转衔团队进行转衔评估。它有利于转衔团队更好地了解残疾学生的个人兴趣及爱好、未来发展计划及转衔能力可能受到的限制。通过转衔评估了解残疾学生的转衔技能和个别化需求,评估其能力及转衔需求,并将能协助他们达成升学转衔目标而且能适应高校所迫切要求的能力以转衔计划的方式写入IEP中。其次,转衔团队召开转衔会议制订个别化转衔计划。最后,转衔团队实施转衔服务,根据个别化转衔计划和升学目标确定相关的转衔服务并付诸行动,在实施过程中根据残疾学生的实际情况变化适时进行调整。如通过进行补救性课程教学确保残疾学生能够顺利通过升学考试;通过开设与高校相衔接的课程,减轻他们进入高校后的学习压力;向他们提供转衔高校相关信息,包括高校的基本信息(学校类型、学费、可提供的课程、住宿条件、交通情况等)、学业支持信息(高校是否能提供额外的考试时间、物理便利、课堂辅助、笔记服务等),以便选他们选择适合自己的高等院校。

(3)升学转衔服务的追踪。残疾学生进入高校就读后,并不意味着升学转衔服务的结束,高中相关支持服务人员还要继续追踪,了解残疾学生进入下一学习环境的适应情形及满意程度。高校在残疾学生入学后会对他们的具体情况进行探讨,为其高校学习、生活做好各种支持服务。

发达国家的升学转衔服务是比较成熟的。在美国,高等教育不是义务教育,残疾学生想要获得高校的入学资格,必须自愿申请,并符合高校的入学要求。除了要保证中学成绩能够达到高校的入学标准,做好学术上的准备,还要根据所申请高校的要求,做好入学前的准备,如准备残疾报告和标准测试成绩、筹集入学费用、提前与高校和残疾相关管理部门沟通等。升学转衔服务基本内容包括职业决策、社会技能、自我意识与自我倡导技能发展等内容,以便其在高等教育阶段更好地向教育提供者解释自己的特殊需要。美国政府为了克服高等教育系统中存在的教育资源分配不均等教育不公平现象,专门为残疾学生提供从高中过渡到大学的教育计划,以协助残疾学生接受高等教育并取得成功。同时,为使他们顺利过渡到高等教育阶段,美国建立双重招收转型计划(Dual Enrollment Transition Programs)。双重招收转型计划支持的主题主要包括获得成人支持、参与小区活动、培养独立学习和社会交往技能、获得就业机会。残疾学生可在中学期间先了解大学环境、残疾学生服务办公室系统及获得必要服务的方式。大学辅导员向学生及家庭介绍残疾学生服务办公室,鼓励他们把服务视为大学学习的一个重要标准。

值得关注的是,残疾学生的态度和自我倡导技能可能是决定其高等教育成功或失败的两个最重要的因素。残疾学生需要准备好与机构的残疾协调员合作,使自己能够有平等的机会参与机构的计划和活动。为了确保残疾学生达到在高等教育中取得成功所需的自我倡导水平,高中教育工作者可能希望鼓励残疾学生:①了解他们的残疾情况。他们需要了解残疾导致的功能限制,并了解自己的优势和劣势;他们应该能够向机构的残疾协调员或其他适当的工作人员解释他们的残疾情况。②为自己的成功或失败承担责任。残疾学生必须对其高等教育的成功或失败承担主要责任。残疾学生正在从通常由父母和学校工作人员代表他们提出倡导转变为他们为自己主张。当出现问题时,机构的工作人员可能会直接与学生沟通,并且通常不需要与学生家长互动。③学习时间管理技能,为独立行动做好准备;获得计算机技能,为完成大学的网上事务操作做好准备。④参加适当的预备课程以提高升学机会,考虑补充高等教育预备课程以便向大学过渡。⑤研究高等教育计划。仔细审查其感兴趣的课程或机构的文件标准和课程要求，以避免投入大量资金和时间，但在课程进行了几年后，即使进行了学术调整，他们也无法满足大学的基本要求。参加参观残疾服务办公室等校园参观活动，有助于找到最能满足学生兴趣和需求的环境。⑥参与校园学生活动。为了避免在高等教育第一年可能出现的远离家乡的孤立，可以考虑住在校园并参与学生活动。如参加新生迎新活动，这是探索融入高等教育环境的良好开端。

第四节 就业转衔服务

大学到社会的就业转衔服务即为从大学阶段过渡到就业阶段的特殊学生所提供的各项教育或支持服务，通过系统的、专业的指导及相关资源支持，帮助残疾学生进入工作岗位或者重返工作岗位，使其能自力更生，并能通过就业活动平等参与社会生活。

一、就业转衔服务模式

转衔服务模式有多种，其中影响力较强的四个模式包括马德琳·威尔(Madeleine Will)的“桥梁”模式、安德鲁·哈彭(Andrew Halpern)的“社区调适”模式、保罗·韦曼(Paul Wehman)的“三阶段职业转衔”模式和保拉·科勒(Paula Kohlen)的“分类学”转衔模式。四个转衔服务模式均强调了依据残疾学生的个体差异制订个别化转衔计划的重要性。

1.“桥梁”模式

美国特殊教育和康复服务办公室主任马德琳·威尔于1984年提出了就业转衔的“桥梁”模式。他提出转衔是学校教育之后、就业之前的一段时间，是衔接学校和成人生活的桥梁，包含三个水平的服务，每一个水平的残疾学生从学校向工作成功转衔所需服务的性质和程度有所不同。在第一个水平上的残疾学生，不需要特殊转衔服务，在学完适当的中等特殊教育课程后，学生(主要是轻度残疾学生)可以顺利完成就业；在第二个水平上的残疾学生是需要限时的转衔服务的学生，这些服务由职业康复机构或个人服务中介提供，专门用以帮助残疾学生获得独立的有竞争性的工作；在第三个水平上的残疾学生，需要持续性的就业服务，主要是针对中重度残疾学生的支持性就业及成人生活的指导与帮助。

2.“社区调适”模式

安德鲁·哈彭于1985年提出了“社区调适”模式，包含社区调适、与之相关的就业、居住环境及社会交往和人际交往。哈彭认为，居住环境和人际交往相关的领域是成人生活的重要组成部分，所以在制订就业转衔计划时，应当充分考虑这两点在残疾人成人生活中的意义，这样有助于为残疾学生获取所需要的支持与服务创造坚实的基础，进而为残疾学生成功地由学校生活向成人生活过渡做好准备。

3.“三阶段职业转衔”模式

保罗·韦曼等人于1985年提出的“三阶段职业转衔”模式更关注转衔服务的过程及各过程具体的组成部分。韦曼提出的三阶段包括学校教学阶段、转衔准备阶段和就业安置阶段：在融合教育背景下为残疾学生提供必要的功能性课程，并为学生提供参与社区生活的机会；由残疾学生与父母参与，教师与成人服务机构及其他利益相关人员一同协作，共同为残疾学生制订正式的、书面的个别化转衔计划；为学生提供多种就业机会。

4.“分类学”转衔模式

保拉·科勒于1993年分析整理了转衔服务有效举措的相关文献，经过研究之后提出的转衔模式为残疾学生中学后的转衔支持和服务提供了应用框架。与其他转衔服务模式相比，科勒的“分类学”转衔模式被认为是唯一一个基于研究而提出的转衔模式，同时也是最为全面的，并且最广为接纳的转衔服务之理论框架。

学者徐添喜等在对这几种模式开展比较分析后提出，要以哈彭的转衔模式为理论指导，以科勒的各领域转衔服务举措为行动纲领，依据韦曼提出的时间节点开展转衔服务。

二、就业转衔服务的内容

从大学到社会的就业转衔服务强调培养学生的自我决定能力、提供功能性课程、在真实的社区工作环境中进行实践活动、学校和成人服务机构的系统合作及家庭的参与和支持。

1. 培养学生的自我决定能力

在就业转衔的层面,“自我决定”指学生能了解自己(含兴趣、能力、不足等)、知道自己的目标、自己做选择并能通过努力达到目标。美国的就业转衔活动和生涯教育,从小学起就十分重视学生自我决定能力的培养,学生是否具有自我决定的能力对于残疾学生在就业和生活质量上有更好的表现至关重要;教师、管理者和家长都应该重视学生的自我决定能力培养,积极引导学生了解自己,了解周围的世界和工作。转衔团队在进行转衔会议和评估、确定目标、实施计划等环节中,除了听取专业人员的意见外,更要倾听并尊重学生的意愿和想法,鼓励学生进行自我陈述。只有学生能真正了解自己,自己做选择并能通过努力达到目标,再加上教师的因材施教,才能保证转衔服务的有效性。

2. 提供功能性课程

功能性课程也称生活技能课程,是指培养学生实际生活中重要且必备的活动与技能,并考虑学生自身能力及在适应环境上的特别需求来设计的课程。功能性课程中的职业技能课程的设置和实施对于残疾学生职业技能的培养具有重要意义。如视力残疾学生的定向行走能力的训练及心理上的支持,因为定向行走能力差会使视力残疾学生的就业动机下降,影响积极求职的心态,对于其就业能力生涯发展产生不良影响,不利于其毕业后进入社会或工作岗位。又如数学学科的功能性课程,特别是有关购物能力的教学有助于发展性障碍学生的竞争性就业和生活质量的提高等。功能性课程的实施强调真实的情境,强调学生的实践操作。功能性课程能帮助残疾学生独立自主或减少对他人的依赖,参与社区活动。

3. 在真实的社区工作环境中进行实践活动

学生需要真正地花时间在社区中工作,并且在学校中接受的教育和指导要更多地与未来的工作技能相联系,比如学习一些人际关系、学会准时、学习完成一项任务等。社区开展的实习实践活动主要包括社区指导、工作见习、志愿服务、监督就业和服务学习等,这些活动可以单独开展,也可以相互结合开展。这些活动有利于残疾学生尽早适应真实的融合的社会工作环境、发展健全的人际交往关系、将学校中学习的功能性课程应用于实践操作,让学生更好地了解哪些技能是对未来就业有用的,也可以更加熟练地推广到转衔后的环境中。

4. 学校和成人服务机构的系统合作及家庭的参与和支持

为残疾学生提供有效的就业转衔服务需要一支专业的转衔团队,不论是对残疾学生的早期鉴定、评估,还是具体实施转衔计划,都需要所有参与成员相互联系,进行信息的传递和服务的转移。特殊教育者和职业康复机构根据学生的障碍类型提供康复治疗,学校进行课堂和就业教学及指导,社会工作者帮助联系相关机构并进行协调,就业劳动部门提供就业机会等,各责任人根据学生转衔目标和个别化需要,为其提供合适的服务和帮助。家长作为监护人是残疾学生转衔过程中不可或缺的一员,“家长参与”是信息(孩子的历史)提供与整合的重要机制,家长的参与和支持能进一步保障残疾学生实现转衔目标。

三、就业转衔服务的实施

同升学转衔服务一样,从大学到社会的就业转衔服务实施也包括三个部分,即就业转衔准备辅导、就业转衔计划实施、就业转衔的追踪。

(1)就业转衔准备辅导。就业转衔准备辅导通过转衔课程提供给残疾学生能够顺利就业所需的知识、技能、生涯规划与指导。

(2)就业转衔计划实施。首先,转衔团队进行转衔评估。通过残疾学生的自我陈述,了解残疾学生的职业技能和个别化需求,评估他们的职业能力及就业需求，并将能协助他们顺利就业而且能适应就业要求的能力以转衔计划的方式写入IEP中。其次，转衔团队召开转衔会议制订个别化转衔计划。确定具体的就业转衔目标（如具体要从事什么工作，想要获得什么技能等），目标必须是具体的、可测量、可评价的。再次，组建转衔团队。根据评估结果和就业转衔目标，确定需要提供的转衔服务及相关服务提供者。最后，分工合作实施就业转衔服务，根据个别化转衔计划和就业目标确定相关的转衔服务并付诸行动，在实施过程中根据残疾学生的实际情况变化适时进行调整。

（3）就业转衔的追踪。在学生完成转衔后，继续和学生保持联系，无论学生是否成功就业，都会为其在就业和独立生活等方面提供持续的支持服务，如工作岗位的开发、职业技能培训、求职技巧培训等。

在美国，高等融合教育院校中的就业转衔服务大都由残疾人服务办公室承担，负责残疾学生的相关事务，一些高校还设有学生支持服务办公室、咨询服务部、职业服务中心等部门。以美国加利福尼亚州立大学北岭分校为例，在就业转衔服务方面，其残疾人资源和教育服务中心下的职业咨询室负责向残疾学生提供就业服务，为残疾学生提供就业相关的网站信息，并提供就业指导。职业咨询室为残疾学生提供就业项目，提高残疾学生的就业意识和就业能力。这一服务是州政府推动的就业项目，残疾学生可以提出寻求求职帮助的申请，该中心会从该政府支持的项目中帮助学生申请资助，获得个性化的职业生涯规划和就业指导，使残疾学生务实地规划毕业后的生活。职业咨询室帮助残疾学生学习掌握工作场所和终身学习的补偿战略，加强就业技能，包括面试练习、职业探索援助、简历批改、校友网络信息等。职业咨询室还为残疾学生提供残疾学生职业教育服务网的资源信息等。职业咨询室帮助残疾学生在提高生活技能、心理准备和融入社会方面获得支持和帮助，也具有就业转衔追踪辅导功能。在美国，残疾大学生毕业当年找到工作的仅有大约一半，职业咨询室对残疾学生的就业服务可以持续到学生毕业后两年，尽可能地帮助学生找到适合自己的工作。一些高等融合教育学校还成立了各种组织和协会，为残疾学生提供就业服务和指导。如康奈尔大学成立了残疾人服务团队及就业指导工作坊等；雪城大学、华盛顿大学为残疾学生提供社区资源，如州立职业康复部门等，为残疾学生提供就业支持部门的信息和相关就业支持政策信息，帮助学生接受校外培训，提高职业能力。

在美国，在为残疾人提供高等职业教育方面，社区学院具有四年制大学难以比拟的独特优势。其特有的“生涯路径系统”（career pathways system）中的教育、劳动就业及公共服务部门通过合作开发课程、提供职业康复服务、提供工作本位学习[1]场所等有机协作，一方面促进残疾学生获得行业认可的、含金量高的资格证书，提升其就业与创业能力；另一方面通过劳动就业部门与经济部门的合作为残疾学生就业、创业提供便利，提高其就读高等职业教育的直接收益，进而提升高等职业教育对于残疾学生的吸引力。多项研究结果显示，就读社区学院的残疾学生的学业完成率要高于就读于四年制大学的残疾学生；社区学院培养的残疾毕业生成功就业的比率和普通同龄人也大致相当。美国国家经济委员会、教育部、劳工部、卫生及公共服务部等15个联邦机构联合开发生涯路径系统，《劳动力创新与机遇法》（*Workforce Innovation and Opportunity Act*, WIOA）与《卡尔·帕金斯职业与技术教育法》（*Carl D. Perkins Career and Technical Education Act*）对生涯路径系统进行了统一规定，规定各州或地区开发的生涯路径系统需要“符合其所在州或地区经济与产业的技术需求，整合所有中等与中等后教育机会，协调教育、培训及其他服务以满足学习者个性化的需求，能够使学习者获得至少一份受认可的中等教育后证书（recognized post-secondary credential），并且能够帮助学习者进入并在特定的职业或职业群中取得进步”。通过开发生涯路径系统，各政府机构与部门之间建立了跨部门的协作关系，协调劳动力开发系统、教育系统、职业康复服务机构提供的教育项目与公共服务，使包括残疾人在内的所有学习者能够进入具有个体适配性的生涯路径，获得经济上可承受的、指向劳动力市场认可的可堆叠的技能证书的职业教育。残疾学生随时可以利用自己学习过程中已获得的低层次证书在自己选定的生涯领域中寻找入门级工作，同时还能够以非全日制的形式继续学业；

---

[1] 工作本位学习是指真实工作场所或模拟工作环境中进行可以获得职业能力为目标的学习。

同时,已获得的证书也可作为对学习者先前学习成果的认定,在他们重返社区学院后可接续后续的高阶课程,避免学习的重复与浪费,这样可以有效降低就读社区学院的时间及机会成本。残疾学生由中等职业教育进入社区学院的过程中,生涯路径系统为其提供了充分的机会获得来自多个公共部门的职业康复服务、生涯指导与咨询、财政援助、学费减免等服务,职业教育学习计划 POS(program of study)中的学分转换协议、课程序列等要素也使其能够避免学习的重复与时间的浪费,降低残疾学生就读社区学院的入学成本。

成功就业是高等融合教育的一项重要的实际成效指标。发达国家的高等融合教育学校对残疾学生的就业十分关注,并在就业转衔方面做出了很多努力,但是有关研究表明,虽然学生对就业服务的满意度中等偏高,但实践中残疾大学生对职业相关服务的使用率并不高,只有两成的学生使用过学校就业服务机构的相关服务,不到 6% 的学生使用过州或社区的职业康复服务。弗里厄(Friehe)等人对来自两所高校的 213 名残疾大学生进行调查,也发现只有 25% 的人使用了校园职业相关服务。[1]还有研究者发现,与普通大学生相比,在各类校园内与职业相关的活动中,残疾大学生的参与积极性也不高。因此,学者们提出还需要通过加强多部门合作的残疾大学生职业相关服务,开发各种有针对性的干预项目以提升残疾大学生的职业自我效能和职业结果预期,培养提升残疾学生的职业决定能力,促进其职业发展。

[1] 陈莲俊,宋查玉. 美国在校残疾大学生职业决定能力发展研究:基于社会认知职业理论的视角[J]. 残疾人研究.2017(1):28-36.

第六章

发达国家高等融合教育教师的特殊能力素质要求和专业发展

第一节　高等融合教育教师的特殊能力素质要求

在发达国家，为保证残疾学生的顺利入学和学习支持，政府要求各高等教育机构均应设有残疾人服务办公室或设专人负责残疾学生的相关事务。残疾学生入学后，要为这些学生制订合理的学术调整计划，提供辅助设备支持与服务，协调校内其他部门合作为残疾学生提供学习支持和帮助，指导有残疾学生班级的教师了解需要具备的相关能力素质，并通过培训和日常咨询服务指导和帮助教师在教学中进行学术调整等。

发达国家的高等融合教育院校中，为残疾学生开展教学的人员除了专任教师，还有为残疾学生提供学习帮助和相关支持服务的职员、手语翻译等。高校一般还设有通用设计中心、技术支持中心等，向教师提供辅助技术支持等。

世界各国关于教师能力素质要求的标准，一般是通过教师资格制度体现的。许多国家均有国家层面制定的中小学教师资格制度，一些国家还将教师专业标准细分为初任标准和终身任教标准。要想取得中小学教师资格证书，还要经历严格的试用期(实习期)考察。但是，对于高等教育教师，由于考虑到高校办学的自主性问题，一些发达国家的高校教师资格认证并未像医生、律师行业那样制定国家层面或全州统一的高校教师资格认证标准，如美国、英国、加拿大、澳大利亚等国家，高校教师的资格认定标准基本上是由各高校自主确定的，但各高校确定教师标准时也不是随意确定的，因为社会上的高等教育资格评审认证机构对高校办学有明确的认证标准。因此，各高校制定的教师资格认定标准也是基于这些社会评审机构对高校提出的整体要求并结合本校自身特点来制定的。以英国为例，2006 年英国出台了国家专业标准框架(national professional standards framework，NPSF)，目前有三个级别，一级和二级水平认证课程得到了大部分大学的认可，所有的新教职员都要获得符合标准的教学认证。大学从业人员的培训及认证由各类专业协会会同大学的教职员发展机构组织进行。也有一些发达国家制定有国家层面的大学教师资格认定标准，如法国、意大利等，法国从事高校教师职业必须通过法国大学委员会负责的高校教师从业资格认定，意大利的高校教师要获得高校教学资格则要通过国家级的考核，考核由大学、政府机构共同组成考核委员会进行。

对于从事残疾人教育的教师的特殊能力素质要求，发达国家制定有国家层面的统一的要求。目前美国最为全面系统和具有影响力的特殊教育教师任职资格规定是美国特殊儿童委员会制定的特殊教育教师专业标准，这一专业标准自1995年发行第一版《每个特殊教育者必须知道什么——有关特殊教育教师准备和资格的国际标准》(*What Every Special Educator Must Know: International Standards for the Preparation and Certification of Special Education Teachers*)后，在1996年、1998年、2000年、2003年、2009年和2012年对该标准进行了多次修订。纵观各版本标准，其结构发生了较大变化，形式与内容也在不断地多样化、丰富化和精细化，日臻成熟与完善。以2012年12月批准的CEC特殊教育教师专业标准(以下简称"第七版标准")为例，它包含一整套系统化标准，是特殊教育教师的入职准备和专业发展的引领和指南。为了提高特殊教育教师素质，《不让一个孩子掉队》法案(*No Child Left Behind*, NCLB)和《残疾人教育促进法》(2004年)提出一系列计划，旨在培养高素质教师队伍。基于第七版标准，CEC特殊教育教师专业标准的特点包括强调教师伦理、强调持续支持教师专业发展、强调不同专门领域的差异化要求三个方面。

一、强调教师伦理

CEC第七版标准中，伦理准则由12个基础条目组成，要求所有特殊教育从业者恪守并推进该准则。

CEC标准主要强调以下四方面内容：

第一，教师向特殊学生提供安全、受保护的环境，尊重差异性，关爱儿童的身体安全和心理安全，如"保护并照顾特殊学生的身体和心理安全""不参与也不容忍任何伤害特殊学生的事情发生"。

第二，强调教师专业发展，强化教师专业共同体开展专业组织合作，并将

“用证据说话”纳入伦理标准，将实证研究作为特殊教育教师专业伦理的重要原则，如“用事实证据、教学数据、研究和专业知识来指导实践”。

第三，强调促进学生交流合作与社会性发展，如“促进和帮助特殊学生融入学校和社区当中，并令他们从中受益”。

第四，促进社区间协作，如“为特殊学生提供服务的他人同心协力地开展合作”“积极地带领特殊学生的家庭及他们本人参与教育决策”。

二、强调持续支持教师专业发展

CEC第七版标准给出一整套系统化教师发展标准，包括CEC初级培养标准（Initial Preparation Standards）、CEC高级培养标准（Advanced Preparation Standards）和CEC专门领域标准集（Initial and Advanced Specialty Sets），见表6-1。

表6-1　CEC第七版标准包含的内容

<table>
<tr><th>部分</th><th>标准内容</th></tr>
<tr><td rowspan="2">第一部分
伦理准则和职业行为规范</td><td>CEC特殊教育从业者伦理准则</td></tr>
<tr><td>CEC特殊教育从业者职业行为规范</td></tr>
<tr><td rowspan="3">第二部分
特殊教育工作者的培养标准</td><td>CEC初级培养标准</td></tr>
<tr><td>CEC高级培养标准</td></tr>
<tr><td>CEC专门领域标准集，包含CEC初级专门领域标准及高级专门领域标准两部分</td></tr>
</table>

标准内容体现了如下特点：

第一，关注教师职后终身发展。CEC标准分析了美国专业标准在特殊教育工作者职业生涯中所扮演的角色，生涯路径包括：培养阶段，获取专业资格证书，进入专业发展，进一步通过高级教师认证，成长为优秀教师。这一路径能确保高质量的标准引导特殊教育工作者在职业生涯中的每一步实践。

第二，对教师专业发展提供全过程支持。将特殊教育教师职业行为规范归纳成66条，涉及九个方面：教学与评估（teaching and assessment）；专业认证与聘用(professional credentials and employment);专业发展(professional development);专业同事(professional colleagues);专业助手(paraeducators);家长与家庭(parent & families);研究(research);案例管理(case management);非教育支持(non-educational support)。

三、强调不同专门领域的差异化要求

CEC提出特殊教育教师专门领域的专业标准是根据特殊教育教师教授的不同类型的教育对象进行划分的,包括如下12个类型。

(1)盲和视障生教师(initial special education blind and visually impaired specialty set)。

(2)聋和重听生教师(initial special education deaf and hard of hearing)。

(3)聋盲生教师(initial special education deafblind specialty set)。

(4)发展障碍/孤独症生教师(initial special education developmental disabilities and autism specialty set)。

(5)早期干预教师(initial special educator preparation standards early childhood specialist set)。

(6)情绪和行为障碍生教师(initial special education emotional and behavior disorders specialty set)。

(7)超常教育教师(initial special education gifted and talented specialty set)。

(8)个别化普通和独立课程结合的教师(initial special education individualized general and independence curriculum combined specialty set)。

(9)个别化普通课程教师(initial special education individualized general curriculum specialty set)。

(10)个别化独立课程教师(initial special education individualized independence curriculum specialty set)。

(11)学习障碍生教师(initial special education learning disabilities specialty set)。

（12）肢残和病弱生教师（initial special education physical health disabilities specialty set）。

标准中详细列出了对不同专门领域教师在学习者发展和个性化学习差异、学习环境、课程内容知识、评估、教学计划与策略、专业学习与实践、合作七个方面应掌握的知识和技能，非常全面和具体，便于教师理解和掌握。近年来，CEC标准更加重视运用与实践，因此每个标准中所列技能要求的条目均多于知识要求条目。以盲和视障生教师、聋或重听生教师、肢残和病弱生教师三个初级专门领域标准为例，每个标准均列出了相应领域的初任教师所必须掌握的专门知识和技能，其条目数见表6–2。

表6–2　第七版标准中CEC初级专门领域标准所含知识技能条目统计
（以盲和视障生教师、聋或重听生教师肢残和病弱生教师为例）

内容方面		盲和视障生教师		聋或重听生教师		肢残和病弱生教师	
		知识	技能	知识	技能	知识	技能
1	学习者发展和个性化学习差异	21	3	24	0	23	3
2	学习环境	12	18	11	21	13	21
3	课程内容知识	5	4	4	4	7	3
4	评估	8	14	6	12	6	12
5	教学计划与策略	14	29	8	32	8	35
6	专业学习与实践	18	20	21	18	17	16
7	合作	6	13	5	12	5	17
小计		84	101	79	99	79	107
总计		185		178		186	

为了促进教师的职后发展，CEC还制定有特殊教育教师高级培养标准和高级专门领域标准，CEC高级培养标准是对各专门领域专家的能力素质的共性要求，涉及以下七个方面，由28个关键要素构成。

（1）评估（assessment）。

(2)课程内容知识(curricular content knowledge)。

(3)计划/服务/结果(program, services, and outcomes)。

(4)研究和调查(research and inquiry)。

(5)领导力和政策(leadership and policy)。

(6)专业和道德实践(professional and ethical practice)。

(7)合作(Collaboration)。

CEC高级专门领域标准集体现了对不同类别特殊教育教师的专门领域的知识能力要求,包含如下12个标准。

(1)特殊教育学术干预专家(advanced special education academic intervention specialist)标准。

(2)特殊教育管理专家(advanced special education administrator specialist)标准。

(3)特殊教育行为干预专家(advanced special education behavior intervention specialist)标准。

(4)聋和重听教育专家(advanced special education deaf and hard of hearing specialtist)标准。

(5)发展障碍和孤独症专家(advanced special education developmental disabilities and autism specialtist)标准。

(6)特殊教育诊断专家(advanced special education diagnostician specialist)标准。

(7)特殊教育早期干预专家(advanced special education early childhood specialist)标准。

(8)超常教育专家(advanced special education gifted and talented specialist)标准。

(9)融合教育专家(advanced special education inclusion specialist)标准。

(10)学习障碍专家(advanced special education learning disabilities specialist)标准。

(11)特殊教育技术专家(advanced special education technology specialist)标准。

(12)特殊教育转衔专家(advanced special education transition specialist)标准。

每个标准都对应CEC高级培养标准所含的七个方面(评估、课程内容知识、计划/服务/结果、研究和调查、领导力和政策、专业化和道德实践、合作)制定了相关的知识要求和技能要求。它可以为特殊教育教师进一步发展成为特殊教育专家提供有效的指导,教师掌握这些知识和技能可以更有针对性地服务教育对象。

除去国家提出的标准外各高校可对从事残疾人教育的教师提出个性化能力素质要求。以美国为例,加利福尼亚州立大学北岭分校遵循加利福尼亚州制定的通用设计标准,要求该校教师制作的课件和教案必须符合加利福尼亚州的通用设计标准。该校通用设计中心面向学校的所有人员进行通用设计理念的普及和技术上的支持。该中心的作用就是提供适切服务来帮助师生掌握如何构建或组织教学材料,以便使全体学生能够无障碍使用。该中心的工作帮助该校实现校园无障碍技术符合州立标准或国家标准,向学校员工提供无障碍设计培训和咨询(为网站管理人员提供网站可访问性和可用性的培训,为Web和应用程序开发人员提供无障碍设计培训等,与师生研讨可访问性和可用性策略方面的相关问题)。每当学校或教师购买或升级软件和设备时,该中心就要对这些软件和设备的合规性和可用性进行审核测试。该中心还对各学院网站的无障碍性能是否符合要求进行检查等。再如,美国加劳德特大学和罗切斯特国家聋人工学院,这两所高校是美国具有悠久历史的残疾人高等教育(聋人教育)学府,一般来说,文科类专业由加劳德特大学举办,而理工科专业由罗切斯特聋人工学院举办。这两所大学对残疾人教育教师的要求既有共性又有差异,可以认为是美国残疾人高等教育(聋人教育)教师标准的一个缩影。加劳德特大学对教师的特殊教育知识与技能要求为:“均须具备特殊教育任职资格,掌握美国手语、聋人文化与聋人学知识。具有相关手语等级考试证书,具有手语语言结构方面的广泛知识,在手语及手语教育方面具有优秀经验。”罗切斯特国家聋人工学院在掌握特殊教育知识与技能方面对教师有进一步的要求:“能够用清晰和利于理解的手语进行交流。”可见,美国对残疾人高等教育院校的教师要求依托CEC特殊教育教师专业标准,同时强调高等教育的特殊性及教会学生掌握终身学习的必要技能及独立研究的能力,帮助其适应未来社会的发展与变化。

再以英国为例,英国德蒙福特大学规定,要充分考虑残疾学生在课程设置与调整、校园建筑设计方面的需求,并做出适当的调整。在全校范围内积极推广通用学习设计原则,提出任课教师的教学过程(制定课程目标、进行考核评估、提供教学材料支持)都要符合通用学习设计原则;教学过程中要引入学校重播政策。必须考虑所有学生的特点及需求,对教学过程中遇到的任何障碍都要努力克服,依据学生的不同属性主动提供支持帮助,增加所有学习者的学习机会,使他们获得更多的参与感和学习动力。再如,伦敦大学学院,它制定了《融合性课程自检清单》供教师审视其课程设计是否满足融合教育要求。课程团队需向审查委员会说明课程的可及性和包容性,以及如何对可能遇到的障碍进行调整。

再以日本为例,筑波技术大学对残疾人教育教师也有特殊教育相关知识和技能要求。日本实行特殊教育资格准入制度,教师入职前要经过针对特殊教育的知识和技能的培训,如掌握视力残疾和听力残疾者的心理、认知、学习特点等方面知识,学习掌握特殊学生的无障碍支持系统的使用等。经考核合格后,教师方可承担残疾人教育工作。

第二节　高等融合教育教师的专业发展

从发达国家推进高等融合教育的进程来看,首先,要保证各高校形成融合教育校园氛围,教师能够接受融合教育理念。其次,在工作践行中遇到各种困难,需要掌握相关技能时,有支持机构能够给予有力和及时的指导与支持。如美国,在推动高等融合教育的初期,先从国家层面实施“确保残疾学生获得优质高等教育的示范项目”(以下简称“示范项目”),提升从事残疾人教育的教师、职员和行政管理者的相关理念和技能,使教师和教育工作者都接受了这样一种教育评价标准,即“一所学校应该能在同一教育场所提供同时满足所有学生需要的教育服务”。通过“示范项目”的实施,受训教师从教学方面、受训教育管理者从服务与管理方面均获得了必要的技能。在高等融合教育逐步推向深入后,则主要从高校层面形成教师专业发展的长效机制,通过教师发展中心、辅助技术支持中心、残疾人服务办公室等机构支持残疾人教育教师的持续专业发展,从而整体提升了高等融合教育的教师队伍水平和教育质量。

一、国家层面实施“示范项目”,提升教职员工融合教育理念和能力

美国联邦政府认识到,要保证高等融合教育的质量,必须提升从事残疾人教育的教师、职员和行政管理者的相关理念和技能。因此,美国联邦政府根据修订的《高等教育法》,从1999年开始设立“示范项目”,该项目实施到2010年,总投入7000余万美元,用于资助全美两年制社区学院和四年制高等教育机构,促进高等融合教育的教师和行政管理人员的专业发展。相关院校可提出申请,获得美国教育部批准后可获得连续三年资助。该项目开展了四期,共向282所受助高等教育机构提供了资助金,其中包括36所两年制学校(注:因为同一所高等教育机构要被连续资助3年,所以受助高等教育机构数量被重复计数)。❶❷

1.“示范项目”的管理严谨、有序、有效

该“示范项目”由美国教育部高等教育处(Office of Postsecondary Educa-

❶ U. S. Department of Education. Demonstration Projects to Ensure Students With Disabilities Receive a Quality Higher Education[EB/OL]. (2023-08-31)[2023-08-31]. https://www2.ed.gov/programs/disabilities/resources.html.

❷ U. S. Department of Education. Demonstration Projects to Ensure Students With Disabilities Receive a Quality Higher Education[EB/OL]. (2023-08-31)[2023-08-31]. https://www2.ed.gov/programs/disabilities/funding.html.

tion,OPE)负责管理工作。管理工作严谨有序,有效地提升了残疾人高等融合教育质量。对项目的立项、项目主题论坛的组织、评估总结以及成果宣传和推广等进行全面的管理,确保项目的落实和成果共享。

(1)项目立项采取竞争性挑选,并为“示范项目”的实施创造条件和进行监督。为促进受助机构之间的共享与合作,高等教育处赞助开展年度现场技术支持工作坊。工作坊为受助机构提供机会接入网络,共享项目开展的重要信息,为同类项目相关活动提供资源等。高等教育处还通过远程会议为所有潜在的受助者举办技术支持工作坊,并通过工作坊活动获得受助者的反馈信息,结合项目办公室的深入思考内容形成项目进一步研讨的主题。

(2)组织开展项目主题论坛。自项目设立以来,美国教育部项目办公室积极创设主题交流论坛,每年组织召开项目主持人会议。论坛主题的确定充分注重受助者的意见。项目办公室在会前将拟定的研讨主题通过电子邮件发给受助者,让其从最感兴趣到最不感兴趣对相关主题进行排列。论坛组织者选定前四个主题在项目主持人年会上进行小组讨论。项目办公室要求所有受助者都要参加会议,并积极准备,共享好的、有用的主题信息和资源,促进项目办公室与受助者之间的伙伴关系。

(3)严格评估和总结。美国教育部高等教育处确立了两条符合《政府绩效与成果法》的评价措施,用以考核项目的绩效。考核指标一:能够将训练元素渗透到课堂教学项目活动中的受训师资比例。考核指标二:项目活动中受训师资所教课程中残疾学生通过率与其他学生通过率之差。这些数据可以反映出师资训练完成情况和受训教师所教课程的学生学习效果。经过考核,如果受助者没能有效开展教学活动,促进残疾学生获得优质的高等教育,教育部可以取消对其的资助。教育部根据各项目绩效报告,形成每年或每期项目的绩效报告,呈送国会,以便为下一年度拨款预算决策提供依据。

(4)注重成果的宣传与推广。受助者可以将资助金用于评价他们的活动效果和将项目成果向其他高等教育机构进行宣传和推广。受助者除了通过高等教育处赞助的技术支持项目与其他受助者共享信息资料,还可通过全国或区域各种会议宣传和推广他们最好的实践经验。项目主持人发布报告或在著名刊物上发表文章，或将他们各种各样的项目资料通过网站向公众公开，以便大家使用。

2.“示范项目”的活动内容

每个“示范项目”为期三年，活动内容包括教学方法和策略的发展、研究与信息的综合、专业发展资源的提供。第一年，借助国家科学基金会资助的“通用设计”培训项目，提升受助院校教职员工的高等融合教育理念和能力。第二年，为“残疾研究”毕业生项目的教师设计并提供研究生水平的“通用设计”课程。第三年，由受助院校具体设计课程，并向参与“高校残疾人服务协调员联盟”的高校教师提供开放。院校还开发基于网络的课程，提供远程学习课程。在残疾生项目的设计与落实方面，“高校残疾人服务协调员联盟”拥有自己的专家团队，以城乡高校校园融合为视角考虑需求评估和培训设计，这有助于利用其实践经验在全国高校中设计综合的、可复制的项目。

(1)教学方法和策略的发展。“示范项目”受助者共享与“通用设计”“通用学习设计”原理相一致的教学方法和策略。受助者通过将“通用设计”和“通用学习设计”理论融合到现有课程中，使课程及学生服务更加可行。不同受助高等教育机构均会采取各自的教学方式和教学策略，以提高残疾人高等教育的质量。“示范项目”的实施建立了一种成功的师资培训范例，即数学与科学系师资担当同行培训者，培训人文、社会与行为、商学、卫生职业方面的教师。“示范项目”提供了一系列工作坊，如《美国残疾人法》及其高等教育之含义工作坊，并使参加这些工作坊成为新教职员工标准定向的组成部分。区域高校成立“高校残疾人服务协调员联盟”作为项目咨询委员会。协调员负责评估师资、管理员的培训需求，并受邀参加所有项目的培训。“示范项目”中的“残疾与差异”项目，首要目标就是提高教师与管理者的知识和技能，通过链接高等教育中残疾与差异的通用范例，使更多的教职员工了解残疾、辅助技术、通用教学，使更多的教职员工拥有支持和教育残疾学生的必要技能，增加接入宣传和推广残疾与差异的资源。由教师修订课程，将培训的策略与创新应用到他们的课程之中，非教学人员则将“通用学习设计”和相关策略结合到他们的项目和服务之中，间接地影响学生。一些高校开发了很有针对性的课程，如威斯康星大学设计了一门跨学科课程“设计与障碍”，将“ACCESS项目”资源与这一“通用设计”课程的策略结合起来，运用ACCESS网址与课程活动的测量工具，吸引了诸如教育学、工程学、建筑学、职业治疗，以及对“通用设计”与工作结合感兴趣的社区雇主等。在网络及课堂教学资源方面，北伊利诺伊大学为教师提供技术支持来提高教学能力，在教师（毕业生助教）为课堂教学开发网络和相关电子资源方面提供帮助。通过提供资金资助，组织开展多元文化、如何使课程和校园更适合残疾学生等主题工作坊来讨论和解决现实中遇到的问题。教师们参与系列工作坊的比例极高，并在本地区专业刊物上发表教学主题、适应残疾人课堂等有价值的文章。设立“示范残疾人项目”的社区学院以“基于需要的专业发展项目”支持学习障碍学生。

（2）研究与信息的综合。每期三年的项目中既要做好教学方法的研究与应用，又要注重相关信息的收集与整合。一方面，要将最前沿的学习理论研究应用到课堂教学实践中；另一方面，要在实践过程中考查大学生个体、校园社团对残疾学生的态度、价值观和信仰等。通过系列辅导讨论会、关键教师组、职工组和管理人员组调查等主题，考查和辨明教职工对残疾学生的态度。

（3）专业发展资源的提供。对于“示范项目”受助者来说，建立和维护项目网站，可借助开放资源内容管理系统，如课程管理系统（CMS）、学习管理系统（LMS）和优质学习环境（VLE）等，教育者可以免费申请建立有效的在线学习地址，还可寻求合作伙伴的支持。当其他高校认为所提供的资料有价值时，就可以请他们作为版主向区域教育者提供链接，为教职工、区域合作者呈现资料，也可以自己将资料打包上传，供其他人员使用。使用多媒体学习资源和在线教学，促进了教师和学生的专业发展。为培养高等融合教育的教师和行政管理人员预备队伍，美国华盛顿大学以获得教育部“示范项目”资助的DO-IT项目和Access College项目来执行教师专业发展和培训。DO-IT项目精心挑选46家高校作为专业合作伙伴，各校配备一名协调员。针对教师不同教学内容和日程安排的需要，项目工作主要体现在六个培训模块：指导参加学生团体和教师团队；通过Email、电话、在线会议保持沟通和交流；建设课程和资源资料；开发严格的学科测试，落实教师和管理者的专业发展项目；与固定的评估员一起测量结果；向全国宣传和推广资料。项目人员与合作者采取20~30分钟部门会议概览、全日制主题工作坊、公共电视播放、基于网络的教学等方法举办专业发展培训会，帮助教师、行政管理者理解相关立法，了解校园资源，应用“通用设计”教学，安置残疾学生。出版发行关于“通用设计”教学与残疾学生安置的书籍和视频，提供教学策略和培训综合课程的简明手册，含有六方面专业发展的研究综述、播放纲要、原稿、视频、可视工具及参考资料等内容。Access College项目也支持和优化教师与学生服务人员的专业发展活动，为他们举办暑期培训班，也出版发行书籍、视频等；建立“通用设计”教育中心网站，可搜索提升“通用设计”教育实质的文章等；在法学院还设立了多学科残疾人研究项目。

3.“示范项目”的实施成效显著

“示范项目”的资金主要用于改善高等教育机构的残疾学生的教学，项目绩效评价显示其更有助于残疾大学生的成功。“示范项目”通过开发和提高实施高等融合教育的教职员工的专业发展的机会和资源，使全国的师资和行政管理者更好地具备了提高残疾人高等教育质量的技能和必要的支持能力。每个项目的实施中，已鉴别出残疾大学生在追求学业目标时所碰到的具体障碍，并对这些障碍进行评估，为教师和行政管理者克服这些障碍提供支持。“示范项目”受助者和其他一起共享项目资料的人员的技能得到提升，并扩展了自己的资源，与其他高等院校建立并保持长期的伙伴关系。通过项目实践，项目成果以不同的形式呈现给公众，使更多的人受益。根据美国教育部的《“示范项目”报告》统计，1999—2009年，美国教育部“示范项目”共召开了各种相关的项目会议37次；项目出版物和视频上万种，其中项目相关的报告有95篇；建设项目相关的网站至少64个。经过四期项目的实施，明显看出残疾学生从中受益，残疾学生高等教育入学率和残疾人高等教育质量得到明显提高。2006—

2007学年度项目报告收集的数据显示，靠项目活动和培训获得的技能渗透到课堂教学之中的受训师资的比例为96%，超过项目预设比例88%；受训师资所教课程中残疾学生的通过率要高于没有残疾记录的学生的通过率，残疾学生在这些课程的平均成绩比没有残疾记录的学生高出1%。[1]

二、高校层面持续提供相关培训，提高教师能力

在高等融合教育逐步推向深入后，则主要从高校层面形成教师专业发展的长效机制，每个高校都设有残疾人服务办公室，教师可以从残疾人服务办公室获得残疾学生的信息，在教学和考试方面对残疾学生进行合理调整的指导和帮助。学校的教师发展中心、辅助技术支持中心等机构也会为残疾人教育教师的持续专业发展提供支持。

1. 美国高校的做法

美国高校（大学系统）通过教学中心、技术技能中心提供相关培训，为残疾学生提供问题解决策略和制度资源，促进残疾学生教育质量的提高。加州社区大学系统成立有高校教育技术中心，对114个社区大学的教职工提供培训，改善他们的电脑援助技术、替代媒体创作、无障碍网络技能等。美国加劳德特大学在促进教师职后专业发展方面，通过学校设立的继续学习中心（Center for Continuing Studies，CCS）提供丰富多样的教师专业发展项目，给教师提供一系列个人和专业发展课程、计划和服务，旨在提高为聋人提供服务的人员、机构和组织的教育水平和领导力。CCS开设的课程包括聋人研究和聋人文化系列课程，如残疾人研究、聋人文化、聋人女性研究、多文化生活、聋人社会中的口语传统、听障学生评估等；CCS还与伯斯坦领导力学院合作提供许多领导力方面的课程和项目，如机构和领导力、学校改革培训项目、消费者、家庭和社区宣传、聋儿及家庭等；提供的翻译教育系列课程包括译员的话语互动分析、话语互动分析、翻译导论、手语翻译考试前准备等；提供的语言学系列课程包括美国手语、美国手语和英语对比研究、基础语法、沟通辅助技术、可视手势

[1] 马宇．美国教育部“示范项目”的实施及启示[J]．当代教育科学，2012(11)：42-45.

语沟通、手语及手势系统、手语基本类别、手语写作导论等；提供的心理学系列课程包括成年发展、健康心理学、心理学及聋人等。

2. 英国高校的做法

高校会定期组织培训，提高教职工的融合教育素养，具体包括：①所有教职工共同学习残疾人教育理论的相关知识，充分了解各类残疾学生的特点，为其提供有针对性的教学支持，如为满足残疾学生的学习需求，使用背景柔和的演示文稿，课前发放格式合理的电子课件和纸质讲义等。②学习和运用多元评价方式，改变单一评价方式，组织多种形式的考试方式，或者根据残疾学生的身心特点有针对性地作出一系列学术调整，以贯彻融合教育理念。如剑桥大学，其设有残疾资源中心，该中心会定期举办培训活动，提供一些相关课程，让每一位为残疾学生服务的学院/系的教师和工作人员能够更专业地为残疾学生提供更全面的服务。培训的内容几乎覆盖残疾学生在学校的所有方面。学校的残疾顾问还会根据教职人员的具体要求提供定制的特殊会议。剑桥大学还致力于在《平等法案2010》背景下帮助所有教师和相关工作人员更好地履行其法律义务，对教师如何更好地实施无差别教学提供指导性建议，包括定期组织讲座，邀请相关领域专家指导、介绍各类残疾学生的典型行为表现及其对学生的影响，并提供策略支持等。

3. 澳大利亚高校的做法

澳大利亚大学依托传统渠道为教师提供线下短期培训项目，还借助互联网为教师提供在线学习项目，教师在修完相应的课程后会获得学业证书，并可以转换成学分，用于将来进行学位进修或者证书申请。以莫纳什大学教育学院为例：①学校提供了教师发展项目——融合与教育支持（Inclusion and Education Support）短期培训项目，主要包括七个方面内容：教育支持人员在融合课堂中的有效支持实践、支持残疾及困难学生的教学策略、为教育支持人员提供有效的在线策略、教育支持专业证书、为有特殊需要的学生制订教育计划、与患有孤独症的小学生合作、教师有效地与教育支持人员和助理教师合作。②学校开展了PBS策略（positive behavior support strategies）在线短期学习课程，指导教师在课堂上使用PBS策略的注意事项。PBS策略在线课程包括了解行为功能和功能行为评估的组成部分、积极行为支持简介、设计和实施基于技能的积极行为支持计划的策略三个模块。PBS策略在预防和应对教师中具有挑战性的行为方面非常有效,可以帮助教师创建积极的学习环境,减轻教师的教学压力,改善学生的整体行为,并创建良好的课堂文化氛围。

4. 日本高校的做法

以日本筑波技术大学的教师职后发展为例,学校促进教师的职后发展,开展各类专业发展活动。为了在更高层次实现学校的教育目标,该校设置了教职员工培训课程,举办研究会和讨论班等。培训课程重点培养教师灵活运用各种教学辅助设备和系统,熟练掌握手语、盲文等交流沟通技术。该校还举办以残疾学生援助协调人等为对象的研究会、讨论班等,促进教师提升特殊教育知识和技能。同时,以研究活动促进教师发展。在教研和科研方面,学校鼓励教师研究教学方法,根据残疾特性制定教学内容,采用适宜的教学方法,结合学生的个人能力,激发学习积极性。鼓励教师积极参与学校的教学研究和教学环境建设项目,如完善校内外支持视觉障碍者学习的无障碍支持环境项目,以实现高效系统地制作、积累、提供盲文、画面触控、录音、电子文件等学习资料。筑波大学听觉障碍学生高等教育技术辅助中心(T-TAC)构建支持全国大学的听觉障碍学生援助体制,构建综合性咨询援助网点等内容。该校设立提高视听觉障碍学生专业水平的学习援助项目,以满足各类残疾学生的不同需求。教师承担为有视觉障碍的医科学生提供高水准教育的环境改善项目,对相关问题进行调查研究,完善帮助学生克服障碍的ICT化(ICT:信息通信技术,Information Communication Technology)教育环境。该校为便于导入与按摩和针灸相关的临床考试,不断完善环境并提供教材。该校开展以提高听觉障碍者专业性和协调性为目的的教育资产环境构筑事业项目,不但可以充实有效利用IT技术的教学资源和教学内容,还强化了与国内外大学开展专业水平的交流。

第三节　美国CEC不同领域高级专家专业标准

美国特殊儿童委员会制定的特殊教育教师专业标准中，对高级专家共性要求（Advanced Common Specialty Items，ACSI）和高级专门领域标准集一起构成了对不同专门领域特殊教育专家的专业要求。

一、CEC高级专家共性要求

CEC高级专家共性要求是对各专门领域专家的知识能力素质的共性要求，涉及以下七个方面，由45个知识和技能要求构成，见表6-3。

表6-3　CEC高级专家共性要求及所含知识和技能条目数

涉及方面	知识	技能
1. 评估（assessment）	4	4
2. 课程内容知识（curricular content knowledge）	除高级专门领域标准集要求外，无其他要求	
3. 计划/服务/结果（program，services，and outcomes）	6	4
4. 研究和调查（research and inquiry）	1	3
5. 领导力和政策（leadership and policy）	6	4
6. 专业和道德实践（professional and ethical practice）	3	6
7. 合作（collaboration）	2	2
小计	22	23
总计	45	

2022年美国CEC董事会批准了新的高级专家共性要求和高级专门领域标准集。新版的高级专家共性要求的具体内容见表6-4。

表6-4 CEC高级专家共性要求

1. 评估	
	知识(4条)
编号	内容
1K1	评估过程和资格的确定；
1K2	评估和评价特殊个体表现的多种方法；
1K3	识别特殊个体的策略；
1K4	评估个体在通识教育课程上的成功
	技能(4条)
编号	内容
1S1	设计和使用评估及评价计划的方法；
1S2	设计和实施研究活动，以检验教学实践的有效性；
1S3	倡导循证评估实践；
1S4	报告个体表现的评估和教学计划的评价
2. 课程内容知识	
除高级专门领域标准集要求外，无其他要求	
3. 计划/服务/结果	
	知识(6条)
编号	内容
3K1	儿童和家庭周边的文化和环境对其行为和学习的影响；
3K2	教与学的理论和方法，包括课程的调整和修改；
3K3	给特殊个体提供连续的计划选择和服务；
3K4	前干预流程和策略；
3K5	制定个别化教育计划的过程；
3K6	调整教学方法和学习环境方面适合发展的策略
	技能(4条)
编号	内容
3S1	在全面了解个体差异的基础上为特殊个体制定计划，包括相关服务的整合；
3S2	将教育标准与专门的教学服务联系起来；
3S3	运用课程发展和修正原则以及学习理论改进教学计划；
3S4	将基本组成部分纳入个别化教育计划

续表

4. 研究和调查	
	知识(1条)
编号	内容
4K1	针对学习者和环境的特性进行循证实践的验证
	技能(3条)
编号	内容
4S1	识别和使用研究文献来解决专业实践中的问题;
4S2	根据持续的评估数据来评估和修正教学实践;
4S3	利用教育研究来改进教学干预策略和课程材料
	5. 领导力和政策
	知识(6条)
编号	内容
5K1	多元社会中不同群体的需求;
5K2	组织和教育领导的循证理论;
5K3	可能影响学校社区和学校使命的新问题和趋势;
5K4	联邦和州或省的教育法律法规;
5K5	影响教育的当前的法律、法规和伦理问题;
5K6	学校委员会和董事会的职责和职能
	技能(4条)
编号	内容
5S1	促进在最少受限环境中免费、适当的公共教育;
5S2	提倡对自己、对员工、对特殊个体的高期望;
5S3	倡导循证实践的教育政策;
5S4	指导教师候选人、新认证的教师和其他同事
6. 专业和道德实践	
	知识(3条)
编号	内容
6K1	个人、家庭和专业教育工作者/学校工作人员的法律权利和责任;
6K2	教育者的道德和伦理责任;
6K3	特殊个体及其家庭的人权

续表

技能(6条)	
编号	内容
6S1	示范道德行为,提高职业标准;
6S2	开展能促进特殊个体成功的实践;
6S3	运用道德和法律管教策略;
6S4	传播有效的学校和课堂实践的信息;
6S5	创造一个支持持续教学改进的环境;
6S6	制定并实施个性化的职业发展计划
7. 合作	
知识(2条)	
编号	内容
7K1	向利益相关者传达目标和计划的方法;
7K2	教育工作者在综合环境中的作用
技能(2条)	
编号	内容
7S1	合作为特殊个体提供更多机会;
7S2	运用策略解决冲突,建立共识

注:表中编号中的K表示知识(Knowledge),S表示技能(Skills)。

二、CEC高级专门领域标准集

CEC高级专门领域标准集体现了对不同类别特殊教育教师的专门领域的知识能力要求,2022年新批准的高级专门领域标准集包含12个标准。

(1)融合专家(inclusion specialist)标准。

(2)特殊教育学术干预专家(special education academic intervention specialist)标准。

(3)特殊教育管理专家(special education administrator specialist)标准。

(4)特殊教育行为干预专家(special education behavior intervention specialist)标准。

（5）聋和重听教育专家（special education deaf and hard of hearing specialist）标准。

（6）发展障碍和孤独症谱系障碍专家（special education developmental disabilities and autism spectrum disorder specialist）标准。

（7）儿童早期特殊教育或早期干预专家（special education or early intervention in early childhood specialist）标准。

（8）特殊教育转衔专家（special education transition specialist）标准。

（9）特殊教育技术专家（special education technology specialist）标准。

（10）特殊教育学习障碍专家（special education learning disabilities specialist）标准。

（11）特殊教育融合专家（special education inclusion specialist）标准。

（12）教育诊断专家（education diagnostician specialist）标准。

在此，我们仅介绍和高等融合教育密切相关的三个标准，即特殊教育融合专家标准、特殊教育转衔专家标准、特殊教育技术专家标准。

1. 特殊教育融合专家标准

这个标准提供了关于特殊教育融合专家的职责和知识技能要求的信息。特殊教育融合专家需要具备深入的特殊教育知识和技能，以支持特殊学生在普通教育环境中的学习和发展。他们需要与教师、家长和其他专业人员合作，制订和实施个别化教育计划，提供支持和资源，并监测学生的进展。标准还强调了特殊教育融合专家在促进融合教育和提高学生学习成果方面的重要作用。

本特殊教育融合专家标准和前述对高级专家共性要求（ACSI）共同构成了特殊教育融合专家的专业标准。

高级专门领域标准集中的特殊教育融合专家标准涉及以下七个方面，由31个知识和技能要求构成，见表6-5，标准具体内容见表6-6。

表6-5 高级专门领域标准集：特殊教育融合专家标准要求及所含知识和技能条目数

涉及方面	知识	技能
1. 评估(assessment)	在ACSI基础上无增项	2
2. 课程内容知识(curricular content knowledge)	无增项	无增项
3. 计划/服务/结果(program, services, and outcomes)	1	3
4. 研究和调查(research and inquiry)	1	3
5. 领导力和政策(leadership and policy)	2	5
6. 专业和道德实践(professional and ethical practice)	3	3
7. 合作(collaboration)	1	7
小计	8	23
总计	31	

表6-6 高级专门领域标准集：特殊教育融合专家标准

1. 评估	
知识	
在ACSI基础上无增项	
技能(2条)	
编号	内容
1S1	促进使用循证评估策略来监控进展，并为教学提供信息；
1S2	使用有效的程序来评估和改进针对特殊个体的基于融合学校和社区的项目
2. 课程内容知识	
知识和技能无增项	
3. 计划/服务/结果	
知识(1条)	
编号	内容
3K1	跨年龄、班级和内容领域的通识教育课程和相关标准
技能(3条)	
编号	内容

续表

3S1 3S2 3S3	促进发展那些融入文化响应实践的项目； 结合通用学习设计原则，为所有特殊个体提供参与通识课程、学校课程和活动的机会； 开发跨不同学习环境的项目，以促进积极的学术、社会和行为的成果
4. 研究和调查	
知识（1条）	
编号	内容
4K1	研究融合项目和实践
技能（3条）	
编号	内容
4S1 4S2 4S3	分析与融合实践相关的项目数据； 协助利益相关者设计、实施和评估融合实践研究； 与利益相关者合作，利用现有数据做出与融合实践相关的决策
5. 领导力和政策	
知识（2条）	
编号	内容
5K1 5K2	立法、诉讼、倡导的历史意义和社会意义，以及其他对融合发展的影响； 影响融合实践的新趋势
技能（5条）	
编号	内容
5S1 5S2 5S3 5S4 5S5	代表特殊个体及其家属倡导有效的融合实践； 支持其他利益相关者理解那些指导融合实践的相关政策和研究； 合作开展学校改革倡议，制定或改进有效的融合项目； 提供领导力，影响政策、实践，并为特殊个体改善结果； 倡导创新，促进有效的融合实践
6. 专业和道德实践	
知识（3条）	
编号	内容
6K1 6K2 6K3	与融合实践相关的伦理困境； 能够改变教师行为以改善特殊个体结果的专业发展实践； 立法、诉讼、倡导对融合发展的影响的历史意义和社会意义

续表

技能(3条)	
编号	内容
6S1	在道德行为和促进融合实践相关的专业标准方面做出示范;
6S2	开发和实施那些能够促进融合教学和成果的专业发展;
6S3	参与旨在促进持续专业成长的反思性探究
7. 合作	
知识(1条)	
编号	内容
7K1	文化差异对合作的影响
技能(7条)	
编号	内容
7S1	展示促进利益相关者之间合作的文化能力;
7S2	促进团队进程,以解决融合实践和服务交付问题;
7S3	使用面对面、电子和其他互动形式来促进合作;
7S4	即使在艰难的互动中,也要确保参与者之间的平等;
7S5	以合作的方式让家庭成员与利益相关者一同参与;
7S6	为教育工作者树立合作角色的榜样,包括合作教学、咨询和团队合作;
7S7	确保辅助教育工作者的有效作用和责任

注:表中编号中的K表示知识(Knowledge),S表示技能(Skills)。

2. 特殊教育转衔专家标准

这个标准提供了关于特殊教育转衔专家的职责和知识技能要求的信息。特殊教育转衔专家承担的角色是帮助特殊学生顺利过渡到成年生活和职业生涯。他们与学生、家长、教育机构和社区合作,提供个性化的支持和指导,以确保学生在从学校毕业后能够成功地融入社会和职场。特殊教育转衔专家需要具备一些高级专业知识和技能,以便有效地支持学生的转衔过程。具体的高级专业要求包括了解特殊教育法律和政策、评估学生的能力和需求、制订个别化转衔计划、提供职业指导和培训等。

本特殊教育转衔专家标准和前述对高级专家共性要求(ACSI)共同构成了特殊教育转衔专家的专业标准。

高级专门领域标准集中的特殊教育转衔专家标准涉及以下七个方面，由63个知识和技能要求构成，见表6-7，标准具体内容见表6-8。

表6-7　高级专门领域标准集：特殊教育转衔专家标准要求及所含知识和技能条目数

涉及方面	知识	技能
1. 评估（assessment）	1	7
2. 课程内容知识（curricular content knowledge）	1	8
3. 计划/服务/结果（program, services, and outcomes）	7	6
4. 研究和调查（research and inquiry）	3	3
5. 领导力和政策（leadership and policy）	1	7
6. 专业和道德实践（professional and ethical practice）	3	2
7. 合作（collaboration）	3	11
小计	19	44
总计	63	

表6-8　高级专门领域标准集：特殊教育转衔专家标准

1. 评估	
知识（1条）	
编号	内容
1K1	各种正式或非正式的转衔评估和程序，以确定学生的优势、偏好和兴趣，因为这些特质与中学教育后环境（高等教育、就业、独立生活）相关
技能（7条）	
编号	内容
1S1	利用各种转衔评估持续进行适当的转衔计划开发；
1S2	修正转衔评估，以满足学生个体的需求；
1S3	为学生、家庭和专业人士解释评估的结果；
1S4	根据转衔评估结果，制定可衡量的中学教育后目标；
1S5	将学生的喜好和兴趣与评估结果、技能和中学教育后环境相匹配；
1S6	将转衔评估结果应用于开发中学教育后自然支持系统；
1S7	评估学生在工作经验方面的进步

续表

2. 课程内容知识	
知识(1条)	
编号	内容
2K1	循证教学、课程资源以及转衔至中学教育后环境的实践
技能(8条)	
编号	内容
2S1	为教师提供教学实践和相关活动,将转衔内容嵌入普通学术课程中;
2S2	提供与转衔计划相关的教学、相关活动和课程资源;
2S3	提供自我宣传和自我决定的信息和资源;
2S4	提供教学资源和相关活动,提高职业意识,为就业和高等教育做好准备;
2S5	发展基于学校的就业经验和课程,为接受高等教育和融入社区做准备;
2S6	确保学生的教学和相关活动有助于实现确定的高等教育目标;
2S7	评估以证据为基础的转衔实践和课程,以确保中学教育后的成果;
2S8	促进以学生为中心的转衔计划方法
3. 计划/服务/结果	
知识(7条)	
编号	内容
3K1	学校和社区基于证据的就业准备和高等教育计划和服务;
3K2	提供社区培训的策略;
3K3	将转衔目标与学术内容联系起来的策略;
3K4	被雇主认定为成功就业必备的求职和留职技巧;
3K5	职业或专业技术教育(以前的职业教育)的策略、模式和课程;
3K6	支持成人生活结果(即就业、高等教育和独立生活)的中学教育后结果选择范围;
3K7	文化和环境的影响,对个人和家庭的行为和学习的影响
技能(6条)	
编号	内容
3S1	制定与可衡量高等教育目标相关的年度目标;
3S2	选择相关的转衔服务和学习课程以实现高等教育目标;
3S3	使教学活动和相关活动符合高等教育目标;
3S4	确定和促进工作和社区环境的改变;
3S5	评估与高等教育目标相关的教学和相关活动;
3S6	发展符合IEP中学教育后目标的教育经历

续表

4．研究和调查	
知识(3条)	
编号	内容
4K1	产生成功的中学教育后成果的转衔实践计划和服务；
4K2	转衔计划和服务的理论和应用模型；
4K3	研究转衔计划、服务和个体结果之间的关系
技能(3条)	
编号	内容
4S1	收集青少年高中离校后的结果数据，确定相关变量，以改进转衔服务和计划；
4S2	分析个体转衔计划的数据，以满足联邦和州的合规要求；
4S3	使用基于证据的实践和研究来确定转衔计划和服务
5．领导力和政策	
知识(1条)	
编号	内容
5K1	关于转衔的法律和政策(例如：《残疾人教育法》《职业康复法案》《公平劳动标准法》)
技能(7条)	
编号	内容
5S1	倡导转衔计划和政策变化，以改进转衔服务；
5S2	参与学生个体倡议，以获得转衔计划和服务；
5S3	对地区专业人员、社区机构人员和其他转衔期的利益相关者进行培训，使他们了解关于特殊个体的转衔的相关知识；
5S4	发挥领导作用，确保特殊个体和普通个体享有同样的机会和资源；
5S5	让学生、家庭、团队和其他相关机构成员参与转衔规划过程，并为他们做好准备；
5S6	在IEP会议期间和之后协调和促进正在进行的转衔计划；
5S7	确保残疾人与没有残疾的同龄人享有同样的职业和职业机会
6．专业和道德实践	
知识(3条)	
编号	内容

续表

6K1	转衔专家的范围、角色和职责；
6K2	与转衔服务相关的社区机构人员的范围、作用和责任；
6K3	与转衔领域相关的组织和出版物
技能(2条)	
编号	内容
6S1	在与社区和相关机构人员合作时，发展和维护与转衔相关的职业道德；
6S2	参与转衔领域专业组织的活动
7．合作	
知识(3条)	
编号	内容
7K1	与利益相关者合作的策略，以确保和提升对特殊个体及其家庭的有效转衔服务、支持和结果；
7K2	教育工作者、雇主和其他利益相关者在与高等教育结果相关的各种环境中的角色和责任；
7K3	社区的就业趋势和需求
技能(11条)	
编号	内容
7S1	促进家庭，特别是那些文化和语言多样化的家庭，积极参与整个转衔决策和执行过程；
7S2	协调机构间协议和伙伴关系使用和共享数据，以实现高等教育结果；
7S3	与雇主和其他专业人士沟通发展和监测自然支持网络；
7S4	向利益相关者传播转衔信息和资源；
7S5	参加社区一级的转衔团队；
7S6	确保遵守联邦和州有关转衔的政策，例如《美国残疾人法》《公平劳动标准法》《职业康复法》；
7S7	为特殊个体及其家庭提供高等教育和社区服务；
7S8	协调以工作为基础的项目(如勤工俭学、带新工作经历、实习)；
7S9	定期与雇主企业和工作人员协调；
7S10	在高等教育、教育和培训环境中对计划进行调整和修改；
7S11	在社区内开发就业安置岗位，并与有关机构协调安排就业活动

注：表中编号中的K表示知识(Knowledge)，S表示技能(Skills)。

3. 特殊教育技术专家标准

这个标准提供了关于特殊教育技术专家的职责和知识技能要求的信息。特殊教育技术专家需要具备深入的关于辅助技术或教育技术的知识和技能，以支持特殊教育需要学生(特殊个体)在普通教育环境中的学习和发展。他们需要掌握对特殊个体进行评估、诊断和评价的技术，识别特殊个体对技术的特殊要求，将特殊个体的特征与技术产品和服务相匹配，提出适合的技术应用的方案。他们要向特殊个体提供技术使用方面的技术援助，为特殊个体和其他利益相关者提供指导，以确保他们能够成功使用辅助技术和教育技术等。

本特殊教育技术专家标准和前述对高级专家共性要求(ACSI)共同构成了特殊教育技术专家的专业标准。

高级专门领域标准集中的特殊教育技术专家标准涉及以下七个方面，由44个知识和技能要求构成，见表6-9，标准具体内容见表6-10。

表6-9　高级专门领域标准集：特殊教育技术专家标准要求及所含知识和技能条目数

涉及方面	知识	技能
1. 评估(assessment)	1	6
2. 课程内容知识(curricular content knowledge)	2	无增项
3. 计划/服务/结果(program, services, and outcomes)	5	9
4. 研究和调查(research and inquiry)	在ASCI基础上无增项	2
5. 领导力和政策(leadership and policy)	2	4
6. 专业和道德实践(professional and ethical practice)	1	7
7. 合作(collaboration)	1	4
小计	12	32
总计	44	

表6-10 高级专门领域标准集:特殊教育技术专家标准

1. 评估	
知识(1条)	
编号	内容
1K1	对特殊个体进行评估、诊断和评价的技术
技能(6条)	
编号	内容
1S1	将特殊个体的特征与技术产品和服务相匹配;
1S2	在作出辅助技术或教育技术决策之前,检查一系列的替代解决方案;
1S3	在做技术决策时,考虑关于特殊个体的信息、环境和任务;
1S4	在作出基于技术的解决方案时,优先考虑特殊个体;
1S5	识别特殊个体对技术的特殊要求;
1S6	使用技术收集、总结和报告学生表现数据,以帮助作出教学决策
2. 课程内容知识	
知识(2条)	
编号	内容
2K1	国家和地方的技术和课程标准;
2K2	使特殊教育技术措施与国家、省或州以及地方的技术和课程措施保持一致
技能	
无增项。	
3. 计划/服务/结果	
知识(5条)	
编号	内容
3K1	不同发展阶段的技术对特殊个体的影响;
3K2	多样性对技术使用的影响;
3K3	技术系统的组织、管理和安全程序;
3K4	人体工程学原理促进技术的使用;
3K5	获取辅助技术设备和服务的流程
技能(9条)	
编号	内容

续表

3S1	识别、操作和排除教学和辅助技术故障，以支持特殊个体的教育目标达成；
3S2	为特殊个体提供技术支持；
3S3	使用技术来支持社会接纳度；
3S4	确定课程中适合应用技术的要素；
3S5	在辅助技术或教育技术失败的情况下，制订和实施应急计划；
3S6	确认特殊个体获取技术所需的说明书；
3S7	在作出购买决定之前，安排潜在的辅助技术或教育技术的演示和试用期；
3S8	设置或安装教学和教育辅助技术，以满足特殊个体的需要；
3S9	在装配和技术集成中实施适当的安全措施
4．研究和调查	
知识	
在 ASCI 基础上无增项	
技能（2条）	
编号	内容
4S1	确定计算机软件和其他技术对特殊个体的潜在应用；
4S2	分析技术系统的特点
5．领导力和政策	
知识（2条）	
编号	内容
5K1	与特殊教育中技术使用相关的公平、道德和法律注意事项；
5K2	与技术领域相关的组织和出版物
技能（4条）	
编号	内容
5S1	确定计算机软件和其他技术对特殊个体的潜在应用；
5S2	分析技术系统的特点；
5S3	坚持并提倡遵守版权法；
5S4	在将特殊个体转介到其他专业领域时，坚持专业指导
6．专业和道德实践	
知识（1条）	
编号	内容

续表

6K1	与在教育和社会其他方面使用技术相关的概念和问题
技能(7条)	
编号	内容
6S1 6S2 6S3 6S4 6S5 6S6 6S7	在书面和口头交流中，使用适合听众的技术相关术语； 描述立法授权和政府法规及对特殊教育技术的影响； 撰写提案，以获得技术资金； 参加与技术领域相关的专业组织的活动； 进行专业发展，并为特殊个体提供技术使用方面的技术援助； 为特殊个体和其他利益相关者提供指导，以确保他们能够成功使用辅助和教育技术； 在技术教学中运用成人学习原则
7. 合作	
知识(1条)	
编号	内容
7K1	相关服务人员在提供技术服务中所扮演的角色
技能(4条)	
编号	内容
7S1 7S2 7S3 7S4	向团队成员和家庭推荐与辅助技术和教育技术相关的资源； 在安置和转衔服务中，合作识别、计划和实施辅助技术和教育技术； 合作决定是否需要进行全面的辅助技术评估； 使用数字工具和资源参与当地和全球学习社区并开展合作

注：表中编号中的K表示知识(Knowledge)，S表示技能(Skills)。

第七章

中国残疾人高等教育入学机会

目前,我国残疾人主要通过三种形式接受高等教育:一是通过参加全国普通高校入学考试获得录取资格,在普通高校与普通学生一起学习;二是通过单独考试单独录取(简称单考单招)的方式获得录取资格,进入普通高等学校中独立设置的残疾人高等教育院校(系)就读;三是通过参加成人高考、高等教育自学考试及开放大学远程教育等方式接受高等教育,经考核成绩合格者,取得大学专科或本科的学历。本章讨论的入学机会是指高等教育适龄残疾人能够进入普通高等院校和独立设置的残疾人高等教育院校接受教育的可能性。

现从衡量入学机会的残疾人高等教育入学总量及比例、残疾人可选择就读的高校数量、残疾人可选择的专业范围和接受高等教育的层次4个方面分析我国残疾人高等教育入学机会现状。

第一节 残疾人高等教育入学总量及比例

根据中国残疾人联合会历年发布的《残疾人事业发展统计公报》数据,2012—2021年十年间残疾人考入高等教育院校的总数每年呈现小幅上升态势,如表7-1和图7-1所示。[1]

---

[1] 中国残疾人联合会.2012年中国残疾人事业发展统计公报[EB/OL].(2013-06-06).[2023-08-31].http://www.gov.cn/fuwu/cjr/2013-06/06/content_2630957.htm.中国残疾人联合会.2013年中国残疾人事业发展统计公报[EB/OL].(2014-03-31).[2023-08-31].http://www.gov.cn/fuwu/cjr/2014-03/31/content_2650043.htm.中国残疾人联合会.2014年中国残疾人事业发展统计公报[EB/OL].(2015-04-01).[2023-08-31].http://www.gov.cn/xinwen/2015-04/01/content_2841049.htm.中国残疾人联合会.2015年中国残疾人事业发展统计公报[EB/OL].(2016-04-01).[2023-08-31].http://www.gov.cn/xinwen/2016-04/01/content_5060443.htm.中国残疾人联合会.2016年中国残疾人事业发展统计公报[EB/OL].(2018-02-11).[2023-08-31].https://www.zjkscl.gov.cn/news/content/119.html.中国残疾人联合会.2017—2021年残疾人事业发展统计公报[EB/OL].(2023-08-31)[2023-08-31].https://www.cdpf.org.cn/zwgk/zccx/tjgb/.

表7-1 2012—2021年我国高校录取残疾学生情况（含本科、专科学生和研究生）

年份	普通高校/人	残疾人高等教育院校（系）/人	总数/人	年增长率/%	普通高校残疾学生占比/%
2012	7229	1134	8363	—	86.4
2013	7538	1388	8926	6.7	84.4
2014	7864	1678	9542	6.9	82.4
2015	8508	1687	10195	6.8	83.5
2016	9592	1941	11533	13.1	83.2
2017	10818	1845	12663	9.8	85.4
2018	11154	1873	13027	2.9	85.6
2019	12362	2053	14415	10.7	85.8
2020	13551	2253	15804	9.6	85.7
2021	14559	2302	16861	6.7	86.3

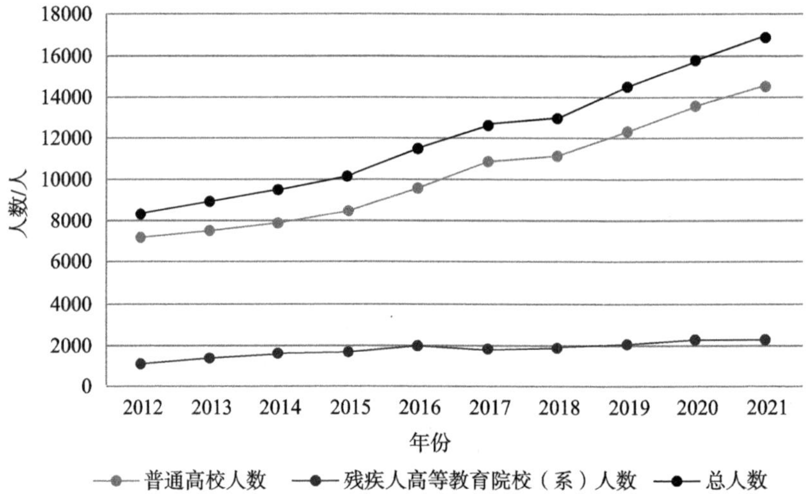

图7-1 2012—2021年我国高校录取残疾学生人数变化趋势

2021年全国录取残疾学生16861人，比2012年增加了8498人，总增长率为101.6%，10年间的平均年增长率约为10.2%，且每年普通高校录取残疾学生数占高等院校录取残疾生总数的82%以上，残疾学生在普通高校接受教育已经成为主要形式，说明高等融合教育已成为当前我国高等特殊教育的重要组成部分，是残疾人接受高等教育的主要形式。再分别从普通高校和残疾人高等教育院校（系）两类高校录取人数看，普通高校招收的残疾学生数呈逐年上升趋势，10年间共增长7330人，残疾人高等教育院校（系）录取学生处于平稳增长状态，10年间共增长1168人。

2016年高校录取残疾学生总数年增长率（13.1%）最大，这主要是因为2015年教育部、中国残疾人联合会联合印发了《残疾人参加普通高等学校招生全国统一考试管理规定（暂行）》，要求为残疾人参加高考提供平等机会和合理便利服务，这一政策从起点上为残疾人接受高等教育提供了公平机会。

高等融合教育的不断推进，使残疾学生的入学机会有所增加。以2021年招生数据为例，全国高校招收本科、专科残疾学生总数及各类残疾学生情况见表7-2。[1]普通高校和残疾人高等教育院校（系）共招收本科、专科残疾学生16495人，招收的残疾学生中主要为听力残疾学生、视力残疾学生和肢体残疾学生，这三类学生的总数为13770人，占录取总数的83.5%。其中，听力残疾学生3221人（占19.5%），视力残疾学生2141人（占13%），肢体残疾学生8408人（占51%）。普通高校招收的残疾学生中肢体残疾学生所占比例较高（59.2%），听力残疾学生和视力残疾学生所占比例较低，一般为轻度残疾学生。残疾人高等教育院校（系）招收的残疾学生中，听力残疾学生和视力残疾学生所占比例较高（58.5%），一般为中度和重度残疾学生。目前，我国普通高校的融合教育支持环境建设尚处于起步阶段，校园无障碍环境建设水平还难以全面满足对残疾学生的学习生活支持，因此，独立设置的残疾人高等教育院校的存在有

[1] 中国残疾人联合会．4-2-2 高等教育[EB/OL]．(2023-08-31)[2023-08-31]．https://www.cdpf.org.cn/zwgk/zccx/ndsj/jy/2021jy/ae2565398f514a728028682d09a9cbc8.htm.

其合理性，可满足不同残疾类型、不同残疾程度学生的选择需求。值得注意的是，除听力残疾、视力残疾和肢体残疾三类学生外的其他类型残疾学生（如孤独症、多重残疾等）比例从2016年的9%增加到2021年的16.5%，这是一个显著的变化。

表7-2　2021年高校招收本科、专科各类残疾学生情况

类型	听力残疾生			视力残疾生			肢体残疾生			三类学生合计	其他类型学生		两类院校总计		
	本科	专科	合计	本科	专科	合计	本科	专科	合计		本科	专科	本科	专科	总计
普通高校人数/人	1172	1186	2358	699	975	1674	3551	4857	8408	12440	506	1265	5928	8283	14211
残疾人高等教育院校人数/人	446	417	863	182	285	467	0	0	0	1330	302	652	930	1354	2284
合计/人	1618	1603	3221	881	1260	2141	3551	4857	8408	13770	808	1917	6858	9637	16495
比例/%	19.5			13			51			83.5	16.5		41.6	58.4	100

第二节　残疾人可选择就读的高校数量

《国家中长期教育改革和发展规划纲要（2010—2020年）》《特殊教育提升计划（2014—2016年）》《残疾人教育条例》（2017年）、《第二期特殊教育提升计划（2017—2020年）》和《“十四五”特殊教育发展提升行动计划》相继出台，《特殊教育提升计划（2014—2016年）》首次在政策文件中明确提出“全面推进融合教育”，《残疾人教育条例》（2017年）再次确认“积极推进融合教育”。近些年我国高等融合教育有了进一步发展，2015年发布《残疾人参加普通高等学校招生全国统一考试管理规定（暂行）》后，越来越多的残疾考生选择通过申请合理便利措施参加普通高考，选择在融合而非隔离的普通高校环境中接受高等教育，享受到优质的教育资源，可选的高校范围有所扩大，2018—2021年共有5.16万名残疾学生通过普通高考被普通高校录取。[1]由于普通高校对残疾学生的学习支持环境和包容氛围尚不完善，残疾学生尤其是中重度残疾学生对之望而却步。同时，仍存在一些普通高校以缺乏特殊教育师资和特殊教育经验与相关学习支持环境为由而“拒招”残疾学生的现象。目前独立设置的残疾人高等教育院校（系）数量有21所，但从地域分布看，由于受到社会、经济和文化发展的影响，尤其是受人文观念的制约，残疾人高等教育院校（系）的地区分布数量差异较大，其中，华东地区有7所、中南地区有5所、东北地区有3所、西南地区有3所、华北地区有2所、西北仅有1所。全国仅有17个省（自治区、直辖市）设有残疾人高等教育院校（系）。这给当地残疾考生的入学选择带来困难，有的学生不得不跨地区选择优质资源院校报考。总之，近些年，虽然残疾学生可选择就读的高校数量略有增加，但依然偏少，尤其对中重度残疾学生而言就更少。

第三节　残疾人可选择的专业范围

普通高校残疾学生就读的专业有计算机科学与技术、电子信息与工程、自动化、语言学、工程造价、财务管理、环境设计、工商管理、舞蹈表演、音乐表演、特殊教育、应用心理学、音乐学等，基本能够满足学生的自主选择。

我国残疾人高等教育院校（系）的招生专业在十年间有所拓宽。2011年我国残疾人高等教育院校（系）的招生情况见表7-3[2]，各高校的招生专业还是

[1] 中国残疾人联合会．2018—2021年残疾人事业发展统计公报［EB/OL］.（2019-03-27~2023-04-06）［2023-08-31］. https://www.cdpf.org.cn/zwgk/zccx/tjgb/.

[2] 段玄锋．我国残疾人接受高等教育的现状研究［J］. 绥化学院学报，2013，33（10）：46-51.

更多地考虑了残疾人的生理限制问题，一般只设置了认为适合残疾人生理特点的专业，这与我国对残疾人的支持与服务系统发展相对滞后有关。目前，我国高校本科专业涉及工学、医学、艺术学、教育学等学科门类，专科专业涉及艺术设计、电子信息、医药卫生、公共事业、农林牧渔等专业大类。而面向视力残疾学生设置的专业主要是针灸推拿学、音乐表演；面向听力残疾学生设置的专业主要是艺术设计、装潢艺术设计、摄影摄像技术、绘画、计算机科学与技术、计算机应用技术、网络工程、电子信息工程、管理（电子商务）、舞蹈表演、园艺设计等；面向肢体残疾学生设置的专业主要是临床医学、医学影像学、中医学等。2022年我国残疾人高等教育院校（系）招生情况见表7-4。[1]与2011年招生专业相比，为视力残疾学生增加了电子商务、社区管理与服务等专业。此外，2所残疾人教育院校为视力残疾生增加了音乐表演、特殊教育、应用心理学、音乐学等融合教育专业，但招生数量有限。残疾人高等教育院校（系）为听力残疾学生增加了工艺美术品设计/工艺美术、数字媒体艺术设计、产品设计、书画艺术、文物修复与保护、中西面点工艺、茶艺与茶文化、民族传统技艺、口腔医学技术、美容美体艺术、汽车检测与维修技术、社区管理与服务、特殊教育等专业，但仍以艺术类、计算机类专业居多。3所残疾人教育高等院校为听力残疾学生增加了自动化、工程造价、财务管理、环境设计、电子信息工程、工商管理、舞蹈表演、音乐表演、特殊教育等融合教育专业可以就读，但招生数量有限。4所残疾人教育院校为肢体残疾学生增加了计算机应用技术、数字媒体艺术设计、艺术设计、工艺美术品设计、书画艺术、音乐表演、电子商务、大数据与会计、社区管理与服务、现代家政服务与管理、美容美体艺术、康复治疗技术、口腔医学技术等专业，但均对肢体残疾学生的残疾程度提出了要求。1所残疾人教育院校为孤独症学生开设了计算机科学与技术专业。

---

[1] 数据来源于各高校网站招生简章。

表 7-3　2011 年残疾人高等院校招生情况

序号	学校名称	办学层次	招生对象	招生专业	招生规模/人
1	北京联合大学特殊教育学院	专科、本科	聋生	艺术设计(本科)/视觉传达艺术设计(平面方向、动漫方向)(专科) 计算机科学与技术(本科)/计算机应用技术(专科) 园林技术(专科)	155
			盲生	针灸推拿学视障(本科) 音乐表演(专科)	
2	天津理工大学聋人工学院	本科	聋生	计算机科学与技术 艺术设计专业(服装设计方向、造型服饰设计方向)	108
3	长春大学特殊教育学院	本科	聋生	艺术设计 绘画(国画、油画方向) 动画	198
			盲生	针灸推拿学、音乐表演	
4	上海应用技术大学艺术设计学院	本科	聋生	艺术设计	20
5	上海中医药大学	专科	盲生	针灸推拿	50
6	金陵科技学院	本科	聋生	计算机科学与技术	20
7	南京特殊教育师范学院	专科	聋生	艺术设计(服装设计与工程方向) 艺术设计(电脑艺术设计方向) 计算机多媒体技术(动漫方向) 园艺技术	210
8	南京中医药大学	专科	盲生	康复治疗技术	17
9	福州职业技术学院	专科	聋生	广告设计 计算机技术	40

续表

序号	学校名称	办学层次	招生对象	招生专业	招生规模/人
10	滨州医学院 残疾人医学系	本科、硕士	肢残生	临床医学 医学影像学 中医学	21
11	中州大学特教学院	专科	聋生	计算机应用技术 装潢艺术设计 摄影摄像技术 艺术设计(古建筑绘画) 动漫设计与制作	200
12	郑州师范学院 特殊教育学院	专科	聋生	舞蹈表演 青少年工作与管理	105
13	长沙职业技术学院 特殊教育系	专科	聋生	广告设计与制作 装潢艺术设计 计算机应用技术	80
14	广州中医药大学	专科	盲生	针灸推拿	50
15	广州大学	专科	聋生	艺术设计(电脑美术) 计算机应用技术	40
16	重庆师范大学 教育科学学院	本科	聋生	特殊教育信息与资源(聋人教师教育方向和残疾人辅助技术方向)	25
17	西安美术学院 特殊教育艺术学院	专科	聋生	艺术设计	30
18	南宁职业技术学院	专科	聋生	服装设计 室内设计技术 环境艺术设计 电脑艺术设计 装潢艺术设计 广告设计 影视动画	50

续表

序号	学校名称	办学层次	招生对象	招生专业	招生规模/人
19	河南省中医学院针灸推拿学院	专科	盲生	针灸推拿	50
合计					1469

表 7-4 2022年残疾人高等院校招生情况

序号	学校名称	办学层次	招生对象	招生专业	招生规模（本科、专科)/人
1	北京联合大学特殊教育学院	本科、硕士	聋生	视觉传达设计 计算机科学与技术	95
			盲生	针灸推拿学 中医(硕士) 音乐学	
2	天津理工大学聋人工学院	本科、硕士	聋生	计算机科学与技术 网络工程 服装与服饰设计 产品设计 自动化* 工程造价* 财务管理* 环境设计* 电子信息工程* 电子信息(硕士) 艺术(硕士)	128

续表

序号	学校名称	办学层次	招生对象	招生专业	招生规模（本科、专科）/人
3	辽宁特殊教育师范高等专科学校	专科	聋生	口腔医学技术(口腔工艺技术) 艺术设计 社区管理与服务 书画艺术 美容美体艺术	105~230
			盲生	康复治疗技术(推拿) 电子商务 社区管理与服务	
			肢残生	康复治疗技术(推拿) 口腔医学技术(口腔工艺技术) 艺术设计 书画艺术 电子商务 社区管理与服务 现代家政服务与管理 美容美体艺术	
4	长春大学特殊教育学院	本科、硕士	聋生	视觉传达设计 艺术设计(硕士) 绘画 美术(硕士) 动画 工商管理* 舞蹈表演*	218
			盲生	针灸推拿学 中医学(硕士) 康复治疗学 音乐表演* 音乐(硕士) 特殊教育*	

续表

序号	学校名称	办学层次	招生对象	招生专业	招生规模（本科、专科）/人
5	绥化学院教育学院	本科	聋生	计算机科学与技术专业 环境设计 电子商务	100
6	上海应用技术大学艺术设计学院	本科	聋生	视觉传达设计	12
7	南京特殊教育师范学院	本科	聋生	服装与服饰设计 视觉传达设计 特殊教育(师范)* 计算机科学与技术（嵌入式培养）	80
			盲生	应用心理学* 音乐学(师范)*	
			孤独症（孤独症）	计算机科学与技术（嵌入式培养）	
8	南京中医药大学	本科	盲生	针灸推拿学	20
9	浙江特殊教育职业学院	专科	聋生	工艺美术品设计 数字媒体艺术设计 电子商务 中西面点工艺 茶艺与茶文化 民族传统技艺	275，茶艺与茶文化、民族传统技艺不详
			盲生	康复治疗技术(推拿方向) 音乐表演	
			肢残生	工艺美术品设计 数字媒体艺术设计 电子商务 音乐表演	

续表

序号	学校名称	办学层次	招生对象	招生专业	招生规模（本科、专科）/人
10	福州职业技术学院	专科	聋生	广告艺术设计 计算机应用技术	40
11	滨州医学院特殊教育学院	本科	聋生	口腔医学技术	60
			盲生	中医学(针灸推拿方向)	
12	山东特殊教育职业学院	专科	聋生	工艺美术品设计 文物修复与保护专业 服装设计与工艺 计算机应用技术(数字媒体应用技术方向)	385
			盲生	康复治疗技术(中医康复方向) 中医康复技术	
			肢残生	计算机应用技术(网站规划与开发方向)	
13	郑州工程技术学院	专科、本科	聋生	电子信息工程(本科) 视觉传达设计(专科) 摄影摄像技术(专科) 艺术设计(专科)	120
14	郑州师范学院特殊教育学院	本科	聋生	计算机科学与技术(计算机应用聋人方向) 音乐学(舞蹈表演聋人方向) 美术学(艺术设计聋人方向)	105
15	河南推拿职业学院	专科	盲生	针灸推拿	100
16	长沙职业技术学院特殊教育系	专科	聋生	视觉传达设计 计算机网络技术 汽车检测与维修技术	100

续表

序号	学校名称	办学层次	招生对象	招生专业	招生规模（本科、专科）/人
17	广州城市职业学院	专科	聋生	视觉传达设计 计算机应用技术	100
18	重庆师范大学教育科学学院	本科	聋生	特殊教育（聋人教师教育与残疾人辅助技术方向）	30
19	西安美术学院特殊教育艺术学院	本科	聋生	工艺美术	50
20	乐山师范学院	专科、本科	聋生	特殊教育（本科） 艺术设计（专科）	65
21	云南特殊教育职业学院	专科	聋生	艺术设计（视觉传达方向）	100
			肢残生	电子商务 大数据与会计	
合计					2288~2413

注：*为融合教育专业。

总体上，2022年的招生专业数量有很大增加，但为残疾学生设置的主要专业类型变化不大，尚不能满足学生个体发展的需要，专业选择依然受限。

第四节　残疾人接受高等教育的层次

我国残疾人接受的高等教育基本是本科、专科教育，接受更高层次高等教育的愿望难以得到满足。根据2021年中国教育事业统计数据，2021年，全国高校招收本科、专科学生和研究生总计1118.9677万人，而其中招收残疾学生总数为16861人，仅占全国高校录取学生总数的0.15%。2021年全国高校残疾学生中有本科、专科学生16495人，占总数的97.8%，研究生仅有366人，仅占2.2%，相比于全国研究生培养单位招收硕士研究生和博士研究生占高校招生总数比例(10.5%)要低得多,详见表7-5[1][2]。在普通高校中,由于残疾大学生毕业后需要与普通大学生竞争研究生教育资格,受到研究生导师主导选拔、学位获得与英语成绩挂钩等多重因素影响,残疾学生在国内实现深造梦想确实很难。

目前,我国残疾人高等教育院校(系)的教育层次最高为硕士,主要教育层次为本科和专科(高职)。全国仅有北京联合大学特殊教育学院特殊教育和中医专业硕士学位点、天津理工大学聋人工学院计算机技术和艺术专业硕士学位点、长春大学特殊教育学院中医学、美术与书法、设计、音乐、特殊教育专业硕士学位点招收面向残疾学生的硕士研究生。目前,国内还没有专门招收残疾学生的研究生教育机构。

表7-5　2021年全国高校招收学生总数、残疾学生数及不同教育层次人数占比

<table>
<tr><th colspan="2">教育层次</th><th>全国高校招生数/人</th><th>占比/%</th><th>招收残疾学生数/人</th><th>占比/%</th></tr>
<tr><td rowspan="3">研究生</td><td>博士</td><td>125823</td><td rowspan="3">10.5</td><td rowspan="2">366</td><td rowspan="3">2.2</td></tr>
<tr><td>硕士</td><td>1050703</td></tr>
<tr><td>小计</td><td>1176526</td><td>366</td></tr>
<tr><td rowspan="3">本科、专科</td><td>本科</td><td>4487350</td><td rowspan="3">89.5</td><td>6858</td><td rowspan="3">97.8</td></tr>
<tr><td>专科</td><td>5525801</td><td>9637</td></tr>
<tr><td>小计</td><td>10013151</td><td>16495</td></tr>
<tr><td colspan="2">合计</td><td>11189677</td><td>100</td><td>16861</td><td>100</td></tr>
</table>

第五节　存在的问题

上述数据分析表明,近年来,随着我国残疾人教育政策的不断完善,我国残疾人高等教育有了长足的进步,残疾人接受高等教育的数量每年呈现小幅

❶ 教育部. 2021年教育统计数据 各级各类教育在校生情况[EB/OL]. (2023-01-04)[2023-08-31]. http://www.moe.gov.cn/jyb_sjzl/moe_560/2021/quanguo/202301/t20230104_1038061.html.

❷ 中国残疾人联合会. 2021年残疾人事业发展统计公报[EB/OL]. (2022-04-06)[2023-08-31]. https://www.cdpf.org.cn/zwgk/zccx/tjgb/0047d5911ba3455396faefcf268c4369.htm.

上升态势,2021 年达到 16861 人,但与当年我国高等教育招生数相比,仍存在很大差距。随着融合教育的不断推进,录取“零拒绝”原则使得招收残疾学生的普通高校增加,残疾学生可选择的高校数量和专业范围有所增加,但普通高校校园无障碍环境建设水平还难以全面满足对残疾学生的学习生活支持,这使重度残疾学生的院校选择和专业选择受到限制。残疾学生目前接受的高等教育基本是本科、专科教育,他们接受更高层次高等教育的愿望还难以得到满足。

第八章

中国高等融合教育的实践探索

2008年修订《中华人民共和国残疾人保障法》后，越来越多的残疾学生进入普通高校学习。为了应对实施高等融合教育中所遇到的学习支持不足、质量提升和高端就业难等现实问题，上海市以立项的形式自2010年起依托设在华东师范大学的上海市特殊教育资源中心，组建了残疾人高等融合教育支持服务团队，在研究残疾人高等教育规律、了解残疾大学生需求的基础上，整合专家资源、搭建服务平台，为残疾大学生在学业与就业方面提供免费、持续的资源支持与专业服务。该研究历时七年，研制出《上海市高等院校融合教育推进方案》《大学融合教育办公室服务内容与流程》，编写了《高等融合教育手册》（学校版、学生版）、《残疾大学生个别化学业支持计划书》《残疾大学生个别化就业支持计划书》等，并通过专题研究，对学生提供学业支持服务和就业支持服务的实践探索，总结了可供借鉴的经验，提出了政策建议。

2017年，在教育部大力支持下，中国残疾人联合会在北京、吉林、江苏、河南、湖北、四川六省市分别选择北京联合大学、长春大学、南京特殊教育师范学院、郑州工程技术学院、武汉理工大学、四川大学六所普通高等学校开展高等融合教育试点工作，试点期从2017年起持续两年时间。六所高校对残疾人高等融合教育模式进行了积极探索，这些都为探讨保障残疾人平等接受高等教育的机制建设，完善高等融合教育政策措施，加强普通高校为残疾学生提供合理便利条件、个别化学习支持和促进校园融入、残疾大学生就业支持、高等融合教育的资源支持等方面的支持保障服务提供了经验支撑。

第一节　健全政策体系推动高等融合教育发展

我国高等融合教育始于20世纪80年代中期，纵观其发展过程，它是在国家政策法规不断完善和推动下不断进步的。融合教育是一种全新的教育变革，它的发展需要一整套成体系的国家政策的支持，如对残疾人受教育权的保障、对残疾人教育理念的更新、对残疾考生招生录取和提供合理便利支持、教育经费支持和残疾学生资助政策、残疾学生融入大学校园的人文环境和无障碍环境支持、残疾大学生毕业就业政策等。

一、残疾人接受高等教育权利保障政策方面

国家在不同发展阶段的立法、教育立法、国家发展规划纲要、残疾人事业发展纲要等文件中逐步确立了残疾人高等教育发展的目标和方针,并不断深化。

1982年,《中华人民共和国宪法》颁布实施,其中第四十五条规定:"国家和社会帮助安排盲、聋、哑和其他有残疾的公民的劳动、生活和教育。"我国陆续在一些地方建立起专门招收残疾人的高等教育机构。

1990年颁布的《中华人民共和国残疾人保障法》和1994年颁布的《残疾人教育条例》,明确要保障残疾人享有平等接受教育的权利,要求普通高级中等学校、高等学校、成人教育机构必须招收符合国家规定的录取要求的残疾考生入学,不得因其残疾而拒绝招收。《残疾人教育条例》对残疾人高等教育的基本管理体制、残疾人教育的师资队伍建设、各级政府在残疾人教育条件的保障上应承担的责任、残疾人教育事业中进行奖励和处罚的具体行为标准进行了规定。同时,我国教育立法,包括《中华人民共和国教育法》《中华人民共和国高等教育法》《中华人民共和国职业教育法》等一系列法律法规,都明确规定了残疾人接受高等教育的权利。这促进了高等融合教育理念的落实。

1995年的《中华人民共和国教育法》规定"国家扶持和发展残疾人教育事业""国家、社会、学校及其他教育机构应当根据残疾人身心特性和需要实施教育,并为其提供帮助和便利"。1998年《中华人民共和国高等教育法》颁布实施,明确"公民依法享有接受高等教育的权利。……高等学校必须招收符合国家规定的录取标准的残疾学生入学,不得因其残疾拒绝招收""公民通过接受高等教育或自学,其学业水平达到国家规定的学位标准,可以向学位授予单位申请授予相应的学位"。

2001年的《中国残疾人事业"十五"计划纲要(2001年—2005年)》中指出"残疾人提高自身素质、平等参与社会生活,根本在教育",规定要"大力发展

教育，提高残疾人素质”“巩固提高残疾人高等教育，鼓励在普通高等院校开设特教专业（班）；逐步形成学前教育、义务教育、高级中等教育、高等教育相互衔接的残疾人特殊教育体系”。

2006年的《中国残疾人事业“十一五”发展纲要（2006年—2010年）》，提出“加快高级中等特殊教育发展，积极发展高等特殊教育”的目标。制定了达成目标的具体措施，即“倡导、鼓励兴办残疾人高等教育，有计划地扶持有条件的普通高等学校开设特殊教育专业和创办特殊教育学院。继续办好长春大学特殊教育学院、天津理工大学聋人工学院、山东滨州医学院、北京联合大学特殊教育学院等特殊教育院校，适当扩大招生规模，增加专业设置，提高办学层次和质量。进一步完善普通高等院校招收残疾考生的政策和考试办法。继续完善学前教育、义务教育、高级中等教育、高等教育相互衔接的残疾人特殊教育体系”。“加强特殊教育师资人才队伍建设。创造条件办好特殊教育师范院校，在普通师范院校开设特殊教育专业或课程，增加特殊教育师资人才队伍的数量，提高质量。依托有条件的高等院校建立国家级残疾人职业教育师资培训基地。……加强盲文、手语的研究、完善和推广工作，继续研制专业手语和盲文符号，组织开展盲文、手语特殊教育培训，规范教材的编审和出版工作，为盲人、聋人接受义务教育、高级中等教育和高等教育创造条件。”

我国于2007年3月30日签署联合国《残疾人权利公约》，2008年6月26日批准通过了该公约，并于同年8月31日正式实施，国家对残疾人教育更加重视。

2008年3月，《中共中央 国务院关于促进残疾人事业发展的意见》发布，其中提出了22条具体意见。其中对残疾人教育、残疾人就业等方面提出的意见均与改进残疾人接受高等教育与就业环境密切相关。该意见提出：“发展残疾人教育。鼓励从事特殊教育，加强师资队伍建设，提高特殊教育质量。……发展残疾儿童学前康复教育，加快发展高中阶段特殊教育，鼓励和支持普通高等学校开办特殊教育专业。……支持师范院校培养特殊教育师资。……各级各类学校在招生、入学等方面不得歧视残疾学生。”“促进残疾人就业。认真贯彻促进残疾人就业的法律法规和政策措施，保障残疾人平等就业的机会和权利。依法推进按比例安排残疾人就业……积极扶持残疾人自主择业、自主创业。多形式开发适合残疾人就业的公益性岗位。党政机关、事业单位及国有企业要带头安置残疾人。完善资金扶持、税费减免、贷款贴息、社会保险补贴、岗位补贴、专产专营等残疾人就业保护政策措施。”

2008年4月，修订后的《中华人民共和国残疾人保障法》发布。它充实了反歧视条款，保障残疾人全面融入社会；鼓励并扶持兴办残疾人康复机构；要求合理安置残疾人教育机构，进一步明确残疾人有接受普通教育的权利，禁止拒绝录取符合国家规定录取要求的残疾考生入学；对残疾学生和贫困残疾人子女教育给予资助；要求拓展适合残疾人的公益性岗位，提供就业咨询、职业培训等免费服务，鼓励所有用人单位按比例安排残疾人就业等，这进一步完善了保障残疾人合法权益的法律法规。

2009年，第四次全国特殊教育工作会议提出：“把发展特殊教育、提高特殊教育质量作为促进残疾人全面发展的重要举措。”

2010年，《国家中长期教育改革和发展规划纲要（2010—2020年）》颁布，把特殊教育作为重要发展任务专章论述，从关心和支持特殊教育、完善特殊教育体系、健全特殊教育保障机制三方面做出系统规划，这体现了国家对残疾人教育的高度重视。

2011年，《中华人民共和国国民经济和社会发展第十二个五年规划纲要》提出：“统筹发展各级各类教育”“关心和支持特殊教育。”

同年，国务院批转《中国残疾人事业“十二五”发展纲要》。该纲要依据《中华人民共和国国民经济和社会发展第十二个五年规划纲要》，贯彻落实《残疾人教育条例》《国家中长期教育改革和发展规划纲要（2010—2020年）》和《国务院办公厅转发教育部等部门关于进一步加快特殊教育事业发展意见的通知》要求，对我国残疾人教育事业进行具体的未来5年的发展规划，要求“完善残疾人教育体系、健全残疾人教育保障机制”“普通高校要创造条件扩大招收残疾学生规模，为残疾学生、学习生活提供便利”，为加快发展残疾高等教育提供更多的支持服务。

2014 年，《国务院办公厅关于转发教育部等部门特殊教育提升计划（2014—2016 年）的通知》提出“全面推进全纳教育，使每一个残疾孩子都能接受合适的教育。经过三年努力，初步建立布局合理、学段衔接、普职融通、医教结合的特殊教育体系，办学条件和教育质量进一步提升。建立财政为主、社会支持、全面覆盖、通畅便利的特殊教育服务保障机制，基本形成政府主导、部门协同、各方参与的特殊教育工作格局”。通知要求要“加快发展残疾人高等教育”。

2017 年 2 月，修订后的《残疾人教育条例》颁布。该条例突出了残疾人教育对于残疾人融入社会，充分、平等地参与社会生活所具有基础性、关键性的作用，不仅在残疾人教育发展中具有里程碑式的意义，而且对整个教育法律体系的完善具有重要的意义。它调整了残疾人教育事业发展目标和理念，突出融合教育的导向，实现残疾人教育全覆盖，在保障义务教育的基础上，向学前教育、职业教育、高等教育、终身教育延伸，实现对残疾人受教育全过程的支持。该条例规定发展残疾人教育事业应当保障义务教育，着重发展职业教育，积极开展学前教育，逐步发展高级中等以上教育；残疾人教育应当提高教育质量，积极推进融合教育，优先采取普通教育方式。该条例第二条规定：“国家保障残疾人享有平等接受教育的权利，禁止任何基于残疾的教育歧视。残疾人教育应当贯彻国家的教育方针，并根据残疾人的身心特点和需要，全面提高其素质，为残疾人平等地参与社会生活创造条件。”关于残疾人高等教育，该条例第三十四条从发展高等职业教育、普通高校设立特殊教育学院和拓宽专业选择、发展成人高等教育和高等教育自学考试三个方面均提出了要求。同时要求高等学校、继续教育机构应当招收符合国家规定的录取标准的残疾考生入学，不得因其残疾而拒绝招收。具体地，该条例第二十七条规定：“残疾人职业教育应当大力发展中等职业教育，加快发展高等职业教育，积极开展以实用技术为主的中期、短期培训，以提高就业能力为主，培养技术技能人才，并加强对残疾学生的就业指导。”第二十八条规定：“残疾人职业教育由普通职业教育机构和特殊职业教育机构实施，以普通职业教育机构为主。”第三十五条规定：“设区的市级以上地方人民政府可以根据实际情况举办实施高级中等以上教育的特殊教育学校，支持高等学校设置特殊教育学院或者相关专业，提高残疾人的受教育水平。”第三十六条规定：“县级以上人民政府教育行政部门以及其他有关部门、学校应当充分利用现代信息技术，以远程教育等方式为残疾人接受成人高等教育、高等教育自学考试等提供便利和帮助，根据实际情况开设适合残疾人学习的专业、课程，采取灵活开放的教学和管理模式，支持残疾人顺利完成学业。”

2017年，教育部等七部门印发了《第二期特殊教育提升计划（2017—2020年）》，不断推动残疾人高等教育的发展。

2022年，国家出台的《“十四五”特殊教育发展提升行动计划》指出：要坚持以习近平新时代中国特色社会主义思想为指导，全面贯彻党的教育方针，落实立德树人根本任务，遵循特殊教育规律，以适宜融合为目标，加快健全特殊教育体系，不断完善特殊教育保障机制，全面提高特殊教育质量，促进残疾儿童青少年自尊、自信、自强、自立，实现最大限度的发展，努力使残疾儿童青少年成长为国家有用之才。该提升计划部署加快推进特殊教育高质量发展，明确了拓展学段服务、推进融合教育、提升支撑能力三大任务举措，要求“稳步发展高等特殊教育，加强高校特殊教育学院建设，增设适合残疾学生就读的相关专业，完善残疾学生就读普通高校措施。支持普通高校、开放大学、成人高校等面向残疾人开展继续教育，畅通和完善残疾人终身学习通道”。

二、残疾考生招生录取和提供合理便利支持政策方面

一是在招生录取中的体检要求方面，为残疾考生减少了考试受限和专业受限。随着我国保障残疾人接受高等教育权利的政策出台，我国普通高等学校招生制度改革也在深化，对残疾考生的体检要求也在不断变化。1985年，《教育部国家计划委员会、劳动人事部、民政部关于做好高等学校招收残疾青年和毕业分配工作的通知》发布，要求各地教委、高招办在招生工作中，在德、

智条件相同的情况下，对生活能够自理、不影响所报专业的学习及毕业后所从事的工作的肢体残疾（不继续恶化）考生，给予和正常考生同等的录取资格，不应仅因残疾而不予录取。这个通知是一个很好的开端，促进了高考招生录取工作中给予残疾考生与普通考生同等的录取资格。1998年4月，教育部、卫生部对原普通高等学校招生体检标准进行了修订，发布了《关于进一步加强普通高等学校招生体检管理工作的通知》。2002年5月，教育部针对全国普通高等学校和硕士研究生统一招生考试外语科目中都增加了听力测试，对听力残疾考生造成不利的情况，经商中国残疾人联合会并征求有关卫生部门的意见，发布了《关于听力残疾考生参加普通高校和硕士研究生入学考试免外语听力测试的通知》，明确了听力残疾考生免外语听力测试的标准及考试成绩折算办法，这为听力残疾学生参加高考入学考试提供了公平环境。随着我国经济社会的快速发展，社会文明程度的进一步提高，我国高等教育开始进入大众化阶段，大学生就业已实行双向选择，原有的普通高等学校招生体检标准已不能适应新形势的要求，2003年，教育部、卫生部、中国残疾人联合会制定了《普通高等学校招生体检工作指导意见》，进一步放宽了患病或有生理缺陷考生的录取体检要求，为残疾考生减少了受限专业，提供更多可选择专业的机会。

二是在招生渠道和招生人数等方面，要求拓宽残疾学生接受高等教育的渠道，扩大招生规模，提高受教育层次。2001年开始的《中国残疾人事业“十五”计划纲要（2001年—2005年）》中指出：“进一步完善收残疾考生的政策，进行放宽体检标准的试点，拓宽残疾学生接受高等教育的渠道，扩大高等院校对残疾人的招生数量。”2009年，《国务院办公厅转发教育部等部门关于进一步加快特殊教育事业发展意见的通知》中明确指出加快推进残疾人高等教育发展，提出“高等特殊教育学院（专业）要在保证质量的基础上，扩大招生规模，拓宽专业设置，提高办学层次”。

三是为残疾考生参加普通高考提供合理便利的政策不断完善。2015年，教育部、中国残疾人联合会联合印发了《残疾人参加普通高等学校招生全国统一考试管理规定（暂行）》，对各级招生考试机构遵循高考基本原则，为残疾人参加高考提供平等机会和合理便利做出明确规定。这是我国第一个从国家层面对残疾人参加普通高考而制定的管理规定。它明确了对残疾高考生提供12项便利服务,包括:为视力残疾考生提供现行考试的盲文纸质试卷、提供大字号纸质试卷;为听力残疾考生免除外语听力考试;允许视力残疾考生携带答题所需的盲文笔、盲文手写板、盲文作图工具、橡胶垫、无存储功能的盲文打字机、台灯、光学放大镜、盲杖等辅助器具;允许听力残疾考生携带助听器、人工耳蜗等助听辅听设备;允许行动不便的残疾考生使用轮椅拐杖,有特殊需要的残疾考生可以自带特殊桌椅参加考试;设立单独标准化考场;适当延长考试时间;等等。这极大地解决了残疾学生参加高考的困难。2017年,在总结经验、征求各方意见基础上,教育部和中国残联对暂行规定进行了修订,共同颁布了《残疾人参加普通高等学校招生全国统一考试管理规定》。在2017年修订的《残疾人教育条例》第五十二条做出规定:"残疾人参加国家教育考试,需要提供必要支持条件和合理便利的,可以提出申请。教育考试机构、学校应当按照国家有关规定予以提供。"

三、教育经费支持和残疾学生资助政策方面

我国不断加大对残疾人教育的投入,不断完善大学生资助体系。2008年的《中共中央 国务院关于促进残疾人事业发展的意见》要求:"残疾人事业经费要列入各级财政预算,并随着国民经济发展和财政收入增长逐步增加,建立稳定的残疾人事业经费保障机制。"2017年的《残疾人教育条例》以法规的形式规定了对残疾人教育资金投入的保障,《残疾人教育条例》第四十八条规定:"各级人民政府应当按照有关规定安排残疾人教育经费,并将所需经费纳入本级政府预算。县级以上人民政府根据需要可以设立专项补助款,用于发展残疾人教育。地方各级人民政府用于义务教育的财政拨款和征收的教育费附加,应当有一定比例用于发展残疾儿童、少年义务教育。地方各级人民政府可以按照有关规定将依法征收的残疾人就业保障金用于特殊教育学校开展各种残疾人职业教育。"第五十一条规定:"招收残疾学生的学校对经济困难的

残疾学生,应当按照国家有关规定减免学费和其他费用,并按照国家资助政策优先给予补助。国家鼓励有条件的地方优先为经济困难的残疾学生提供免费的学前教育和高中教育,逐步实施残疾学生高中阶段免费教育。"

(1)在教育经费支持方面投入加大。一方面逐步提高国家财政性教育支出占国内生产总值的比例;另一方面国家为了促进残疾人教育事业发展,多次下拨特殊教育专项经费,如2014年《特殊教育提升计划(2014—2016年)》要求加大特殊教育经费投入力度,切实保障特殊教育学校正常运转,进一步提高残疾学生资助水平,完善非义务教育阶段残疾学生资助政策,积极推进高中阶段残疾学生免费教育。中央专项彩票公益金继续支持特殊教育发展。鼓励企事业单位、社会团体和公民个人捐资助学等。另外,中国残联等组织也积极开展扶残助学工作。"十五"期间,我国"扶残助学""彩票公益金助学"等项目共资助贫困残疾人近万人次,资助对象扩展到贫困残疾高中生和大学生等。

(2)对高校残疾大学生资助政策逐步形成体系。我国已形成了国家奖助学金(含国家奖学金,国家励志奖学金和国家助学金)、国家助学贷款、学费补偿、助学贷款代偿、勤工助学、校内奖学金、困难补助、伙食补贴、学费减免、"绿色通道"等多种形式并举的困难学生资助政策体系。健全的国家资助体系可以确保残疾人获得高等融合教育的机会。国家助学贷款是党中央、国务院在社会主义市场经济条件下,利用金融手段完善我国普通高校资助政策体系,加大对普通高校经济困难学生资助力度所采取的一项重大措施。2004年,《国务院办公厅转发教育部、财政部、人民银行、银监会关于进一步完善国家助学贷款工作若干意见的通知》中,明确了进一步改革国家助学贷款实施机制,建立和完善贷款偿还的风险防范与补偿机制。"绿色通道"制度即对被录取入学、经济困难的新生,一律先办理入学手续,然后再根据核实后的情况,分别采取措施予以资助。2005年,教育部下发《关于切实做好2005年高等学校新生入学"绿色通道"工作的紧急通知》,要求各公办普通高等学校必须认真执行"绿色通道"政策,对贫困学生一律先办理入学手续,确保贫困家庭学生顺利入学。为进一步完善国家奖学金和国家助学金制度,落实国家助学贷款政策，2007年，《国务院关于建立健全普通本科高校、高等职业学校和中等职业学校家庭困难学生资助政策体系的意见》发布，强调从2007年起，教育部直属师范院校招收师范生实行免费教育制度，各高校应从教育事业收入中足额提取一定比例的经费用于学费减免、国家助学贷款风险补偿、勤工助学、校内无息借款、校内奖助学金和特殊困难补助等。国家的助学政策对特殊困难群体给予特殊照顾。公办全日制普通高校中部分确因经济条件有限，缴纳学费有困难的学生，特别是其中的孤残学生、少数民族学生及烈士子女、优抚家庭子女等，实行减免学费政策。对于经济条件特别困难的学生免收全部学费，其他一般困难的学生适当减收部分学费。在同等条件下，接受高级中等以上教育的贫困残疾学生优先享受国家资助政策。2007年，教育部、财政部下发《高等学校勤工助学管理办法》，该办法于2018年修订，用以保障学生的合法权益，帮助家庭经济困难学生顺利完成学业，这些国家对高校贫困学生的资助政策，更加有利于支持残疾大学生完成学业，解决他们在学习和生活上的困难。

四、残疾学生融入大学校园支持方面

残疾学生接受高等融合教育需要融合的校园氛围和无障碍环境支持。国家的一系列对高等融合教育的支持政策使得高校师生接受残疾学生的态度已经由排斥逐步到能够接受，再到乐于接纳，对残疾学生在学校的学习、生活尽可能创造良好的支持氛围。在无障碍支持方面，国家制定的支持政策也在不断完善，有望在今后社会和校园的无障碍环境建设方面取得更大的突破。

2006年的《中国残疾人事业“十一五”发展纲要(2006年—2010年)》中，在信息化建设方面，提出了推广信息无障碍技术的应用的目标，并以“积极推动信息无障碍技术标准的制定，开展信息无障碍项目和产品的研发、推广和实效评估”的措施加以落实。2008年的《中共中央 国务院关于促进残疾人事业发展的意见》中，在改善对残疾人的服务一节的第十四条“加快无障碍建设和改造”中提出：“加快无障碍建设和改造。制定、完善并严格执行有关无障碍建设的法律法规、设计规范和行业标准。新建改建城市道路、建筑物等必须建设规范的无障碍设施，已经建成的要加快无障碍改造……加快推进与残疾人日常生活密切相关的住宅、社区、学校、福利机构、公共服务场所和设施的无障碍建设和改造……积极推进信息和交流无障碍，公共机构要提供语音、文字提示、盲文、手语等无障碍服务，影视作品和节目要加配字幕，网络、电子信息和通信产品要方便残疾人使用。”在第十五条“发展残疾人服务业”中提出：“鼓励和支持残疾人服务领域的科技研究、引进、应用和创新，提高信息化水平，扶持残疾人辅助技术和辅助器具研发、生产和推广，促进相关产业发展。”2012年我国颁布了《无障碍环境建设条例》，这为创造无障碍环境，保障残疾人、老年人等社会成员平等参与社会生活并融入社会生活、共享改革发展成果发挥了重要作用。2019年，《中国残联办公厅、教育部办公厅关于开展残疾大学生辅助器具适配助学行动的通知》发布，为各普通高等学校（包括专科、本科、研究生层次）新入学的、有辅助器具适配需求的残疾大学生适配辅助器具（包括轮椅、助行器、助听器、助视器、假肢矫形器等基本型辅助器具），以便利其在校学习和生活。2021年10月，全国人大常委会会议决定批准2013年6月28日由中华人民共和国代表在马拉喀什签署《关于为盲人、视力障碍者或其他印刷品阅读障碍者获得已出版作品提供便利的马拉喀什条约》（简称《马拉喀什条约》）。《马拉喀什条约》是世界上迄今为止第一部，也是唯一一部版权领域的人权条约。它的主要目标是创设一组有益于盲人、视力障碍者和其他印刷品阅读障碍者（视障者）的强制性限制与例外。该条约的批准有利于更好地保障我国广大阅读障碍者的文化权益，使其能够平等地欣赏作品、接受教育，推动文化成果普惠于民。这对盲人群体是一个福音，尤其有利于视力残疾人大学生的学习。2023年6月，全国人大常委会通过了《中华人民共和国无障碍环境建设法》，并向社会发布，于同年9月1日起实施。这部中国首次就无障碍环境建设制定的专门性法律共8章72条，全面系统地对无障碍环境建设的主要制度机制做出了规定，明确立法目的是“保障残疾人、老年人平等、充分、便捷地参与和融入社会生活，促进社会全体人员共享经济社会发展成果”。这将加快推进特殊教育机构、残疾人集中就业单位和残联系统服务设施等的无障碍环境建设和改造，进一步推进为残疾人考生参加各类考试提供合理便利，推进无障碍技术、产品和服务的研发应用等，讲好无障碍环境建设的中国故事。

五、残疾大学生毕业就业的政策支持

我国在“十五”期间（2001—2005）启动了《中华人民共和国残疾人保障法》修订和《残疾人就业条例》的制定工作，并分别在2008年和2007年发布。我国2007年颁布的《中华人民共和国就业促进法》也包含有“公平就业”专章和“就业援助”专章。这三部法律法规的实施，为我国残疾人就业提供了法治保障。《中华人民共和国就业促进法》在2015年进行了修订，其中第二十九条“国家保障残疾人的劳动权利”要求“各级人民政府应当对残疾人就业统筹规划，为残疾人创造就业条件。用人单位招用人员，不得歧视残疾人”。《残疾人就业条例》中规定“国家对残疾人就业实行集中就业与分散就业相结合的方针，促进残疾人就业。县级以上人民政府应当将残疾人就业纳入国民经济和社会发展规划，并制定优惠政策和具体扶持保护措施，为残疾人就业创造条件”“国家鼓励社会组织和个人通过多种渠道、多种形式，帮助、支持残疾人就业，鼓励残疾人通过应聘等多种形式就业。禁止在就业中歧视残疾人”“用人单位应当按照一定比例安排残疾人就业，并为其提供适当的工种、岗位。用人单位安排残疾人就业的比例不得低于本单位在职职工总数的1.5%。具体比例由省、自治区、直辖市人民政府根据本地区的实际情况规定”“用人单位安排残疾人就业达不到其所在地省、自治区、直辖市人民政府规定比例的，应当缴纳残疾人就业保障金。”该条例还要求做好就业服务：“各级人民政府和有关部门应当为就业困难的残疾人提供有针对性的就业援助服务。”“中国残疾人联合会及其地方残疾人就业服务机构应当免费提供下列服务：（一）发布残疾人就业信息；（二）组织开展残疾人职业培训；（三）为残疾人提供职业心理咨询、职业适应评估、职业康复训练、求职定向指导、职业介绍等服务；（四）为残疾人自主择业提供必要的帮助;(五)为用人单位安排残疾人就业提供必要的支持。”教育部每年下发《关于进一步做好全国普通高等学校毕业生就业工作的通知》,中国残疾人联合会同时下发《关于进一步做好高等学校残疾人毕业生就业工作的通知》,其中最有代表性的是2009年《人力资源社会保障部 教育部 财政部 中国残疾人联合会关于进一步做好高等学校残疾人毕业生就业工作的通知》提出三点要求,即“认真落实国家规定,确保高校残疾人毕业生享受相关政策”“积极采取针对性政策措施,促进高校残疾人毕业生就业”“建立密切合作关系,共同做好高校残疾人毕业生就业工作”。其中要求“对高校残疾人毕业生实施重点扶助。各地制定促进高校毕业生就业配套政策和具体实施办法,要充分考虑残疾人毕业生特殊困难,切实体现党和政府的特别关怀,给予适当倾斜照顾。在开拓就业渠道、落实就业政策、提供就业服务过程中,应本着优先、优惠、优质的原则,把高校残疾人毕业生作为就业困难人员,给予优先扶持,实施重点援助”“从2009年起,县级以上残联及直属单位新录用、聘用工作人员中,高校残疾人毕业生不得少于20%”“鼓励和引导高校残疾人毕业生到城乡基层就业。各地区、各有关部门开发的城市社区和农村基层社会管理和公共服务岗位,同等条件下,优先录用高校残疾人毕业生。各地要继续开发乡镇(街道)残疾人专干和社区残疾人专职委员等适合残疾人就业的岗位,优先招用高校残疾人毕业生就业。对符合公益性岗位就业条件并在公益性岗位就业的高校残疾人毕业生,按规定给予岗位补贴、社会保险补贴等”,“财政部门要通过就业专项资金、残疾人就业保障金等渠道,支持高校残疾人毕业生就业”“加强对高校残疾人毕业生的就业援助。各高校可根据实际情况对残疾人毕业生给予求职补贴”,“鼓励支持高校残疾人毕业生自主创业。高校残疾人毕业生有创业意愿并参加创业培训的,可按规定享受培训补贴。自主创业、从事个体经营、自愿组织起来就业并取得营业执照的,可按规定使用残疾人就业保障金扶持其集体从业、个体经营;针对盲人、聋人就业最难、最不稳定等现实状况,对这两类高校残疾人毕业生可适当提高扶持标准”等。2013年,《人力资源社会保障部 教育部 财政部关于做好高校毕业生求职补贴发放工作的通知》发布，求职补贴用以支持贫困学生，尤其是贫困残疾大学生就业。2015年，财政部、国家税务总局、中国残疾人联合会三部门联合发布《残疾人就业保障金征收使用管理办法》。2019年，由国家发展和改革委员会、财政部、民政部、人力资源社会保障部、国家税务总局、中国残疾人联合会六部门联合下发《关于完善残疾人就业保障金制度更好促进残疾人就业的总体方案》，要求按照稳定制度框架、优化征收结构、规范资金使用、健全激励约束的思路，以完善残保金征收使用管理制度为切入点，进一步提高残疾人就业能力和残疾人就业服务能力，积极拓展残疾人多元就业渠道，千方百计促进残疾人就业，推动残疾人更好融入社会，共建共享经济社会发展成果。这些残疾人就业政策的不断完善，为残疾人大学生就业提供了指引和保障。

第二节　为残疾学生提供合理便利条件

《教育部关于做好2014年普通高校招生工作的通知》附件“2014年普通高等学校招生工作规定”明确要求“各级考试机构要为残疾人平等报名参加考试提供便利”。为进一步规范残疾人参加普通高考提供合理便利服务，提高服务质量和水平，2015年教育部、中国残疾人联合会联合印发了《残疾人参加普通高等学校招生全国统一考试管理规定（暂行）》（教考试〔2015〕2号，以下简称《暂行规定》），残疾学生被普通高校录取的数量有较大幅度的提升。2017年修订的《残疾人教育条例》第五十二条规定：“残疾人参加国家教育考试，需要提供必要支持条件和合理便利的，可以提出申请。教育考试机构、学校应当按照国家有关规定予以提供。”2017年在《暂行规定》基础上修订完善形成的《残疾人参加普通高等学校招生全国统一考试管理规定》（教学〔2017〕4号）正式出台，为残疾人获得普通高考平等机会及合理便利提供了法律保障，其中第五条规定：“教育考试机构应在保证考试安全和考场秩序的前提下，根据残疾考生的残疾情况和需要以及各地实际，提供以下一种或几种必要条件和合理便利。

（一）为视力残疾考生提供现行盲文试卷、大字号试卷（含大字号答题卡）

或普通试卷。

(二)为听力残疾考生免除外语听力考试。

(三)允许视力残疾考生携带答题所需的盲文笔、盲文手写板、盲文作图工具、橡胶垫、无存储功能的盲文打字机、无存储功能的电子助视器、盲杖、台灯、光学放大镜等辅助器具或设备。

(四)允许听力残疾考生携带助听器、人工耳蜗等助听辅听设备。

(五)允许行动不便的残疾考生使用轮椅、助行器等,有特殊需要的残疾考生可以自带特殊桌椅参加考试。

(六)适当延长考试时间:使用盲文试卷的视力残疾考生的考试时间,在该科目规定考试总时长的基础上延长50%;使用大字号试卷或普通试卷的视力残疾考生、因脑瘫或其他疾病引起的上肢无法正常书写或无上肢考生等书写特别困难考生的考试时间,在该科目规定考试总时长的基础上延长30%。

(七)优先进入考点、考场。

(八)设立环境整洁安静、采光适宜、便于出入的单独标准化考场,配设单独的外语听力播放设备。

(九)考点、考场配备专门的工作人员(如引导辅助人员、手语翻译人员等)予以协助。

(十)考点、考场设置文字指示标识、交流板等。

(十一)考点提供能够完成考试所需、数量充足的盲文纸和普通白纸。

(十二)其他必要且能够提供的合理便利。"

第三节　扩大专业选择和个别化学习支持

一、扩大专业选择

在招生中,根据残疾学生的残疾特点考虑适当扩大专业选择的范围。根据就业情况、人才培养情况和办学条件进行招生专业的动态调整,根据个人意愿和综合考核情况,符合条件的残疾学生可"转专业"到喜欢的学院和专业学习。鼓励残疾学生修读双学位、第二专业和辅修专业，并提供便利条件。开展跨学院辅修、选修课程，同时提供大量高质量的网络课程，拓宽残疾学生的专业视野，并提供学习支持。

南京特殊教育师范学院从2017年开始通过残疾人单独招生考试形式招录轻度精神障碍（孤独症）本科考生，这是全国高校中首次有高校单独招收孤独症学生，为孤独症学生接受高等教育提供了渠道。2017—2023年，除了2021年没有招生外，学院每年招收1名孤独症学生，目前已经招收了6名孤独症学生。2017年招收的学生就读教育技术学专业，从2018年起招收的学生均就读计算机科学与技术专业。

二、提供个别化学习支持

践行残疾学生"一人一案"的个别化支持路径。学校给每个残疾学生建立档案，将学生基本信息、家庭状况、学业及个人发展等内容写入信息库。在开学初对残疾学生进行学情和适应性评估，了解他们的学习动机、兴趣、能力和需求特点，帮助他们适应校园环境。在学期中对残疾学生开展学习过程和学业成绩评估，了解他们的学习适应情况、学习困难及需求，帮助其安排相关部门和学院为其提供具体的支持，同时动态调整个别化支持计划以适应残疾学生的成长变化。注重加强与残疾学生的互动管理，与其家长定期沟通，了解学生的特殊需求，并及时反馈学生在校期间的生活及学习状况。

教学上根据社会需求修订完善融合教育相关专业的人才培养方案，按需设课，多元评价，持续改进，并且引入第二课堂，总体实现通识教育、专业培养、实践能力培养、基本素质培养全面发展。有的学校把"通用手语"纳入通识课教学体系，为推进学校融合教育工作营造良好氛围。通过对残疾学生的摸底评估和在教务系统中的有效标注，实现融合教育资源优化配置。在排课时，优先让有听障学生的教学班使用有助听设备的教室；优先将有肢体残疾学生的教学班安排在有无障碍设施的教学楼；及时将教学班含有融合教育学生的情况告知任课教师，同时提供教学支持。增添和升级科大讯飞"听见"设备，便于听障学生获取信息。完善视障资源制作室相关设备，便于视障教学资源的开发等。

教师在面向全体学生的同时要照顾到残疾学生的个别差异和特殊需要，因材施教。在教学中可以采用“一人一案”、个别辅导等方式。根据残疾学生的身体状况制订个性化课程培养方案，采用课程替代、单独开课等方式，最大限度地满足他们的学习需求。如听力残疾学生可以选修写作课代替口语课，肢体残疾学生可以选修体育保健课替代体育课，无法现场上课的学生可以选择网络单独授课或者慕课等，对于见习实习、考试考查等方面也可作出适应性调整。

第四节　多措施促进校园融入

一、开展多种活动加强思想共融

学校通过开展融合教育思想大讨论、融合教育工作研讨会和座谈会、高等融合教育理论与方法系列讲座、残疾学生身心特点与教学方法专题培训、手语和盲文培训等多种措施宣传和推广融合教育，有的学校还建设了“高等融合教育体验室”，购置了适合残疾大学生使用的阅读学习器具，虚拟仿真、3D打印等高科技设施和了解残疾特殊性的体验设施，便于师生了解残疾学生的特殊性，促进师生从思想意识上接纳残疾学生，也提高师生为残疾大学生提供支持的能力。

二、组织和鼓励残疾大学生参加校内外活动

引导残疾大学生参加健康向上的活动，培养业余爱好，发展个人特长，提升个人能力，学会与人交往，促进心理健康，增强集体荣誉感，形成正向价值观。特别是残疾学生与普通学生共同参加活动，既让普通学生适应残疾学生的存在，也让残疾学生习惯与普通学生共同生活和学习。同时，残疾学生也可以发挥个人所长服务师生、服务社会，获得极大的自信心和价值感。①团队活

动。组织残疾学生，甚至和普通学生一起参加学校的军训、运动会、文艺演出、艺术节、读书节、科技节、节假日纪念活动、春（秋）游等活动，树立团队意识，培养家校情怀。②社团活动。学生社团是校园文化的重要载体，是学校开展第二课堂的不可缺少的组成部分，是培养学生兴趣爱好、扩大求知领域、陶冶思想情操、展示个人才华的舞台。学校可以结合教师资源、学校资源、社会资源组织开设多种多样的，如文学社、手工社、书法社、读书社、科技社、话剧社、合唱团、钢琴社、心理社、英语社等社团。其中独具特色的针推社、手语社、残疾人大学生艺术团，充分发挥了视力残疾学生、听力残疾学生的个人专长。③展览活动。通过举办摄影、广告作品、写生、书法、剪纸、版画、陶艺及手工制作等展览活动，让残疾学生展示自我，彰显个人价值。④志愿服务。组织听力残疾学生志愿参加图书分类知识的学习，参加图书上架、图书馆环境美化等活动，培养集体合作精神，提高信息检索素养。组织视力残疾学生参加校内外志愿推拿服务等，提高实践能力。⑤竞赛活动。指导学生参加学科竞赛、专业竞赛工作或挑战杯、残疾人技能大赛等，以竞赛为抓手，提升残疾学生自信心，培养创新精神。⑥培训讲座活动。利用校内外师资资源，面向家庭经济困难的残疾学生，聘请教师开设书法、声乐、乐器、英语、计算机等方面的课程或讲座，培养兴趣、开阔视野、提升能力。有特长的残疾学生甚至可以作为培训教师给大家授课，家庭经济困难的残疾学生还可以作为助教提供有偿服务。⑦残疾学生自治组织。成立残疾学生自治组织，让残疾学生加入自我管理组织队伍，让残疾学生在院学生会、分团委团队中占有一定比例，在学生会副主席、学生会各部副部长中均设残疾学生；支持残疾学生建立自己的社团组织，互帮互助，交流学习。

三、对残疾大学生给予生活帮扶

财政部、教育部《中央专项彩票公益金教育助学项目资金管理办法》中的“滋蕙计划”教育助学项目，使用中央专项彩票公益金资助中西部地区每年通过高考、高职单招考入全日制普通高等院校（含高职）的家庭经济困难新生，一次性补助其从家庭所在地到被录取院校之间的交通费和入学后短期生活费。资助标准为：考入省（自治区、直辖市）内院校的新生500元/人，考入省（自治区、直辖市）外院校的新生1000元/人。[1]中国教育发展基金会发布的《2022年中央专项彩票公益金教育助学项目公告》显示，20000万元中央专项彩票公益金用于支持“滋蕙计划”，资助中西部22个省（自治区、直辖市）和新疆生产建设兵团普通高校家庭经济困难新生324351人。[2]“滋蕙计划”的实施有效带动社会各界捐资助学、参与教育发展，有效提高学生学习信心，鼓励其努力学习、成长成才。通过重点对中西部农村地区倾斜，该项目有效支持乡村振兴，促进教育公平和社会和谐。

各省市财政部门配合残联开展“扶残助学（大学生）圆梦工程”，对符合条件的在校残疾大学生和困难残疾人家庭子女大学生给予资助，帮助他们圆上大学梦。以山西省为例，2023年山西省政府将“扶残助学（大学生）圆梦工程”纳入12件民生实事之一，依据研究生6000元/（人·年）、本科生5000元/（人·年）、专科生4000元/（人·年）的标准，对符合条件的在校残疾人大学生和困难残疾人家庭子女大学生给予全程资助，最终资助了5806人，共发放资助资金2790.9万元，实现了“应资助尽资助”的目标。其中，专科生1680人、本科生3567人、研究生559人。[3]

学校将残疾学生纳入帮扶范围，广泛调查，了解学生需求，给予必要的帮扶。①创建志愿服务团队。以每个残疾学生为中心，设立由师生组成的志愿服务小组，根据残疾学生实际需要，解决行动支持、康复训练、学习辅助、人际提升、心灵陪伴、购置物品等各种生活问题。②残疾学生心理辅导。一些残疾

---

❶ 中华人民共和国财政部．财政部 教育部关于印发《中央专项彩票公益金教育助学项目资金管理办法》的通知［EB/OL］.（2022-09-16）［2023-08-31］. http://cq.mof.gov.cn/tztg2019/tongzhitonggao/202210/t20221024_3847530.htm.

❷ 中国教育发展基金会．2022年中央专项彩票公益金教育助学项目公告［EB/OL］.（2023-07-04）［2023-08-31］. https://www.cedf.org.cn/cedf/tzgg/202307/20230704/2293098312.html.

❸ 光明网．山西省2023年“扶残助学（大学生）圆梦工程”圆满完成［EB/OL］.（2023-08-21）［2023-08-31］. https://baijiahao.baidu.com/s?id=1774814323025722942&wfr=spider&for=pc.

学生由于身体障碍常伴有孤独、自卑、敏感、自尊心过强等心理问题。学校设立心理咨询中心，配备心理辅导教师，开设残疾学生心理辅导课程，为残疾学生进行心理疏导。③加大经济资助力度。如对残疾等级四级以上的残疾学生实施学费减免；把家庭经济困难的残疾学生纳入重点资助对象，除国家助学金外，还辅以暖冬助学金、冬衣补助等措施；为特别困难的残疾学生按月发放伙食补贴，补助学生生活；为学有余力的残疾学生提供助教、学生助理、社会兼职等勤工助学途径。

四、推进无障碍环境建设

中国残联办公厅印发的《"十四五"残疾人事业彩票公益金助学项目实施方案》旨在改善中高等特教院校办学条件，加强残疾学生实习实训基地建设，推进地方政府加大对中高等特殊教育的支持。主要包括购置教育教学设备及升级改造现有设备设施，购置教具、文体器材、图书资料，校园无障碍设施建设及改造等；购置实训基地设备、器材及升级改造现有设备，实习场地和无障碍设施建设及改造等。

2019年，中国残联办公厅、教育部办公厅联合发出了《关于开展残疾大学生辅助器具适配助学行动的通知》，为各普通高等学校（包括专科、本科、研究生层次）新入学的、有辅助器具适配需求的残疾人大学生免费适配轮椅、助行器、助听器、助视器、假肢矫形器等基本型辅助器具，以便利其在校学习和生活。普通高校于每学年开学后开展新入学残疾大学生情况调查，统计有辅助器具需求的残疾大学生信息，于每年10月30日前将相关信息上报残联。各省、自治区、直辖市残联和新疆生产建设兵团残联收到新入学残疾大学生辅助器具需求调查信息后一个月内，组织本地残疾人辅助器具服务中心等机构开展初始评估，制订适配服务工作方案。根据新入学残疾大学生本人意愿，依据本地政策规定免费提供基本辅助器具适配，超出免费保障标准的，由本人负担。提供残疾人辅助器具适配服务的机构负责持续跟踪残疾大学生辅助器具使用情况，并做好后续服务。

中国批准加入《马拉喀什条约》并于2022年5月5日在中国生效，不仅为视力残疾人在获取阅读资源方面提供了更多便利，也使得他们的受教育权也能得到更好的保障。条约将促进相关各方丰富为视力残疾人提供文化服务的手段和种类，盲文书和大字读物的出版品质和数量有望得到大幅度提升，电子书的转化和普及将得到有效的支持和保障，视力残疾群体将会获得更多高质量的正版电子资源，有声资源制作会更加规范便捷，普通高校中视力残疾学生的无障碍教材和教辅材料服务将得到及时满足和规范管理。视力残疾学生通过阅读可以学会生存技能，找到生活的意义，让其人生实现价值最大化。它会成为提升视力残疾人基础教育水平的"助推器"和"加油站"，未来会有更多视力残疾人得到更高层次的教育，甚至是高等教育。

学校根据实际情况和残疾学生的需要，聘请专业人士对校园现有设施、场所的无障碍情况进行评估，制订无障碍设施改造实施方案，有步骤、分阶段进行无障碍改造和设备配置更新，为残疾学生提供基本生活保障。如床铺设计、电气设计、桌椅柜摆放、卫生间设计等宿舍楼硬件设施改造，配置无障碍卫生间、残疾人专用马桶、扶手等；对肢体残疾生购餐窗口、就餐桌椅的改造；对校园主干道进行盲道、坡道补修改造；在操场、广场等公共场所设置无障碍通道、无障碍扶手、无障碍座椅，部分区域安装盲文标识和音响提示等。

学校对各类残疾学生常用网站、应用系统进行功能改造。如对学校主要网站及视觉障碍学生常用应用系统的主要功能点进行信息无障碍改造，包括学校主页、特殊教育学院网站、新闻网、教务处网站、教务系统成绩查询、教务系统学生评教、门户平台查询校园卡余额、门户平台查询个人图书借阅、财务系统网上缴费、财务系统医疗费报销等。视觉障碍学生可以更加便捷地获取信息、增进交流。同时，在学校内网部署语音服务器，学生不必安装读屏软件就可以直接使用"无障碍辅助浏览系统""无障碍通道"的语音功能。在网站部署网络无障碍辅助浏览脚本系统，为视力残疾学生提供更加完备的辅助浏览功能，如字体放大缩小、页面放大缩小、辅助线、色彩高对比度、放大镜、简繁转换、拼音标注、语音朗读等获取信息的功能。

在视力残疾学生的无障碍教学方面，部分学校提供了盲文刻印机、盲文制图机、明盲对照彩色打印机、盲用文档编辑软件、智能阅读机、高清台式电子助视器、便携式电子助视器等教育教学辅助设备，建造视力残疾大学生学业支持室，同时开展视力残疾学生课程与教学改革，并提供专业电子教材和盲文点字教材等，通常由学校的资源中心配合完成教材的制作工作。如北京联合大学特殊教育学院、南京特殊教育师范学院、长春大学特殊教育学院的无障碍教学资源支持都很值得参考。在听力残疾学生的无障碍教学方面，部分学校积极培养手语翻译人员，部分学校积极引进“讯飞听见智能语音课堂系统”，该系统能在课堂上将教师语音实时转换为文字信息并显示在投影屏幕上，课堂教学实现手语、语音口型、口语字幕、文字讲义多种形式的信息输入，使得学生接收信息更加高效。目前，北京联合大学特殊教育学院的8个教室、南京特殊教育师范学院的30个教室都使用了该系统。现代化的信息技术设备营造了无障碍教学环境，消除了听力残疾学生的学习障碍，对听力残疾学生的无障碍教学起到了积极的作用。

第五节　残疾大学生就业支持

随着时代发展，残疾大学生就业从安置保障型就业转向多元化就业，残疾大学生就业以提升自身专业技能和融入社会能力为目的，更加关注兴趣与发展、专业对口度等，利用多渠道就业。其中，互联网就业带来前所未有的机遇，残疾大学生就业趋于自主化。

国家机关、社会团体、企业事业单位、民办非企业单位应当按照规定的比例安排残疾人就业，并为其选择适当的工种和岗位。达不到规定比例的，按照国家有关规定履行保障残疾人就业义务。党政机关、事业单位及国有企业应率先垂范招录和安置残疾人就业，非定向招录（聘）计划和招考招聘公告中除特殊职位、岗位外，不得设置限制残疾人报考的资格条件，面向残疾人的定向招录可以给予适当放宽开考比例、年龄、户籍等倾斜政策。2022年3月开通的全国残疾人按比例就业系统已实现全国统一标准接入国家政务服务平台，实现残疾人就业审核信息全国联网，杜绝多地重复安排就业、多月交错安排就业、就业信息不对称等情况，加大监管力度。国家完善残疾人就业保障金制度，残保金优先用于保障残疾人就业，加大对用人单位安排残疾人就业的激励力度，支持残疾人自主就业创业，提升残疾人职业培训质量。用人单位安排残疾人就业人数按月计算，用人单位需要按月安置残疾人就业，并保证按月足额支付工资，足额缴纳社保及申报个税，才能减免企业全年残保金。对于用人单位未按规定缴纳残保金，在责令限期缴纳后仍不缴纳的，除补缴欠缴数额外，要加收滞纳金。

国家出台了一系列促进高校毕业生就业创业的政策措施，如职业培训补贴和职业技能鉴定补贴政策、社会保险补贴政策、一次性创业补贴政策、就业见习补贴政策、一次性求职创业补贴政策、创业担保贷款及贴息政策、税收优惠政策、学费补偿和助学贷款代偿政策，提供不断线就业服务。为了加大残疾人就业创业扶持力度，各省区市根据国家出台的政策，结合本地区经济发展及人才供给需求，成立就业服务机构，出台就业岗位补贴、超比例安置残疾人奖励、辅助性就业机构补贴、灵活就业残疾人社保补贴和自主创业补贴等相关政策，全面支持大学生就业。如天津市自首次签订合同起3年内，每人每月发放1200元就业岗位补贴；浙江省用人单位每超额安排1名残疾人，给予不低于当地4个月最低工资的超比例安置残疾人奖励；武汉市通过考核评估的残疾人辅助性就业机构，每安置1名符合条件的残疾人就业每年可获得1.2万元补贴；河北省给予不超过3年的社会保险补贴；武汉市给予一次性自主创业补贴1万元等。❶❷

中国残疾人联合会将高校残疾人毕业生就业工作作为2023年的重点工作，推出就业指导、岗位开发、“一对一”精准服务等一系列举措。如国家大学生就业服务平台、中国残疾人就业创业网络服务平台等推出了“面向2023年

---

❶ 凌亢. 中国残疾人事业发展报告（2022）［M］. 北京：社会科学文献出版社，2022：143-145.

❷ 武汉市残疾人联合会. 关于加大扶持力度促进残疾人就业创业高质量发展的通知［EB/OL］.（2021-12-09）［2023-08-31］. http://www.whdpf.org.cn/zwgk/wjfb/202112/t20211228_1883466.shtml.

高校残疾人毕业生网络招聘活动”专题页面，可供残疾人大学生浏览查询、投递简历和应聘工作，不少岗位都专门标注了“仅供残疾毕业生”。2023年上半年，中国残疾人联合会将所有在校残疾人大学生信息导入残疾人就业与职业培训信息管理系统。各地根据工作实际，为在校残疾人大学生提供职业能力评估、职业培训、实习见习、职业指导等就业服务，帮助残疾人大学生树立正确择业观、就业观，提升职业技能，增加实习和就业机会。

高等融合教育院校为了残疾大学生顺利就业，采取多种措施加强就业转衔服务，积极推进残疾大学生就业。在教学引导阶段，通过就业评估了解学生的职业兴趣、能力、技能和价值观，帮助学生合理确立职业发展目标；同时重视学生在职业认知、态度、心理及社会交往等方面能力的提升。在转衔准备阶段，通过参观考察、岗位调研、见习实习等方式，引导学生对职业环境、内容、要求等方面的认知，协助学生积极做好就业准备。在就业安置阶段，学校需扮演好“中间人”的角色，在学生进入就业岗位初期提供持续的支持，帮助学生适应新岗位、新环境。①进行职业生涯教育、就业指导，实施就业帮扶。为残疾学生开设生涯教育课程、就业指导课程，编制残疾大学生职业指导手册。针对残疾学生就业难的问题，设立“一对一”就业指导和帮扶方案，从残疾学生入校开始实施“一对一”的职业生涯指导。对毕业残疾学生建立毕业生台账，统计毕业生就业意愿，实施就业帮扶。②鼓励创新创业活动，加强校内实践场所和校外实习/实训基地的建设，搭建从学校到社会转衔平台。③联合社会各界力量，拓宽残疾学生就业渠道。学校依靠人力资源社会保障部门、中国残疾人联合会、校内外专家、企业等各方力量，每年召开残疾学生专场招聘会，搭建满足残疾学生多元化就业需求的合作支持平台，为残疾学生提供就业咨询、岗位推介等。针对残疾学生的个人状况和就业需求，提供针对性的就业信息，各系主任、专业负责人、辅导员、班主任和教师一起为残疾学生寻求就业途径。

社会各界高度关注残疾大学生就业。根据《中国残疾人事业发展报告(2022)》所列调研数据，在参与调研的企业中，有71.02%的企业已安置残疾人就业，在28.98%未安置残疾人就业的企业中，55.42%的企业表明有安置残疾人就业的意愿。[1]

政府主导，部门合作，高校联动，社会参与的残疾大学生就业支持体系形成并逐步完善。

第六节　提供高等融合教育的资源支持

资源支持是融合教育支持体系的重要组成部分，是融合教育得以顺利进行的重要保障。高校通过建立融合教育资源中心为残疾学生提供资源支持，残疾人教育教师还面向残疾人开发了云教材、在线名师课堂等高等教育优质教学资源。

一、建立融合教育资源中心

国内单考单招残疾学生的高等教育院校基本都建有校级资源中心，主要为残疾学生提供学习上的支持与帮助，为深入开展高等融合教育研究提供技术支持和实践环境，对高等融合教育学生的学习情况进行全程跟踪与评估。融合教育试点高校也建立了高等融合教育资源中心，并且随着科技的进步在不断发展完善。

长春大学视障资源中心成立于2004年9月，由国际视障教育协会香港盲人辅导会提供赞助，填补了本领域空白。中心主要任务是人才培养、社会服务、融合教育、科学研究、为视障学生提供学习资源的技术支持与实践环境，制作语音教材、盲文教材、盲文资料、盲文试卷、大字试卷等，并对视力残疾大学生的学习情况进行全程跟踪。中心现有资源服务支持设备总价395万元，服务范围除本省外已扩展至黑龙江、甘肃、辽宁等省。[2]2017年8月，长春大学被确定为残疾人高等融合教育试点院校。中心率先在我国开展了视障大学生

---

❶ 凌亢．中国残疾人事业发展报告(2022)[M]．北京：社会科学文献出版社，2022：145.

❷ 长春大学．长春大学视障资源中心简介[EB/OL]．(2023-08-31)[2023-08-31]．https://cdtjxy.ccu.edu.cn/xssz/tjzyzx1/zyzxjj.htm.

本科融合教育模式的研究与实践，确立了“环境共享、残健共融、随班就读、自主辅修”的融合教育培养模式，实现了我国残疾人高等特殊教育事业新的突破与创新。

北京联合大学特殊教育资源中心成立于2005年11月，是北京市唯一的高等特殊教育资源中心，是集支持、评估、培训和科研于一体的跨学科、多功能的从事特殊教育研究与服务的专业机构。中心以“整合资源、多元支持、融合发展、服务社会”为宗旨，为特殊教育事业的开展、研究提供专业的支持和帮助。资源中心的职能在于为政府部门提供前瞻性的决策咨询服务，为各级各类特殊教育学校、机构、残疾学生及其家长提供优质的专业指导与咨询服务，为各级各类招生考试、社会活动等提供盲文、手语翻译及培训服务。资源中心拥有一支国内领先的盲文、手语及特殊教育研究团队，是国家社科基金重大项目的承担单位，是北京市重点建设学科“特殊教育学——残疾人语言与沟通方向”建设基地。资源中心建有手语培训室、个别辅导室、视觉功能评估室、盲文制作室、辅具适配室、首席专家工作室、言语评估室、言语语言个训室，面向视力残疾、听力残疾和肢体残疾学生提供辅助器具购置与借用、盲文教材制作、教具开发与使用、课程资源建设、特殊教育教学技能培训等服务。

其他融合教育试点高校的资源中心还有南京特殊教育师范学院的融合教育资源中心、武汉理工大学的高等融合教育资源中心、四川大学的融合教育资源支持中心等。这些中心秉持为残疾学生服务的理念，积极探索融合教育培养方案，全方位服务残疾学生的学习和生活，形成集图书资料、教辅工具、康复器材、学习用具及辅助技术为一体的资源支持平台。中心为残疾学生提供咨询、评估（身体/心理/学业等）、学业追踪、学习资源转换（盲文转换/视频转换/手语翻译等）、定向行走训练、学习辅助器具配置、考试便利支持、康复训练支持等服务。中心积极参与校园无障碍环境建设，增购残疾人辅助器具，建设金盲杖空间、手语实验室、无障碍设计与辅具体验室等，还计划申请更多融合教育建设专项经费，开发建设融合教育类的智慧教室、智慧考场等。

上海市特殊教育资源中心由上海市教委和华东师范大学共建，成立于

2009年11月，华东师范大学教育学部特殊教育系负责中心的规划建设和日常管理。它是全国首家集咨询、研究、评估、服务于一体的跨学科、多功能地从事特殊研究与服务的专业机构。中心以"整合资源、搭建平台、提供支持、服务社会"为宗旨，职能是为更好地整合特殊教育资源搭建平台，为政府部门提供前瞻性的决策咨询服务，为各级各类特殊教育学校、特殊教育康复指导中心等相关机构和残疾儿童及其家长提供优质的专业指导与咨询服务，从而进一步研究与解决特殊教育发展中的新问题，创新特殊教育支持服务与保障体系，提升特殊教育的现代化与国际化水平。

《"十四五"特殊教育发展提升行动计划》中指出"大力推进国家、省、市、县、校五级特殊教育资源中心建设。依托高校和科研机构建设若干个国家级特殊教育资源中心，依托现有特殊教育资源加快建设省、市、县级特殊教育资源中心，鼓励依托设在乡镇（街道）的小学和初中因地制宜建设特殊教育资源中心，逐步实现各级特殊教育资源中心全覆盖"。高等融合教育的顺利开展也离不开高等融合教育资源中心提供的资源支持和技术服务，目前已经建立的多是校级资源中心，而且各校资源中心建设各自为政，缺乏一体化支持体系建设的构想，若向基础教育五级资源中心建设模式看齐，则短期内难以实现，任重而道远。鉴于现阶段残疾大学生进入高校人数不多，每所大学都设立资源中心难度较大，建议依托单考单招残疾大学生院校，以省为单位建立高等融合教育资源中心，对于没有单考单招残疾大学生院校的省份，考虑在残疾大学生人数达到一定数量的学校建立高等融合教育资源中心，以此保障和支持本校、本省区域内高等融合教育的顺利开展。

二、面向残疾人开发高等教育优质教学资源

听力残疾人和视力残疾人在获取信息方面具有局限性和特殊性，过去由于技术手段存在瓶颈和缺乏经费，残疾人高等教育质量的提高一直是难以突破的问题。近年来，随着信息技术突飞猛进，国家更加重视提高残疾人教育教学水平。近几年受到新冠疫情的影响，传统课堂也受到前所未有的挑战，授课

形式、课程内容的多样化创新成为新时代教学改革必须面对的问题。融合高等教育学校应与时俱进,面向残疾人积极开发优质高等教育教学资源。

1. 云教材建设

北京联合大学特殊教育学院自2019年开始持续推动云教材建设。云教材可同时面向残疾学生(视力残疾学生或听力残疾学生)和普通学生,为残疾大学生提供了更丰富的无障碍资源,帮助他们更好地进行无障碍学习,对高等融合教育有着重要意义。

云教材(又称为移动交互式数字教材)作为一种富媒体、立体交互、学习行为跟踪的智能教学内容,它集成了富媒体数字出版、移动学习、云服务和大数据四大领域的前沿技术,依据学习者情景化、动态化、形象化的学习需求,将传统教材内容进行富媒体编排设计和交互设计,面向智能手机、平板电脑进行全新设计呈现,为学习者提供丰富的、可扩展的、精致化的、社交化的全新学习体验。目前,北京联合大学特殊教育学院已经建设完成11本云教材,比较突出的有针灸推拿学专业教师开发的面向视力残疾学生的《经络腧穴学》云教材(现已被评为北京市优质教材)、视觉传达设计专业教师开发的面向听力残疾学生的《视觉传达设计史》和《设计方法》云教材、计算机科学与技术专业教师开发的面向听力残疾学生的《JavaWeb编程技术》和《计算机英语》云教材。

这些云教材因所面向的残疾学生类别和课程所在学科专业特点而各具特色。《经络腧穴学》云教材充分考虑了视力残疾学生的无障碍学习需求。如更侧重于设计搭载语音功能,录制大量音频多媒体素材,让全盲学生也可以便捷高效地无障碍使用;设计图片画廊,让低视力学生不需要助视器具辅助也可以根据自身阅读需求随意放大字号、图片,实现个性化轻松阅读。另外4本云教材充分考虑了听力残疾学生的无障碍学习需求。如在录制的教学短视频中配有字幕和手语翻译,其中英语类云教材还设计了有字幕和无字幕两个版本的短视频;设计类云教材使用大量高清图片并编写图片的文字说明,针对课程所涉及的重要设计专业用语设计了手语GIF图,帮助教师和学生统一手语的打法;英语类云教材界面设计了柔和舒适的背景色以减少强光对眼睛的刺激,增加文字与背景的对比度以方便阅读，针对听力残疾学生较难掌握音标、音节概念，对单词采用的词根词缀联想记忆方式给出解释，要求输入的练习可以选择文字或者录音进行答题。教师们在进行云教材建设时还考虑到如下几个方面：①分层教学，对教材进行重构，让不同层次的学生选择适合自己的学习内容，设计定制扩展阅读，提供深度学习的便捷途径；②设计多样化交互学习、交互测试、交互游戏内容，让自主学习更轻松有趣；③对学生学习行为的智能跟踪和学习成效评价。

通过云教材建设，教师们也积累了丰富的教材改革和教材建设的经验，云教材作为无障碍教材的一种表现形式，为高等融合教育的人才培养提供了助力。

2. 在线名师课堂建设

为了让融合高等教育学校中的残疾学生能享受到更多优质的教育教学资源，在中央电化教育馆的指导下，在中国高等教育学会特殊教育研究分会的帮助下，由天津理工大学牵头，联合北京联合大学、长春大学、郑州师范学院、绥化学院共同发起面向残疾人高等教育的在线名师课堂建设共同体，2021年5月，共同体在天津理工大学举行项目论证会，开启了面向残疾人高等教育的在线名师课堂的建设与应用模式的探索。项目以共同体各成员单位中的各级各类教学名师为基础，建成初具规模的面向残疾人高等教育的名师课堂研修共同体，发挥名师名课示范效应，探索以网络环境下教研活动的新形态，以优秀教师带动普通教师水平提升，使名师资源得到更大范围共享。

共同体成员单位利用信息技术手段，加强各成员单位联系，积极与不同在线开放课程平台联系，探索建设并成功应用11门高水平的适合残疾人高等教育的在线开放课程：天津理工大学的“大学英语（手语版）”“计算机网络原理”“漫画艺术欣赏与创作”，北京联合大学的“心手相连：盲文与手语的别样魅力”“设计方法——构成”“计算思维”“特殊儿童运动康复”，长春大学的“手中乾坤——小儿推拿”，郑州师范学院的“特殊儿童发展与学习”“国家通用手语”，绥化学院的“中国手语”。这些课程分散在智慧树、超星、学堂在线、中国大学MOOC网、教育部高等教育智慧教育平台、学习强国、学银在线等多个平台，面向全国残疾大学生免费开放，不少非共同体成员单位的同类型学校也积极联系并将在线开放课程纳入自身课程培养体系中。

大多数课程都考虑了听力残疾学生特点在讲解中增加了字幕；发布到智慧树网站上的课程在每章结束后都有平时测试，学生可以做完题目后线上提交作业。其中，天津理工大学的“大学英语（手语版）”和北京联合大学的“设计方法——构成”课程特色突出。“大学英语（手语版）”课程是一门面向听力残疾学生的外语类小众在线开放课程，发布在智慧树网上，公众可以自由学习，并被其他高校使用。在课程视频中，主讲教师一边在放慢语速讲解一边打手语，将复杂的句子结构数字化，增加了讲解沟通的便利，同时增加的字幕让手语讲解内容更精准，大大减少了授课内容的理解偏差。课程推荐有利英语拓展学习的资源或网站，如*China Daily*，既能扩大词汇量，又能获取实时信息，了解中国和世界发展中出现的新变化、新技术，既做到了学以致用，又是课程思政的有力补充。截至2022年秋季学期，该课程已经在智慧树网站运行5个学期，选课人数300余人，该校多名听力残疾学生通过了大学英语四、六级考试。“设计方法——构成”课程是一门面向听力残疾学生和普通学生的设计类在线开放课程，发布在中国大学MOOC网上，向公众开放选课，并被其他高校使用。课程视频配有字幕和手语翻译视窗，同样通过讲解、手语、字幕三者结合，保证课程信息的准确传递。课程的每个知识点为“导入—提取—重构—案例”的结构，学生在接收抽象知识时能够快速理解并灵活应用。课程教学设计中考虑融入思政元素，素材中使用大量优秀听力残疾学生作品，树立榜样精神，激励学生自强不息；加强美育教育，在案例中考虑人文、环境、资源因素，树立正确的伦理观。该课程在中国大学MOOC网上线后，选课人数已过万，教学评价高达4.9分（满分5分），该课程教学案例荣获2021年北京市学校美育改革创新优秀案例三等奖，本校多名听力残疾学生参加“全国大学生广告艺术大赛”，成绩斐然。

以信息化教学平台为载体的名师在线开放课程让残疾学生突破时空局限

随时随地进行学习，让特殊教育惠及更多残疾人，使特殊教育更加人性化、教育资源更加泛在化、教育模式更加普适化。通过线上、线下混合式教学，利用教学名师丰富的教学经验，深入浅出地对底子相对薄弱、理解相对困难的听力残疾学生开展高等教育教学，使针对残疾学生的优势教育手段和教育模式变得轻松有效。

第七节　拓宽残疾人接受高等教育的路径

如前所述，目前我国残疾人除了通过单考单招形式进入普通高等学校中独立设置的残疾人教育院校（系）就读，或者通过全国普通高校入学考试形式进入普通高校进行高等融合教育外，还可以通过参加成人高考、高等教育自学考试以及开放大学远程教育等方式接受高等教育。

由于我国高等融合教育起步较晚，很多普通高校的校园无障碍环境建设水平尚不能满足对残疾学生在校学习和生活所需的必要支持，尤其是对中重度视力残疾和听力残疾学生、重度肢体残疾的残疾人。残疾学生由于身体条件所限和校园支持条件的不足，在学习上存在一定的困难，与普通学生一样参加高考，其进入普通高校学习的竞争力较弱。而我国残疾人高等教育院校（系）招生数量有限且区域分布不均衡，因此，残疾人接受高等教育的需求还不能得到满足。国家举办的成人高考、高等教育自学考试以及远程高等教育为希望接受高等教育的残疾人提供了第三种路径。

国家出台的《第二期特殊教育提升计划（2017—2020年）》《“十四五”特殊教育发展提升行动计划》中都提出“支持普通高校、开放大学、成人高校等面向残疾人开展继续教育”；《“十四五”特殊教育发展提升行动计划》还提出通过这些就学方式“畅通和完善残疾人终身学习通道”，这为残疾人高等教育的发展指明了方向，对于全面提高残疾人素质，从根本上改善残疾人参与社会、融入社会的能力具有重要意义。随着现代网络远程教育技术的推广，残疾人远程教育形式得到更为广泛的接受，它拓宽了残疾人接受高等教育的就学途径，为畅通和完善残疾人终身学习通道提供了广阔的前景。

一、开放大学开设的专业和学生的选择范围

从广义上讲，开放教育是人人享有终身接受教育的权利，不仅意味着对教育对象的开放，更重要的是教育观念、教育资源和教育过程的开放；从狭义上讲，开放教育是国家开放大学实行的现代远程教育。邓小平同志于1978年亲自倡导并批示创办了中央广播电视大学（2012年6月更名为国家开放大学）。2010年7月《国家中长期教育改革和发展规划纲要（2010—2020年）》提出“健全宽进严出的学习制度，办好开放大学”，2010年10月《国务院办公厅关于开展国家教育体制改革试点的通知》明确北京市、上海市、江苏省、广东省、云南省和中央广播电视大学开展“探索开放大学建设模式”试点，拉开了广播电视大学战略转型的序幕。2020年8月教育部印发《国家开放大学综合改革方案》，明确要求把国家开放大学建成我国终身教育的主要平台、在线教育的主要平台、灵活教育的平台、对外合作的平台（四大平台），向全民提供终身教育及服务，促进“人人皆学、处处能学、时时可学”。开放教育包括学历教育和非学历教育，主要采用非全日制教育形式，实行注册入学、完全学分制，在教育部指导下自主开展专科、本科学历继续教育。学习形式采用线上线下融合（面授辅导与网上教学、集体指导与个别指导、个性化自主学习与小组协作学习相结合）开展教学，以适应学员学习的需要。

作为中央广播电视大学（现国家开放大学）的直属二级学院，中央广播电视大学残疾人教育学院于2002年11月成立，2012年12月正式更名为国家开放大学残疾人教育学院，目前有30个教学点，分布在全国各地，开创了电大和残疾人联合会合作的“双系统”办学模式。设在各地的教学点不仅弥补了许多城市没有或远离残疾人高等教育院校的不足，其中一些教学点还成为当地重要的残疾人培训基地。该学院自主建设了能够适应听力残疾人和视力残疾人学习就业的广告学、社会工作、法学3个本科专业，同时开设有数字媒体艺术设计、社会工作、法律事务3个专科专业。学生免试入学，宽进严出，学籍8年有效。开放教育试点教学模式采用“学导结合教学模式”，学生主要利用学校指定的网络课程和文字教材等多种媒体资源进行学习，利用论坛、网上直播和

视频系统等网络交互手段与同学、教师进行学习交流，也可以根据教学安排到学习中心参加集中面授学习或参加小组学习。学院依据特殊教育的缺陷补偿原则，根据专业课程体系和残疾人学习需求，结合不同类型残疾学生的特点，建设了一大批适合残疾学生的网络学习资源（如网络教学课件、手语教学视频），还开创了残疾人专属的网络学习平台“阳光学习网”，整合了特别为视力残疾人设计和开发的数字化学习和测评系统，解决了残疾人教育中难以顾及听力残疾人和视力残疾人的问题。目前已有上万名毕业生活跃在各行各业，成为我国残疾人事业的骨干力量。多年来逐渐构建起的比较完整的残疾人远程教育体系，为全民学习、终身学习的学习型社会提供了支撑。

二、成人高校开设的专业和学生的选择范围

作为中国高等教育体系的一个重要组成部分，很多普通高等教育院校开设了成人高等教育。经教育部审定核准举办的成人高等学校教育类型有远程教育学院、广播电视大学、职工大学、业余大学、职工医学院、管理干部学院、教育学院、普通高校的成人（继续）教育学院（统称成人高校），实行全国统一招生。成人高等教育学生仅通过参加成人高考并取得学习资格，不包括自学考试和网络教育两种类型。成人高等学历教育分为专科起点本科（简称专升本）、高中起点本科（简称高起本）和专科（简称高起专）三种，学习形式分脱产、业余、函授三种。

2002年4月，北京联合大学特殊教育学院向北京教育考试院提出《关于尽快实施成人高考对残疾人实行单考单招政策的请示》，经北京教育考试院向教育部请示，北京残疾人联合会为保障残疾人受教育的权利提出可纳入成人高等教育单考单招范围的建议，教育部于8月20日下发了《关于同意北京联合大学特殊教育学院成人教育为残疾人举行单独考试的函》（教学司〔2002〕48号），9月3日北京教育考试院发布了《关于转发教育部〈关于同意北京联合大学特殊教育学院成人教育为残疾人举行单独考试的函〉的通知》（京考成招〔2002〕24号），从而确立了北京市成人高考面向残疾人单考单招的政策。

北京联合大学特殊教育学院从2003年开始以单考单招形式面向生活可以自理的听力残疾人、视力残疾人、肢体残疾人招生。招生分为两个专业层次：一是高中起点升专科（高起专），二是专科起点升本科（专升本）。这两个层次的学习形式均为业余，每周部分时间集中授课，其余时间自主网络学习。这种线下面授和线上网络远程教育相结合的方式，为残疾人利用业余时间接受高等教育提供了灵活的就学方式。2003年共开设了针灸推拿学（专升本）、服装设计（专升本）、艺术设计（专升本）、服装设计（专科）、音乐学（专科）、钢琴调律（专科）、计算机应用（专科）专业；还分别于2005年、2006年、2010年增设了其他专业，至2013年保留了针灸推拿学（本科）、针灸推拿（专科）专业。2018年北京联合大学特殊教育学院的成人教育工作并入北京联合大学继续教育学院。2003—2021学年共录取残疾学生3927人。[1]

三、自学考试

高等教育自学考试（简称“自学考试”）从1981年开始试行。国务院颁布的《高等教育自学考试暂行条例》（1988年发布，2014年修订）以行政法规形式确定自学考试是“个人自学、社会助学和国家考试相结合的高等教育形式”，它通过国家考试促进广泛的个人自学和社会助学活动，推进在职专业教育和大学后继续教育，造就和选拔德才兼备的专门人才。《中华人民共和国高等教育法》（1998年通过）规定“国家实行高等教育自学考试制度”，以法律形式确定自学考试是我国高等教育的基本制度之一。自学考试制度是世界上规模最大的、最能体现终身教育理念和学习型社会特点的开放式高等教育制度，它以国家考试为主导，以个人自主学习为基础，有广泛的社会教育资源参与助学活动，是富有中国特色的没有围墙的大学，是自学成才的摇篮。

自学考试学习方式灵活，实行宽进严出、教考分离。采用学分累计的方式逐步完成学业，学习者完成专业考试计划规定的全部课程并取得合格成绩，完

---

[1] 麻一青，李珍. 北京市残疾人高等继续教育20年成果回顾与展望[J]. 科技资讯，2023，21(3)：184-188，205.

成毕业论文或其他教学实践任务，思想品德鉴定合格者准予毕业取得相应毕业证书，国家承认其学历；符合学位条件的自学考试本科毕业生，由有学位授予权的主考学校依照有关规定，授予学士学位。

开放大学、成人高校、自学考试部分使用了远程教育方式进行在线学习，较大限度地避开了身体和生理缺陷给残疾人带来的制约，适合残疾人的生理、心理和学习特点，为残疾人提供了比较灵活、便利地接受高等教育及终身学习的机会，是建设学习型社会的必然趋势。目前世界各地的大专院校提供了越来越多的远程教育网，吸收了以前很多没有条件入学的残疾人接受各种教育，残疾人可以自由选择国内外的网络大学，利用网络优势进行学习和交流。美国犹他州州长迈克尔·莱维特(Michael Leavitt)说："远程教育并不是取代现有的高教体系，它是一个新的组成部分，它是一种补充，它是创造新的选择和新的机遇的一种方式，这是世界未来要采取的工作方式。"

第九章

高等融合教育的价值评价

教育是有价值的，教育价值就是教育这一活动及其结果对教育主体需要的满足程度。它反映了作为客体的教育现象之属性与作为社会实践主体的人的需要之间的一种特定关系。那么，高等融合教育的价值是什么呢？它是高等融合教育满足残疾大学生的个体需要的一种特定关系，其价值主要体现为人文价值和经济价值。

第一节　高等融合教育的人文价值

近年来，我国发展高等融合教育得到高度重视，国家组织实施了两期特殊教育提升计划，特殊教育普及水平、保障条件和教育质量得到显著提升。为贯彻《“十三五 ”加快残疾人小康进程规划纲要》，实现逐步建立和完善残疾人高等融合教育政策措施的目标，中国残疾人联合会在2017年组织开展了高等融合教育试点工作。针对教育领域存在的发展不平衡不充分等问题，教育部等七部委联合制定了《“十四五”特殊教育发展提升行动计划》，其中要求全面贯彻党的教育方针，落实立德树人根本任务，遵循特殊教育规律，以适宜融合为目标，按照拓展学段服务、推进融合教育、提升支撑能力的基本思路，加快健全特殊教育体系，不断完善特殊教育保障机制，全面提高特殊教育质量，促进残疾儿童青少年自尊、自信、自强、自立，实现最大限度的发展，切实增强残疾儿童青少年家庭福祉，努力使残疾儿童青少年成长为国家有用之才。实现教育公平原则下的教育效果最大化，使残疾学生获得适合自身发展的教育，发挥自身潜能、增长知识和技能、完善人格品质，使他们能够平等地参与社会生活和政治生活、成为对社会有用的人。

我们可以从下面四个高等融合教育的典型事例中体会高等融合教育赋予的人文价值。

事例 1　2021 年度感动中国年度人物、清华生命科学学院博士生江梦南，在她半岁时，药物导致其极重度神经性耳聋，失去了听力。而由于听力的丧失，也可能会使其失去说话的能力。为了让江梦南更好地融入社会，父母执着地教她学会发音和唇语,教育小梦南与其怨天尤人,不如付出自己最大的努力去克服困难。而江梦南也非常有毅力,多年来,她克服了失聪带来的重重阻碍,不轻言放弃,以超越常人的毅力努力前行。在无声的世界里她通过海量的重复与练习,学会了说话和读唇语。能够开口说话让她能够与人正常进行交流,她在普通学校就读小学、初中和高中,由于不能全程看到老师讲课时的嘴型,江梦南在课下看板书和自学,付出了比同学多出几倍的努力。2011年,江梦南高中毕业,考入吉林大学药学院,完成本科及硕士学业,学习期间,她连续获校级奖学金、白求恩医学奖奖学金等,还获得自强自立大学生标兵、优秀大学毕业生等荣誉称号。2018年,她考入清华生命科学学院攻读博士,主攻肿瘤免疫和机器学习,立志去攻克生命科学领域的难关,造福社会。2020年,她当选为清华大学学生无障碍发展研究协会第五任会长,作为核心成员之一起草并发布《做"无障碍天下"使者倡议》。担任会长期间,她一刻也不停歇,组织参加无障碍论坛,举办无障碍理念体验活动,致力于向社会公众和校内外师生普及无障碍理念,推动校园无障碍环境建设。值得注意的是,在江梦南成长的过程中,她所就读的学校、老师和同学们给予她很多的关爱和帮助。在初中学习阶段,班主任给她安排最靠前的座位,这样可以让她清楚地看到老师的口型,其他老师上课也会在走动时尽量在江梦南的视线范围之内,注意不要无意识地用书捂住嘴。中考时,在英语口试中,学校为她设立了只有她一个人的爱心考室。在高中学习阶段,老师们对她自强不息的精神给予赞誉,激励和帮助她更好地完成学业。江梦南的清华大学同学评价她像向日葵。她的自强不息、乐观进取、崇德向善、努力拼搏的精神感染了身边的人。江梦南不认为自己听不见就是一个弱者,而是坚信自己能够做得很好,同时,她也经常跟别人说:"千万不要因为我听不见就放低对我的要求和标准。我可能取得了一点点较小的成绩,我怕他们会因为我听不见,而觉得我取得的这个成绩特别大,放大好几倍。我不太希望他们这样,我更希望他们以一个健全人的标准要求我。"

事例2 北京联合大学特殊教育学院姚登峰教授,在他一岁多时因感冒引发肺炎，药物导致其双耳极重度耳聋，五岁前都不能开口说话。父母辗转多地求医，在医生毫无办法的情况下，母亲用爱的声音呼唤他，以顽强的毅力、惊人的耐心教他发音说话，不管是赤日炎炎的夏日，还是滴水成冰的寒冬，从不间断。通过漫长的语言康复训练，他终于学会了普通话和唇语，走出了无声世界。为了让他能够适应今后的生活，从上小学起，母亲就请求老师不要给他特别关照，让他从小在一个真实的环境中磨炼。姚登峰一直在普通学校就读，以优异成绩完成了本、硕、博各阶段学业。1998年高考时，因耳聋原因被重点大学退档，后来辗转被湖北民族学院计算机科学与技术专业录取；2003年顺利考取北京大学软件工程专业硕士研究生；2012年顺利考取清华大学语言学专业博士研究生。2006年硕士毕业后，他放弃高薪诱惑，来到北京联合大学做残疾人教育教师，经过多年努力，他成为一名优秀的大学教师，并在2023年晋升教授。他在2022年获得北京榜样、北京自强模范、首都精神文明建设奖等多项殊荣，成为残疾人界的传奇人物，成为新时代共产党员的典范。他和母亲合著有《登峰，从无声世界走来的清华博士》畅销书，记述了他身残志坚、不懈奋斗的成长历程，很多残疾人备受激励。他和母亲也通过各种途径为残疾人进行义务解答和帮助，提供咨询的次数无法统计。在北京新冠疫情期间，他主动请缨，积极投身全员核酸检测工作，还以志愿者身份帮助W3C组织、中国残疾人联合会等单位制定了信息无障碍标准。他的勇毅与担当，让更多残疾学生受到鼓舞、得到力量，让更多残疾人和家庭感受到了党的温暖。十七余年来他扎根在首都残疾人高等教育一线，不仅承担起传道、授业、解惑的重任，还用汗水和智慧去呵护残疾学生，帮助他们克服身体残疾所带来的困难，同普通人一样学习和生活。他在教学上获得了教育部-IBM精品课程、精品教材等荣誉，所带班级获评北京市“我的班级我的家”十佳班集体，指导的学生多次获得国家、省部级竞赛一等奖，在教学和科研工作中作出了卓著的业绩。他将自己对党的热爱传递给学生，通过各种形式，逐步树立起学生的自信心和自强不息的精神。他以其人格魅力感染着学生，成为学生成长和求知路上可信赖的良师益友。他的理想是让残疾人接收信息无障碍，因此他一直致力于手语计算的研究,而且填补了信息无障碍领域的部分空白。他主持了多个国家级和省部级课题,在国际信息无障碍领域顶级期刊和顶级会议发表了信息无障碍论文,并在多年的实践中探索使用信息无障碍来解决听力残疾学生教学中的难题,获得了北京市教学成果奖。他的成果不仅在学术界得到了认可,也产生了较大的社会效益,为首都信息技术发展做出了贡献。姚登峰说:“是人世间的爱改变了我的命运!感恩——报效祖国和社会,成为我生命中不断进取的力量泉源!我进行‘无障碍研究’的初衷,是希望利用先进的科学技术更好地帮助残疾人,这也是我克服各种困难和挫折的无穷动力。‘无障碍研究’是行为语言计算领域的难题,我最终在帮助别人的过程中,成就了自己的精彩人生。”

事例3 2022年考取武汉理工大学博士研究生的黄莺,她曾是全国第一位被重点大学录取的参加普通高考的盲人学生。黄莺两岁那年的一次高烧,致其视网膜色素变性,双眼只剩下光感。她作为盲童,小学和中学的学习是在特殊教育学校完成的。2014年6月7日,中华人民共和国第一份盲文高考试卷面世,盲人考生首次使用盲文试卷参加普通高考。获知这一消息的黄莺非常兴奋,因为她不想像以前的全盲学长那样局限于学习按摩专业,而是希望选择适合自己的专业。她克服困难,像普通学生一样参加了全国普通高考。进入大学后,随着学习条件的改善,黄莺更加用心读书。课堂上她虽然看不到,但她能把听到的都记下来,课后复习巩固。另外,大多数课程都可以通过电脑的电子版教材来进行阅读,她也会把老师讲课的PPT拿回寝室,然后转化成Word文档,用读屏软件听。学校很关心她的学习生活,给她安排了两名研究生学姐,在课下口述为她讲解,她再用盲文演算做题,形成了自己独特的“口述—盲文记录—盲文学习—盲文解题—口述”学习模式。黄莺在本科学习期间多次获得国家励志奖学金、校卓越奖学金、校三好学生等荣誉与奖励。2019年,黄莺以综合测评专业第二的成绩获得了研究生保送资格,顺利保研到武汉理工大学政治学专业攻读硕士学位。虽然眼盲,她却依然参加志愿服务活动。她创办了“盲着看看”公众号,分享自己作为残疾人在高校的学习生活经验,为盲人学生提供盲文辅导与求学建议，她还为中途失明的学生提供心理疏导所需要的资源链接。在她的影响下，湖北、辽宁等地一些视力残疾学生也都毅然走上高考之路，并取得了优异成绩。黄莺的事迹还影响着身边的老师同学，她的同学评价她："她真的是'除了看不见，什么都可以做'。"她的这种挑战自己的精神，给了周边人支持和力量。老师在她面临人生选择的十字路口，也会给予她指导和支持。在黄莺思考是选择就业还是继续深造博士时，她的老师给予她有益的指导和充分的信任，使她敢于面对新的挑战。

事例4　2021年考入北京航空航天大学工科实验班的邢益凡，是一位自幼身患渐冻症的残疾学生，他18岁时，体重只有18公斤。多年来，他不畏渐冻症带给他的对生命失去掌控的恐惧，努力把握好现在，凭借着超强实力和韧劲，以优异的成绩考入初中、高中，进而以645分的成绩考入北京航空航天大学，立志要成为中国的"霍金"，造福人类。他的成长过程也是被爱和理解所环绕，学习是他最快乐的事情，社会并没有因为残疾而剥夺他的受教育权利，校园的大门是向他敞开的。接触同学，成为邢益凡最开心的事情；学习知识、迎接挑战，成为邢益凡最有成就感的时刻。小学六年的时间，他的班主任每天都会抱着只有10公斤的邢益凡上下楼，不让他缺一节课，还会在课下及时赶来，把他撒尿。邢益凡读初中时身体状况更加糟糕，由于体重的增加，邢益凡无法长时间坐着，一节课45分钟，他常常是坐着听30分钟躺着听15分钟，否则身体就会遭受巨大的疼痛。但是邢益凡以顽强的精神支撑自己，他的班主任也从来都用与普通学生一样的标准要求他，用这种方式来帮助邢益凡激发动力，找到自我的价值。读高中时，邢益凡的双手更加无力，连翻书的动作都无法轻易完成，颈部肌肉的退化让他无法轻松转动脑袋，只能将下巴支在桌子上看书。虽然眼珠可以灵活转动，但是由于视野受限，无法看全卷子上所有内容。高中题量大，要时刻翻阅试卷，这对邢益凡来说很难，他尽量在看第一遍时就记住内容，避免来回翻看。邢益凡个人的自强不息和身边人的鼓励成就了他的梦想，他想去北航上大学，父亲就在北航的招生见面会上为优秀的儿子争取机会。当邢益凡父亲将资料递交给北航招生办的老师，并详细介绍儿子的病情和学习情况后，招生老师的回答特别暖心："最难的事情你们已经做完了，剩下的事情就交给我们了。"学校在了解到情况后，也与一直为邢益凡提供帮助的北大医院神经肌肉病多学科诊疗熊晖教授团队取得联系，来自多个科室的专家从专业角度为邢益凡展开联合义诊，全面评估其身体状况，为他在大学的学习、生活、行动等提供力所能及的帮助。针对邢益凡的特殊情况，学校还安排了线上线下两种上课方式来适应他的身体状况。

与上述的四位励志的残疾大学生一样，越来越多的残疾学生走进了普通大学接受教育，通过自身努力和环境支持，成就了多彩的人生。我们可以从中看出高等融合教育的人文价值主要体现在以下几个方面。

第一，保证残疾人的高等教育受教育权，实现教育公平。

高等融合教育的发展状况是展示一个国家社会经济和文化发展水平、教育公正乃至社会公正的重要窗口。残疾人从被歧视到被理解，从被排斥到被接纳，经历了一个社会文化不断进步的过程。随着残疾观的不断演进，社会对残疾人的态度也从出自人道主义的同情和关怀转向尊重残疾人的公民地位与权利、关注残疾人融入社会、实现自我价值。高等融合教育打破了隔离式的残疾人教育的封闭状态，让残疾人获得平等的高等教育受教育权，它能够最大限度地满足残疾学生的教育需要，契合了后现代主义的多元、平等、自由的民主文化精神。残疾学生在普通高校学习，可以获得适合自身发展的教育，发挥自身潜能、增长知识和技能、完善人格品质，这为他们今后能平等地参与社会生活和政治生活、成为对社会有用的人奠定了基础。

第二，倡导接纳与包容，反对歧视和排斥，形成融合社会。

在我国融合教育的推进过程中，人们对于融合教育的认识逐渐提升，各级学校不再把接收残疾学生入学视为一种负担，将残疾学生拒之门外，而是把它当成一种社会责任，以包容的胸怀接纳残疾学生，并以积极的态度为他们营造健康成长的环境，在校园中逐步形成了支持残疾学生的氛围。老师们始终给予残疾学生一种平等的关怀，用与普通学生一样的标准要求残疾学生，激励他们找到自我价值。残疾学生在普通学校与普通学生共同学习和生活，有利于在残疾人学生和普通学生之间建立起互动、合作、包容、理解的关系，形成残健融合的氛围，使残疾学生可以正视自身的缺陷，学会面对挑战，在与普通学生的交往中获得同伴的帮助、学会与他人相处的经验。普通学生也能从中理解特殊人群和普通人群的个性差异，并正确认识这种差异，减少对残疾人的偏见和排斥，并从残疾学生的自强自立中获得朋辈教育和激励。

第三，用教育塑造残疾学生的完备人格，实现自我价值。

教育作为一种培养人的活动，其价值在于赋予人以价值生活之能力，要求把人放在最重要的位置上，尊重人的生命价值、生存尊严和理想追求，给人以一种普遍的人类自我关怀和完美人格的自我塑造。残疾学生接受适合的高等教育，共享社会发展成果，可以使他们过上有尊严、有价值的生活。高校应承担起社会责任，在残疾学生培养过程中，教师要尊重残疾学生的身心特点和个体差异，遵从“有教无类”“因材施教”的学生观和教学观，积极回应残疾学生的诉求，为他们的学习提供必要的支持与保障，使他们获得有质量的教育，成为对社会有用的人。

第二节　高等融合教育的经济价值

从残疾人教育的发展历史来看，举办残疾人教育的初衷带有浓厚的人道主义色彩，主要是以对残疾人的慈善、怜悯和救济为出发点的。随着残疾观的转变，人们开始从人力资本理论的视角来分析残疾人教育的另外一种价值——经济价值。国家发展残疾人高等教育是需要投入资金的，残疾人自身接受高等教育也是有成本的，因此这里就有一个成本与收益比问题。社会上也有一些人认为投资残疾人教育的经费太多，太浪费了，得到的回报根本无法与付出相比。实际并非如此。

美国著名经济学家西奥多·舒尔茨（T. W. Schultz）在1960年的《人力资本投资》（*Investment in Human Capital*）演说中首次系统地阐述了人力资本理论的核心思想。人力资本理论的主要观点是，通过对人进行投资，可以改善人的能力和素质，提高人的生产率。人力资本是经济增长的重要因素，与非人力资本

(物质资本)具有同样重要的作用。在人力资本理论提出以前,经济学家们将大部分的注意力放在物质资本上,而忽视了人力资本创造的价值。人力资本的投资形式包括学校教育、医疗和保健、在职人员培训、成人学习项目和就业机会迁移等,其中教育是人力资本投资的主要方式,是一种能为社会和个人发展带来经济效益的投资行为,教育投资的收益率高于其他物质资本投资的收益率。

接受高等教育的残疾人是社会人力资源的组成部分,高等融合教育使残疾人接受高等教育的机会和质量都得到了提升,从而使这种教育投资在实现社会效益的同时,也可以带来社会和个人发展的经济效益。1994年联合国教科文组织主持召开的特殊教育世界工作大会工作文件指出:"无论是发展中国家还是发达国家的经验都证明:残疾人有可能成为社会中有劳动能力的成员。如果从毕生发展的观点看问题,即使对那些有明显残疾或学习障碍者,教育也是一项有积极意义的投资。"如果我们只是从慈善的角度看待残疾人,那就需要通过社会救济对残疾人进行大量的直接经济补贴,这势必对国家、家庭造成很大的经济负担,不利于残疾人融入社会和实现自身价值,会对许多家庭造成沉重的心理压力,使其失去幸福生活的希望。

目前,全世界残疾人口占全球人口总数的15%。我国残疾人总数为8502万人,占全国人口总数的5.89%。相当于近17人中就会有一个残疾人,如果按照每个家庭有4人来估算,相当于每4.25个家庭就有1个残疾人。残疾人中重度残疾人有2518万人;中度和轻度残疾人有5984万人,分别占残疾人总数的29.6%和70.4%。[1]残疾儿童中的重度残疾儿童、中度和轻度残疾儿童的占比,我们也按此进行估算。如果对于轻度残疾儿童,能够通过教育去开发他们的潜能,让他们和普通儿童一样掌握知识,学到生存的技能,他们能成为自食其力的劳动者,同时还可为社会做出贡献。而中度和重度的残疾儿童在接受适当的教育与训练以后,也有可能做到生活自理,从而减少抚养和照顾他们的经

❶ 中国残疾人联合会. 2010年末全国残疾人总数及各类、不同残疾等级人数[EB/OL]. (2021-02-20)[2023-08-31]. https://www.cdpf.org.cn/zwgk/zccx/cjrgk/15e9ac67d7124f3fb4a23b7e2ac739aa.htm.

费，有助于减轻家庭和社会的沉重负担。如果残疾人能够接受高等教育，虽然投入的资金相对较大，但这种资本的投入是会有回报的，它会使受教育者的潜能获得有效开发，将原本是"社会负担"的残疾人开发成为人力资源，使残疾人不但可以自食其力，而且可以成为社会所需要的人才，为国家的经济发展和社会进步奉献自己的智慧和力量，创造更多的财富。

残疾人接受教育的回报率计算，我们借鉴学者陈云英所归纳的估算方法，结合当前国家对残疾人的补贴政策等因素，粗略估算如下。

一、残疾儿童接受义务教育与不接受教育相比

中国残疾人联合会委托北京大学人口研究所编写的《中国残疾人退休年龄政策研究中期报告》显示，残疾人整体预计寿命为56.9岁[1]，我们按平均寿命为57年计算。参照2022年9月全国城乡最低生活保障平均标准，假定残疾人平均所需的生活费为7087元/年，参照中等城市护理费标准，假定完全不能自理的残疾人一年所需护理费为4000元/月×12月=48000元，则残疾人一年平均所需的基本费用如下：

轻度残疾人：生活费7087元/年。

中度残疾人：生活费7087元/年；护理费（半自理）24000元/年。

重度残疾人：生活费7087元/年；护理费48000元/年。

以下估算各种教育情况下的成年残疾人每人每年所需基本费用。

（1）若残疾儿童未接受教育，则会导致该群体成年后无法就业或低就业率、低收入。一名成年残疾人每年所需基本费用按最低生活保障费用计算如下：

轻度残疾人每年基本费用=生活费（7087元/年）=7087元/年；

中度残疾人每年基本费用=生活费（7087元/年）+护理费（24000元/年）=31087元/年；

[1] 搜狐网．残疾人有望提前退休，中国残联领导已经开展专项调研[EB/OL]．(2017-06-08)[2023-08-31]．https://www.sohu.com/a/147190573_654067.

重度残疾人每年基本费用=生活费(7087元/年)+护理费(48000元/年)=55087元/年。

这些费用均是家庭供养成本或社会福利成本。

(2)若残疾儿童在6~14岁接受九年义务教育,假定教育费为1000元/年,在残疾儿童18岁成年后,教育带来的经济回报额可以估算为:

对于轻度残疾人:成年后基本上可以做到自食其力,可以节省下因其未受教育而需家庭供养的基本费用成本或社会福利成本(即生活费)。教育带来的经济回报额(一人一生):

生活费(7087元/年)×(57年-18年)-教育费(1000元/年×9年)=267393元

对于中度残疾人:可以通过学习,掌握一定的技能和康复知识,改善生活状态,达到半独立生活。一般可以省去中度残疾人护理费。教育带来的经济回报额(一人一生):

护理费(24000元/年)×(57年-18年)-教育费(1000元/年×9年)=927000元

对于重度残疾人:可以通过学习,可以改善生活状态,一般可以省去重度残疾人护理费的一半。

护理费(48000元/年)/2×(57年-18年)-教育费(1000元/年×9年)=927000元

可见发展残疾人教育可以减轻残疾人家庭的养育负担和社会福利成本,同样也具有可观的经济效益。

二、接受高中教育和高等教育与不接受此类教育相比

如若残疾儿童在接受了义务教育后继续接受更高层级的教育,残疾高中生已经免费,残疾大学生由于有奖助学金、扶残助学圆梦工程等经济资助也基本不用自己出学费。尽管接受中高等教育会使残疾儿童推迟就业年龄,但是他们毕业后的就业状况会得到很大改善,收入水平也会大幅提升,特别是接受过高等教育的残疾人,他们的平均收入远高于只有中学文化水平的残疾人。有很多出色的残疾大学毕业生的工作和收入并不比普通人差,有的甚至成为社会精英。残疾人教育给残疾人带来个人利益的同时,也减轻了家庭和社会

的负担。残疾人不完全是靠资助生存,他们同样能为社会做出贡献。残疾大学生工作后除了给个人带来经济收益之外,还会带来非经济收益,如工作能力增强、工作条件改善、福利增加、生活质量提高、择业机会增大、社会地位提升、获得社会影响力等。残疾人在社会生活各方面均处于劣势,接受高等教育是残疾人改变生活、实现自我的最佳途径。

第十章

启示与借鉴

我国高等融合教育已经有了长足的发展，近年来国家大力提倡发展高等融合教育，使得残疾学生进入普通高校学习的人数不断提升。我国高等融合教育在不断的实践探索中积累了一定的实践经验、奠定了基础，高等融合教育支持保障体系也在逐渐完善。我国残疾人高等融合教育目前存在的问题有：①国家的支持保障制度体系还不够健全；②缺少国家层面可供指导实践的标准或指南；③高中到大学的转衔服务质量不高，且高等教育前各学段学生流失率高；④残疾学生高考入学考试制度需要改进；⑤高等学校的无障碍建设和支持服务还不完善。

借鉴发达国家的高等融合教育的经验，并结合我国的实际情况，提出以下建议。

一、完善我国高等融合教育的系统化支持保障政策

我国高等融合教育的发展逐步得到了重视。从发达国家的高等融合教育发展历程我们可以看到，必须通过系统的立法才能强有力地推进高等融合教育的发展。从我国的残疾人教育立法来看，从20世纪80年代我国高等教育开始起步至今，我国相继出台了多个保障残疾人权益的法律法规，政策保障的范围逐步扩大，其中残疾人高等教育的政策法规涉及规划、保障、招生、体检、考试、就业、无障碍环境建设等方面。2008年，我国对原有的《中华人民共和国残疾人保障法》进行了修订，对残疾人的康复、教育、劳动就业、文化生活、社会保障、无障碍环境和法律责任做了较为全面的规定；2010年发布了《国家中长期教育改革和发展规划纲要（2010—2020年）》，提出要“重视发展残疾人高等教育”；2014年发布了《特殊教育提升计划（2014—2016年）》，提出要“加快发展残疾人高等教育”，各级政府落实中央的决策部署，认真加以实施，残疾人受教育机会不断扩大，普及水平明显提高，财政投入大幅增长，教育质量得到提升。2017年进一步修订了《残疾人教育条例》，为落实《国家教育事业发展“十三五”规划》《“十三五”加快残疾人小康进程规划纲要》，制定了《第二期

特殊教育提升计划(2017—2020年)》,进一步提升残疾人受教育水平,推进教育公平。2021年发布了《"十四五"特殊教育发展提升行动计划》,推进融合教育,稳步发展高等特殊教育,加快健全特殊教育体系,全面提高特殊教育质量。可见,我国越来越重视残疾人高等教育,相关法律法规也逐步完善并形成体系,经费投入也逐年加大。

但从我们对发达国家和地区的立法历程的梳理和立法内容的分析中,可以看到,发达国家对于残疾人教育权保障的立法都比较系统和完善,都有专门保障残疾人受教育权的立法。如美国逐步完善的《所有残疾儿童教育法》(1975年)、《残疾人教育法》(1990年)及其《残疾人教育法修正案》(1997年)、《残疾人教育促进法》(2004年);英国有《特殊教育需要及残疾法》和《特殊教育需要及残疾实施章程:0~25岁》;澳大利亚有《高等教育支持法案2003》和配套的《残疾人教育标准》等。这些法案涉及残疾人高等教育的方方面面,主要包括营造保障残疾学生公平入学的政策环境、保障残疾人高等教育的经费投入、为残疾学生入学考试及学习生活提供合理便利条件、对残疾学生大学录取采取特殊政策、对残疾学生的学业实行资助政策、提升中小学残疾人教育质量、对残疾人就业提供支持和职业发展规划、进行校园无障碍环境建设与辅助科技服务等。

我国目前已有的保障残疾学生接受高等教育的内容主要分散在《中华人民共和国宪法》和《中华人民共和国高等教育法》等普通教育法文件中,这些法律法规涉及内容虽比较全面,但倡导性条款多,可操作性强的实施细则和保障依法落实的规定少。2017年修订的《残疾人教育条例》中规定的条款涉及面较宽,但它只是一个专项行政法规,立法层次较低,效力不及法律。因此,建议国家能够尽快制定出台独立的特殊教育法,对残疾人的受教育权加以保障。要从残疾人高等教育院校合理布局建设、对接纳残疾人的高等教育院校的财政支持政策、对残疾人接受高等教育的招生录取补偿政策、残疾人高等教育与各教育阶段的有机衔接政策、残疾大学生资助政策、残疾大学生就业安置支持和奖励政策、校园无障碍环境建设标准及长效监督机制等方面加以统筹规划和支持，形成具有有机联系的残疾人入学机会政策保障体系。完善相关的实施细则，通过强制性法律法规，保障残疾人接受高等教育的机会。

二、出台国家层面的高等融合教育实践指南

国家通过制定法律法规来保障残疾人接受高等教育的机会，促进公民接受融合教育理念。发达国家在推进融合教育的进程中，除了制定基本法，还制定了融合教育的相关工作要求和实践指南，使得参与融合教育的各种角色都能明确自己的责任和义务，有可以参照执行的标准。

英国教育部和医疗部联合发布的2015年《特殊教育需要及残疾实施章程：0~25岁》为英国的学校、教师及专业人员提供行动指南，对需求评估流程、制订计划书、特殊学校或机构的认可、确保相关需求落实的责任以及经费预算、25岁之后的计划、计划书的反思、重新评估、服务终止与变更等相关细节方面进行了具体规定。英国所有大学和高等教育机构都有专人主管残疾人教育，提供包括课程咨询、资金援助等在内的各种支持服务。指南不仅成为高校实施、调整融合教育的指导原则，更成为英国高等融合教育残疾学生支持体系的核心，以法律的形式确保了残疾学生在接受高等教育过程中的平等地位。美国根据修订的《高等教育法》从1999年到2010年从国家层面实施了“确保残疾学生获得优质高等教育的示范项目”，旨在支持创新、有效和高效的教学方法和其他项目策略的发展，提高高等教育教师和管理人员与残疾学生合作的技能和能力，该项目允许的活动包括但不限于在职培训、专业发展、研讨会、暑期学院、远程学习、技术培训以及与残疾学生相关的综合研究。示范项目提供的资助为残疾大学生的成功做出了贡献。通过开发和完善专业发展机会和资源，全国各地的教师和管理人员更好地配备了必要的技能和支持，提高了残疾学生的高等教育机会和质量。示范项目资助的每个项目都确定了残疾大学生在追求学业目标时可能遇到的具体障碍，对这些障碍进行了评估，并传播了帮助教师和管理人员克服这些障碍的材料。

我国上海市残疾人联合会自2010年起，依托设在华东师范大学的上海市

特殊教育资源中心，组建残疾人高等融合教育支持服务团队，开展上海市高等融合教育支持服务研究，在学业与就业方面为残疾大学生提供免费、持续的资源支持与专业服务。该项目开展了以高等融合教育支持服务系列方案研制为重点的资源建设，研制出《上海市高等院校融合教育推进方案》《大学融合教育办公室服务内容与流程》，编写了《高等融合教育手册》（学校版、学生版）、《残疾大学生个别化学业支持计划书》（含操作手册）、《残疾大学生个别化就业支持计划书》（含操作手册）。《上海市高等院校融合教育推进方案》立足我国高等教育实际，充分考虑支持服务的执行难度与运行成本，可操作性强；《大学融合教育办公室服务内容与流程》为残疾大学生和高校申请与实施支持服务提供可直接使用的具体方案；《高等融合教育手册》（学校版）帮助高校教师及非残疾大学生了解残疾学生在学习、生活、就业中的一些特殊需要，并提供一些建议，为学校建立残疾学生支持服务机制提供一些线索；《高等融合教育手册》（学生版）使残疾学生和家长更好地了解自己的权利与责任，合理利用学校提供的支持服务；《残疾大学生个别化学业支持计划书》和《残疾大学生个别化就业支持计划书》系统地帮助残疾大学生确定学业/就业支持服务需求。这些指南为上海普通高校实施残疾人高等融合教育支持服务做了现阶段的专业准备，提供了可参考的执行标准。

对比发达国家，我国有待出台国家层面的高等融合教育实践指南，自上而下，为高等教育院校教师和行政管理人员提供规范程序和操作指导，提高融合高等教育的机会和质量。上海市高等融合教育支持服务研究的资源建设结果更有待于总结经验，持续改进，并在其他省市乃至全国普通高校推广。

三、增强转衔服务，降低高等教育前各学段学生流失率

笔者曾主持/参与“残疾人高等教育入学机会的保障体系研究”课题，该课题组的问卷调查中对残疾学生在填报高考志愿时对目标高校以及专业、校园学习和生活便利程度、就业去向等的了解、了解高校招考信息的途径等调查结果表明，残疾学生在填报高考志愿时对可就读的高校数量了解很有限，不论是

来自普通学校还是特殊教育学校，大部分学生了解的可选择高校数量为1~2所，了解6所及以上高校的学生非常少（未超过5%）。学生了解高校招考信息的主要途径是高校招生咨询、高校宣传材料、家人朋友推荐，所在中学推介的比例不高，访谈中学生也反映获得高等院校信息的渠道较少，缺乏对高校的全面了解。有关所在高中阶段学校的老师是否为学生制订个性化教育计划并实施方面的调查显示，仅有60%左右的学生回答“是”，可见，高中阶段学校为残疾学生制订个别化教育计划及实施还不够充分。

从前面我们对发达国家的残疾人高等教育入学机会保障的对比研究中可以看到，发达国家对转衔服务非常重视。如美国《残疾人教育法》要求为14岁以上残疾学生制订个别化转衔计划，提供转衔服务。美国还制定了《残疾学生向高等教育的过渡：高中教育者指南》，希望高中教育工作者从多方面鼓励残疾学生，以确保残疾学生拥有在高等教育中取得成功所需的自我倡导水平。我国高中阶段学校的转衔服务不理想是造成学段转换时学生流失的重要影响因素。残疾学生如果得不到学校和社会的适宜、持续和强有力的支持服务，转段过渡很难完成。我们应借鉴发达国家转衔服务的经验，对残疾学生的转衔教育要从残疾学生普遍接受基础教育开始抓起，保证残疾学生的基础教育质量，使更多的残疾学生能够有机会接受高中教育，这样才能有更多的残疾学生可以通过努力继续接受高等教育。要做好高中到大学的转衔服务，必须加强转衔服务的配合和合作，有针对性地进行个别化辅导，高中阶段学校要加大对高校招考信息的宣传，让更多学生了解可就读高校和专业。通过建立残疾学生高考信息网络平台，提供高考问题解答等服务；要加强高中阶段学校与高校的联系，请更多高校来学校宣传相关招生信息并为残疾学生答疑。教师要鼓励残疾学生自强自立，了解因残疾导致的功能限制并能向学校和残联、政府等机构工作人员解释自己的残疾，提前学会时间管理、计算机技能以使为进入大学生活做好准备。

另外值得关注的是高等教育前各学段学生流失率高的问题。残疾人接受高质量的义务教育和高中阶段教育是其能够进入高校学习的前提，没有义务教育和高中阶段的高入学率和较高的教育质量，残疾人接受高等教育就无从谈起。《2014年度全国残疾人状况及小康进程监测报告》数据显示，2014年度，全国6岁至14岁残疾儿童接受义务教育的比例为71.2%[1]，这一数据远低于普通儿童的义务教育入学率（接近100%），还有28.8%的学龄残疾儿童没有接受义务教育。表10-1的数据显示了2011年小学入学的残疾学生到2017年初中入学时的流失情况，总流失率为15.6%，其中听力残疾学生流失率最高（30.2%），智力残疾学生次之（15.9%）。表10-2的数据显示了从2013年初中入学到2016年高一入学时残疾学生的流失情况，总流失率很高，为73.8%，其中智力残疾及其他残疾（除听力残疾和视力残疾以外）学生流失最多，流失率达85.3%，视力残疾学生次之，为68.0%。义务教育入学率低和高中入学时残疾学生的大量流失，是导致残疾人高等教育入学机会偏低的重要原因。

表10-1　小学入学到初中入学的残疾学生流失情况

<table>
<tr><th colspan="2">2011年小学一年级学生数/人</th><th colspan="4">2017年初一学生数/人</th><th>流失学生数/人</th><th>流失率/%</th></tr>
<tr><td>视力残疾</td><td>4228</td><td colspan="2">视力残疾</td><td colspan="2">3968</td><td>260</td><td>6.1</td></tr>
<tr><td>听力残疾</td><td>12680</td><td colspan="2">听力残疾</td><td colspan="2">8854</td><td>3826</td><td>30.2</td></tr>
<tr><td>智力残疾</td><td>24911</td><td colspan="2">智力残疾</td><td colspan="2">20943</td><td>3968</td><td>15.9</td></tr>
<tr><td rowspan="4">其他残疾</td><td rowspan="4">14362</td><td rowspan="4">其他</td><td>肢体残疾</td><td>1384</td><td rowspan="4">13670</td><td rowspan="4">692</td><td rowspan="4">4.8</td></tr>
<tr><td>言语残疾</td><td>9759</td></tr>
<tr><td>精神残疾</td><td>896</td></tr>
<tr><td>多重残疾</td><td>1631</td></tr>
<tr><td>合计</td><td>56181</td><td colspan="2">合计</td><td colspan="2">47435</td><td>8746</td><td>15.6</td></tr>
</table>

数据来源：根据教育部网站2011年全国教育统计数据中的特殊教育基本情况表（http://www.moe.gov.cn/jyb_sjzl/moe_560/s7382/201305/t20130529_152497.html）、教育部网站2017年全国教育统计数据中的特殊教育基本情况表（http://www.moe.gov.cn/jyb_sjzl/moe_560/jytjsj_2017/qg/201808/t20180808_344707.html）计算而得。

[1] 人民网．让每个残疾孩子都能接受合适的教育（委员手记）[EB/OL].（2016-06-15）[2023-08-31]. http://edu.people.com.cn/GB/n1/2016/0615/c1006-28445362.html.

表 10-2 初中入学到高中入学的残疾学生流失情况

2013 年初一学生数/人		2016 年高一招生数/人				流失学生数/人	流失率/%
分类	合计	分类	高中	中职	合计		
视力残疾	5898	视力残疾	565	1324	1889	4009	68.0
听力残疾	8133	听力残疾	2139	1825	3964	4169	51.3
智力残疾	13039	肢体残疾	0	1039	1039	16139	85.3
其他残疾	5878	其他残疾	0	1739	1739		
合计	32948	合计	2704	5927	8631	24317	73.8

数据来源：根据教育部网站 2013 年全国教育统计数据中的特殊教育基本情况表（http://www.moe.gov.cn/jyb_sjzl/moe_560/s8492/s8493/201412/t20141218_181979.html）、教育部网站 2016 年全国教育统计数据中的特殊教育基本情况表（http://www.moe.gov.cn/jyb_sjzl/moe_560/jytjsj_2016/2016_qg/201708/t20170823_311710.html）计算而得。

要采取措施降低高等教育前各学段残疾学生流失率。一是要宣传国家的教育政策要求，因为义务教育是强制性教育，学生家长有义务将残疾孩子送入学校，接受教育；二是要加强监督和帮扶，对于随意不让孩子接受教育的家长能够做到及时发现，了解症结所在，积极协调解决；三是政府要对困难的残疾学生家庭给予政策支持和经费补助，提供优惠的家庭政策，保证残疾学生的入学率。

高等融合教育是分层次的融合，残疾人高等教育的融合首先要做到基础教育阶段的融合，只有更多的孩子接受融合的义务教育，基数扩大，才能使残疾人高等教育真正走向大众化。

四、完善和改进残疾人高考入学考试制度

进入普通高校学习是残疾人接受高等教育的发展趋势，但残疾人同时也面临着必须与普通人一样参加普通高考并以同等条件录取的挑战。根据《中国残疾人事业发展统计公报》提供的数据，2012—2021 年十年间，被普通高等院校录取的人数呈上升趋势，从 2012 年的 7229 人增长到 2021 年的 14559

人。[1][2]特别是2015年我国教育部、中国残疾人联合会联合印发了《残疾人参加普通高等学校招生全国统一考试管理规定(暂行)》的通知(教考试〔2015〕2号)以来,残疾学生被普通高校录取的数量有较大幅度的提升。2017年,在这个暂行规定基础上修订完善的《残疾人参加普通高等学校招生全国统一考试管理规定》正式出台,为残疾人获得普通高考平等机会及合理便利提供了法律保障。国内外比较研究表明,我国残疾人高等教育招生考试录取政策还不完善,在残疾学生高考入学考试制度方面仍存在一些问题:①我国在残疾人普通高考测验的测验开发、测验公平性保障、测验便利设计与使用等方面仍然有较大的发展空间。残疾学生在生理上存在一定不足,使他们在接受和识别信息时存在一定的困难,如全盲学生使用盲文学习,他们对图形的表达很难识别;若考试中使用音频材料,则存在着记忆负荷的问题,长句表达会给他们的理解和记忆带来困扰。听力残疾学生由于听力的缺失,无法完成考试中与声音有关的测试内容,如英语听力、音乐、韵律等;听力残疾学生群体通常使用手语进行交流,手语表达和汉字的语言表达存在差异,使得听力残疾学生在题目阅读和理解、回答题目的文字表达方面与普通学生也有较大差异。我国《残疾人参加普通高等学校招生全国统一考试管理规定》中的条款多强调保障残疾人参加高考及使用合理便利的权利,在残疾人参加普通高考时所接受的测验本身的公平性上的探讨还需深入。②我国在高考录取政策中缺乏对残疾人的补偿措施。教育哲学中的"补偿原则"认为可以运用补偿原则对教育中的弱势群体进行必要的补偿,缩小处于有利与不利地位者之间的差距。一些发达国家在高校录取时形成了配额法、加分法等方式,以保障残疾人高等教育机会平等权。在我国,社会公众和媒体舆论对高考的敏感度很高,考虑到对考试公平性的关注,采取了力求绝对公平的做法,忽略了心理和生理特征给残疾学生带来的入学考试的不利处境。

---

[1] 中国残疾人联合会.2012年中国残疾人事业发展统计公报[EB/OL].(2013-06-06).[2023-08-31].http://www.gov.cn/fuwu/cjr/2013-06/06/content_2630957.htm.

[2] 中国残疾人联合会.2021年残疾人事业发展统计公报[EB/OL].(2022-04-06)[2023-08-31].https://www.cdpf.org.cn/zwgk/zccx/tjgb/0047d5911ba3455396faefcf268c4369.htm.

基于以上情况，我们提出改进建议如下：①加强我国在残疾人普通高考测验的测验开发方面的研究，关注残疾人参加普通高考时所接受的测验本身的公平性，如试题背景材料、呈现方式、试题功能等。要吸纳有经验的残疾专家加入命题人员队伍，为残疾人考试提供支持，并从应试者视角提出改进建议。②在高考录取政策上借鉴发达国家的做法，制定对残疾学生的补偿措施。如采用配额法、加分法等方式来补偿残疾人在高等教育入学中的弱势地位，保障残疾人高等教育机会平等权。③创造条件使残疾学生有机会选择参加普通高考。目前，残疾学生的单考单招安排在全国普通高考之前，一些学生一旦被单考单招院校录取，就失去了参加普通高考的机会。建议把单考单招的考试时间安排在全国普通高考之后，让特殊教育学校的残疾学生有机会选择普通高等院校就读。一方面，融合教育的发展是增加残疾学生高等教育入学机会的重要途径之一；另一方面，融合教育的发展也是未来特殊教育发展的趋势。④进一步改善残疾学生参加普通高考的合理便利条件。虽然我国近几年已经对残疾学生参加高考提供了较多的考试服务，但是还不够完善，如提供残疾学生需要的考试服务和辅具方面。据调查，残疾学生需要的考试服务主要包括考场环境的便利、试题呈现方式的便利、作答方式的便利、考试时间安排的便利及考试期间的衣食住行便利。关于考场环境的便利，除了安排较宽敞、安静的环境，还需要提供专业的辅具，例如升降桌、扩视机、放大镜等；关于试题呈现方式的便利，除了为视力残疾学生提供盲文试卷以外，还可以增加试题呈现方式的多样性，如可以用计算机来呈现试题等；关于作答方式的便利，除了让视力残疾学生可以用盲文来作答，也可以增加作答方式的多样性，如让他们可以用计算机来作答，或者通过口述来作答等；关于考试时间安排的便利，可根据残疾学生的需求和方便程度安排不同阶段的考试时间；关于考试期间的衣食住行便利，可为参加高考的残疾学生提供统一的食宿，提供往返交通支持，安排相关工作人员或班车接送等。

五、高等融合教育学校完善无障碍环境建设和支持服务

为了让学校实现更好的融合，让残疾大学生在校园可以有爱无碍地学习和生活，高等融合教育在现有基础上还需要投入更多的人力和财力不断完善学校的无障碍环境建设和支持服务。

发达国家的校园无障碍环境建设比较成熟，我国也出台了《无障碍环境建设条例》《中华人民共和国无障碍环境建设法》，对无障碍环境建设提出了要求。高等融合教育学校应参照条例要求做好规划，积极开展校园无障碍环境建设，对于已经建成的建筑、信息系统进行无障碍环境建设改造。首先是校园物理设施无障碍，如建筑物门口和内部坡道、校园通路的盲道和扶手、建筑物内的无障碍电梯、无障碍卫生间等最基本的无障碍设施；在校园内做好方向导引，甚至可以在学校网站上提供电子导览，方便残疾学生或校外人员查看校园内有哪些无障碍设施及所在位置。其次是校园信息交流无障碍，如网站建设应当达到无障碍网站设计标准；学校网站上发布的信息应为视力残疾学生提供语音服务、为听力残疾学生提供文字提示服务；视力残疾生参加考试，学校应提供盲文试卷、电子试卷或由工作人员协助；在上课、培训、会议等公共场所应为听力残疾学生提供字幕或手语服务；学校制作的或播放的影像作品应当配备字幕；图书馆应开设视力残疾人阅览室，提供盲文读物、有声读物。

发达国家的高校建有残疾资源中心，残疾人教育的教师和工作人员通过参加培训活动、相关课程等，提高融合教育技能，以便为残疾学生提供更全面的服务；残疾学生可以获得专业评估、无障碍教材、无障碍辅具使用等个别化教育服务支持。我国的《"十四五"特殊教育发展提升行动计划》中提出对基础教育学校自上而下建立五级特殊教育资源中心，逐步实现各级特殊教育资源中心全覆盖。目前高等融合教育试点学校已建立了高等融合教育资源中心，但多是校级资源中心。鉴于现阶段残疾大学生进入融合高校人数不多，每所大学都设立资源中心难度较大，建议依托单考单招残疾大学生院校，以省为单位建立高等融合教育资源中心，对于没有单考单招残疾大学生院校的省份，考虑在残疾大学生人数达到一定数量的学校建立高等融合教育资源中心，对

于招收残疾生极少的地区，可以由所在区域教育行政部门统筹规划成立区域性融合教育资源中心，面向区域内的高等融合教育学校提供无障碍资源和相关支持服务。融合教育资源中心为视力残疾学生提供语音教材、盲文教材、盲文资料、盲文试卷、大字试卷等学习资源支持；为听力残疾学生参加的教学、培训、会议等活动提供手语翻译服务；面向视力残疾学生、听力残疾学生和肢体残疾学生提供辅助器具购置与借用、教具开发与使用、课程资源建设、特殊教育教学技能培训等服务；等等。

发达国家高校建有资源教室，帮助残疾学生在融合高校中就学。我国制定了《普通学校特殊教育资源教室建设指南》，以规范普通学校（含幼儿园、普通中小学、中等职业学校）特殊教育资源教室的建设和管理。建议参照发达国家和我国普通学校资源教室建设，在全国融合高校布局建立资源教室，为残疾学生、教师和家长提供特殊教育专业服务，如为残疾学生开展特殊教育咨询、测查、评估、建档等活动，进行学科知识辅导，进行生活辅导和社会适应性训练，进行基本的康复训练，提供支持性教育环境和条件，开展普通教师、学生家长和有关社区工作人员的培训。资源教室应当优先设立在招收较多残疾学生进行融合教育且在当地学校布局调整规划中长期保留的普通学校。招收5人以上残疾学生的普通学校一般应设立资源教室；不足5人的由所在区域教育行政部门统筹规划资源教室的布局，辐射片区所有融合教育学生，实现共享发展。

在融合高等教育学校中，残疾大学生是一个很小的群体，发达国家的高校大都设有残疾人服务办公室来负责残疾学生的各种事务，如果高校中没有残疾人服务办公室，则若该校是接受联邦政府资助的高校，就会设有一个协调员或者由学生事务处主任或者学生顾问负责残疾学生事务。为了让残疾学生的需求能够快速得到反馈并且得到有效解决，适合成立一个融合教育专门机构、组织一个多部门协作的融合教育支持团队来进行统一管理。此外，在支持团队中还可以考虑配备专门的残疾学生事务协调员，每个残疾学生都可通过残疾学生事务协调员向学校申请所需的服务，残疾学生事务协调员负责与融合教育支持团队中的相关部门进行沟通与协调,以最有利于所有学习者的方式分配人员、资源和时间,为残疾大学生提供思想引导、学业支持、心理疏导、生活服务、生涯规划、就业指导和创业扶持等支持服务。

附录　相关国家网站

中华人民共和国中央人民政府网站：https://www.gov.cn/

中华人民共和国教育部网站：http://www.moe.gov.cn/

中华人民共和国财政部网站：http://www.mof.gov.cn/index.htm

中国残疾人联合会网站：https://www.cdpf.org.cn/index.htm

联合国网站：https://www.un.org/

美国政府网站：https://www.govinfo.gov/

美国教育部网站：https://www.ed.gov/

美国国家教育统计中心：http://nces.ed.gov/

美国特殊儿童委员会网站：https://exceptionalchildren.org/

英国政府网站：https://www.gov.uk/

英国教育部网站：https://www.gov.uk/government/organisations/department-for-education

英国高等教育统计局网站：https://www.hesa.ac.uk/

澳大利亚教育部网站：https://www.education.gov.au/

日本文部科学省网站：https://www.mext.go.jp/index.htm

参考文献

[1]邓猛,潘剑芳.关于全纳教育思想的几点理论回顾及其对我们的启示[J].中国特殊教育,2003(4):1-8.

[2]黄伟.残疾人教育法的国际比较研究——兼论《残疾人教育条例》[J].中国特殊教育,2017(6):7-12.

[3]黎建飞.《残疾人权利公约》的背景回顾与再解读[J].人权.2018(6):55-66.

[4]范晓壮.美国残疾人高等教育服务及对我国的启示[J].现代特殊教育,2015(2):17-21.

[5]茅艳雯,马红英.发达国家残疾人高等教育研究综述[J].中国特殊教育,2010(3):8-13.

[6]崔凤鸣.美国《残疾人教育法》与残疾人高等教育[J].比较教育研究,2006(10):70-81.

[7]熊琪.美国残疾人高等融合教育的发展历程及启示[J].绥化学院学报,2015(10):11-14.

[8]朴永馨.残疾人高等特殊教育的产生和发展[J].中国听力语言康复科学杂志,2004(3):4-6.

[9]郑伟,张茂聪.英国融合教育的政策特点及其成效研究[J].外国教育研究,2020,47(5):27-41.

[10]庞文.英国残障大学生高等融合教育的支持体系及启示[J].中国特殊教育,2020(9):9-14.

[11]高校领导赴英国培训团.英国高等教育发展考察与启示[J].北京师范大学学报(社会科学版),2004(2):5-12.

[12]李怡宁,田志磊.法国特殊教育及其财政支持机制探析[J].世界教育信

息,2015,28(22):41-46.
[13]张悦歆.联邦德国高等全纳教育的现状、支持模式及启示[J].中国特殊教育,2015(10):3-8,20.
[14]赵梅菊,雷江华.德国特殊教育发展的特点[J].现代特殊教育,2012(1):58-60.
[15]俞可.德国全纳教育[J].教育,2013(16):62-63.
[16]高晓娟.德国融合教育发展实施对我国的启示[J].绥化学院学报,2018,38(4):10-13.
[17]何华.德国高等教育体制概述与特色[J].青春岁月,2017(21):76-77.
[18]廖菁菁.从全纳到高质量:日本残疾人高等教育的新进展及启示[J].外国教育研究,2018(5):16-28.
[19]张蔚然,石伟平.如何发展残疾人职业教育:美国社区学院的经验与启示[J].中国职业技术教育,2019(22):68-75,92.
[20]杨柳.美国残疾人教育改革的政策分析:从入学公平到质量提高[J].比较教育研究,2014(4):48-53.
[21]蒋洪池,龚琬晶.融合教育理念下英国高校残障大学生学业支持服务的现状、特点及启示[J].中国特殊教育,2022(5):42-49.
[22]师琪.英国高等融合教育支持的发展及其启示:基于教学管理的视角[J].现代特殊教育,2019(22):33-38.
[23]黄毓琦,黄辛隐.融合教育中西方研究进展比较和追溯——基于知识图谱的可视化分析[J].理论观察,2016(9):127-130.
[24]申素平.高等教育阶段我国残疾人教育机会平等权的法律保障[J].中国教育法制评论,2014(12):122-133.
[25]傅王倩,陆莎,肖非.美国特殊教育经费投入机制述评[J].中国特殊教育,2016(8):8-13.
[26]黄艳霞.澳大利亚高等教育公平政策框架简述[J].国家教育行政学院学报,2010(7):91-95.

[27]施应娥,谭三红.浅析《澳大利亚高等教育残疾支持计划》[J].佳木斯职业学院学报,2015(4):151.

[28]李佳怿,丁盈盈.通用设计:理念、原则和实践[J].残疾人发展理论研究,2018,2(1):186-198.

[29]许浩振,彭兴蓬.英国EHC特殊教育支持服务体系的改革与挑战[J].绥化学院学报,2021,41(10):133-137.

[30]邱鹊.中美残疾考生考试合理便利措施的比较分析:以普通高考和ETS考试为例[J].中国特殊教育,2018(1):3-10,57.

[31]欧桃英,王凤玉.对策与建议:美国特殊教育经费投入与使用的探析及启示:奥巴马政府2013年特殊教育经费改革计划解析[J].重庆文理学院学报(社会科学版),2013,32(1):133-138.

[32]苏雪云,朱霖丽,汪海萍.美国特殊教育联邦公共财政投入研究[J].中国特殊教育,2017(4):23-28.

[33]邱鹊.1998—2017年国际有关残疾学生考试合理便利研究的现状与热点分析[J].中国特殊教育,2018(10):3-11,25.

[34]袁珊珊.英国特殊教育财政预算及其结构研究[J].现代特殊教育,2018(11):75-79.

[35]曲相霏."合理便利"概念的起源和发展[J].人权,2015(6):123-141.

[36]曲相霏.残疾人权利公约中的合理便利:考量基准与保障手段[J].2016(3):3-18.

[37]张悦歆,杜建慧,陈梅浩,等.澳大利亚高等融合教育实践及其对我国的启示[J].现代特殊教育,2020(2):10-16.

[38]徐添喜,孙玉梅,雷江华.澳大利亚全纳教育的发展及其启示[J].外国教育研究,2010,37(1):27-32.

[39]曲相霏.《残疾人权利公约》的"合理便利"理念在我国教育领域的运用[J].人权,2017(3):56-64.

[40]蔡聪.对视障者参加普通高考"合理便利"政策的理解与思考:基于联合

国《残疾人权利国际公约》的视角[J]. 现代特殊教育，2018(24)：42-47.
[41]马宇. 美国残疾人高等教育支持体系的特点及其启示[J]. 现代特殊教育，2012(6)：60-62.
[42]吴根洲，刘菊华. 美国残障学生大学入学考试特殊服务研究[J]. 黑龙江高教研究，2016(4)：48-52.
[43]廖菁菁. 从全纳到高质量：日本残疾人高等教育的新进展及启示[J]. 外国教育研究，2018，45(5)：16-28.
[44]王艳梅. 日本聋人高等教育现状及其对我国特殊高等教育发展的启示[J]. 牡丹江教育学院学报，2015(12)：51-52.
[45]马春梅，雷江华. 国际残疾人高等融合教育研究热点及前沿趋势——基于CiteSpace的可视化分析[J]. 北京联合大学学报，2023，37(1)：85-92.
[46]王之千. 通用设计理念与高等特殊教育院校无障碍环境[J]. 大众文艺，2012(21)：248，110.
[47]吴英桦. 互联网网站设计无障碍技术标准介绍[J]. 电信网技术，2009(11)：32-35.
[48]章品，赵媛. 美国信息无障碍法律法规研究[J]. 情报理论与实践，2010，33(5)：116-119.
[49]何胜晓，单娟. 美国高校的无障碍环境支持及启示[J]. 现代特殊教育，2018(18)：77-80.
[50]孙祯祥，赵洋. 澳大利亚信息无障碍法规政策研究[J]. 图书与情报，2010(3)：114-117，123.
[51]宫晓东，高桥仪平. 日本无障碍环境建设理念及推进机制分析[J]. 北京理工大学学报(社会科学版)，2018，20(2)：168-172.
[52]代红，徐洋，张群，等. 国内外信息无障碍法律法规及标准研究[J]. 建设科技，2019(13)：37-39，53.
[53]孙涛，申仁洪. 融合教育背景下普通学校无障碍校园环境建设研究[J]. 兰州教育学院学报，2019，35(11)：99-101.

[54]张东辉，李珂．通用设计与无障碍设计辨析[J]．华中建筑，2009(2)：94-96.
[55]曹阳．通用设计的方法与应用[J]．河南社会科学，2004(4)：153-154.
[56]贾婵娟，辛伟豪．通用学习设计：发展、评析与启示[J]．现代特殊教育，2017(8)：21-25.
[57]孙美丽，申仁洪．美国特殊教育课程融合取向的设计模式及启示[J]．青海民族大学学报(教育科学版)，2011，31(2)：89-94.
[58]周周，周全，黄秋文．美国高等学校通用教学设计的教育理念解析[J]．现代教育科学，2016(5)：141-146.
[59]邓猛，郭玲．西方个别化教育计划的理论反思及其对我国特殊教育发展的启示[J]．中国特殊教育，2010(6)：3-7.
[60]石炎峰．浅谈融合教育与个别化教育计划[J]．新课程研究，2019(S1)：12-13.
[61]鲁毅光．美国聋人高等教育支持与服务体系[J]．长春大学学报，2013(11)：1490-1492，1507.
[62]张阿妮，邓猛．美国特殊教育教师转衔服务能力的培养及其启示[J]．中国特殊教育，2018(2)：64-68.
[63]徐玉珍．特殊学生转衔服务项目的实践研究[J]．现代特殊教育，2016(3)：15-18.
[64]徐添喜，苏慧．从学校到就业：美国残障学生就业转衔模式的发展及其启示[J]．残疾人研究，2016(2)：25-29.
[65]魏寿洪，巨梓君．美国特殊学生中学毕业后的转衔支持服务及其启示[J]．中国特殊教育，2022(12)：88-96.
[66]冯帮，陈影．美国特殊教育就业转衔服务解读及启示[J]．中国特殊教育，2015(8)：9-16.
[67]夏峰，徐玉珍．《特殊学生转衔服务手册》编制的研究[J]．现代特殊教育，2014(12)：5-7.

[68]李晓翠,李鑫,李爽.美国特殊需要儿童转衔研究综述及启示[J].科教导刊(中旬刊),2019(35):148-150.

[69]徐秋云.美国特殊学生中学后教育转衔服务:以马萨诸塞大学思考学院转衔项目为例[J].现代特殊教育,2021(3):77-79.

[70]林潇潇,邓猛.美国学习障碍学生的转衔及对我国特殊教育的启示[J].中国特殊教育,2014(3):42-47.

[71]王慧英,李天鹰.意大利大学教师教学资格的评审及启示[J].当代教师教育,2011(3):51-55.

[72]尹士林.学校至就业:残障学生就业转衔服务的个案研究[J].太原城市职业技术学院学报,2022(3):110-114.

[73]卢希芬.把握四个要诀　扎实推进残疾人高等融合教育:四川大学高等融合教育试点工作总结[J].现代特殊教育,2020(6):3-5.

[74]韩同远.构建“五位一体”布局 开展高等融合教育工作:武汉理工大学高等融合教育试点工作总结[J].现代特殊教育,2020(6):6-7.

[75]张洪杰.高等融合教育的思考与对策:长春大学高等融合教育试点工作总结报告[J].现代特殊教育,2020(4):20-22.

[76]齐再前,李爱国,滕祥东.以学生发展为本推动高等融合教育发展:北京联合大学高等融合教育试点工作总结[J].现代特殊教育,2020(4):23-26.

[77]华兴夏,范莉莉,杨枫,等.创新模式　促进改革　做亮融合教育:南京特殊教育师范学院高等融合教育试点工作总结[J].现代特殊教育,2020(6):8-11.

[78]甘勇.进一步完善听障大学生的高等融合教育:郑州工程技术学院高等融合教育试点工作总结[J].现代特殊教育,2020(4):27-33.

[79]范莉莉.建设有中国特色的支持体系推进中国高等融合教育发展:残疾人高等融合教育试点工作总结会综述[J].现代特殊教育,2020(4):17-19.

[80]张茂聪，郑伟，侯洁．试论残疾人高等融合教育支持服务体系的构建：基于高等融合教育试点工作文本分析[J]．中国特殊教育，2020(6)：10-17.

[81]蒋贤维，张妙娴．基于调研视角的高等融合教育学生学习障碍情况分析：以南京特殊教育师范学院为例[J]．教育教学论坛，2020(17)：113-115.

[82]汪海萍，赵伟时．上海市残疾人高等融合教育支持服务的初步实践[J]．残疾人研究，2017(1)：13-20+4.

[83]周满生．关于“融合教育”的几点思考[J]．教育研究，2014，35(2)：151-153.

[84]厉才茂．关于融合教育的阐释与思考[J]．残疾人研究，2013(1)：53-58.

[85]刘文雅．生命关怀视阈下残疾人高等教育价值取向探究[J]．教育探索，2013(2)：155-157.

[86]廖娟．中国残疾人教育收益率研究[J]．教育学报，2015，11(1)：103-114.

[87]汪斯斯，邢芸．人力资本视角下的残疾人教育成本和教育收益分析[J]．中国特殊教育，2016(7)：3-11.

[88]谭寒，王凯兵．从人力资本理论视角看残疾人高等教育发展[J]．石家庄经济学院学报，2010，33(4)：15-20.

[89]李实，张钰丹．人力资本理论与教育收益率研究[J]．北京大学教育评论，2020，18(1)：59-79，189-190.

[90]蒋娟娟．残疾人接受高等教育后个人效益的分析[J]．课程教育研究，2013(25)：2-3.

[91]陈云英．发展特殊教育的经济意义[J]．中国特殊教育，1998(4)：6.

[92]黄志军．促进平等：英国高校实施全纳教育的背景及典型经验[J]．中国特殊教育，2018(3)：3-9.

[93]冯伟雄，王巨华．法律保障、理念引导、社会参与：台湾特殊教育的经验与启迪[J]．广东教育，2014(9)：65-68.

[94]崔慧丽，潘黎．澳大利亚高等教育机构分层与分类的概况、特点及启示[J]．现代教育科学，2016(5)：136-146.

[95]蒋洪池,龚琬晶.融合教育理念下英国高校残疾大学生学业支持服务的现状、特点及启示[J].中国特殊教育,2022(5):42-49.
[96]沈滢,吴琼.大学生心理健康教育和素质提高的对策研究[J].中国多媒体与网络教学学报(上旬刊),2021(4):53-55.
[97]李嘉超.美国大学生心理健康服务的新问题与应对策略[J].清华大学教育研究,2021,42(6):62-71.
[98]王大泉.新修订《残疾人教育条例》的理念与制度创新[J].中国特殊教育,2017(6):3-6,12.
[99]王梦茜.穿越“无声世界”,瞭望“巴别塔”上的桥:访北京联合大学聋人教师姚登峰[J].教育家,2020(18):29-31.
[100]日本筑波大学专项课题.[J/OL].(2023-08-31)[2020-08-31].http://www.tsukuba-tech.ac.jp/chinese/special_projects.html.
[101]CHRIS RUST.英国大学教师专业发展[C]//协调发展　共同成长　2011年高校教师发展国际研讨会论文集.长春:东北师范大学,2011:32-37.
[102]雷江华,方俊明.特殊教育学[M].北京:北京大学出版社,2016:135.
[103]邓猛.融合教育背景下中国特殊教育体系发展研究[M].南京:南京大学出版社,2017.
[104]鲍国东,曲学利,王爱国,等.PEN项目在中国:中国聋人高等教育的实践与国际合作[M].南昌:江西高校出版社,2011.
[105]滕祥东,等.残疾人高等教育教师专业化特色研究专著[M].北京:知识产权出版社,2016:114.
[106]朴永馨,等.特殊教育词典[M].北京:华夏出版社,2015.
[107]中国残疾人事业发展研究中心,道路残疾人事业研究院.中国残疾人发展与社会进步年度纵览(2020)[M].北京:求真出版社,2020.
[108]方俊明,方维慰.特殊教育学学科地图[M].北京:北京大学出版社,2020:154-155.
[109]赵建中.教育的使命:面向二十一世纪的教育宣言和行动纲领[M].北

京：教育科学出版社，1996：134-153.

[110]方俊明. 特殊教育学[M]. 北京：人民教育出版社，2005：145.

[111]凌亢，孙计领，张蕾，等. 中国无障碍环境发展报告（2021）：无障碍环境法治化[M]. 北京：社会科学文献出版社，2021.

[112]裴娣娜，刘翔平，万钫，等. 中国女性百科全书·文化教育卷[M]. 沈阳：东北大学出版社，1995.

[113]盛永进. 特殊教育学基础[M]. 北京：教育科学出版社，2011：254.

[114]邓猛. 融合教育实践指南[M]. 北京：北京大学出版社，2016：173-186.

[115]邓猛. 融合教育理论指南[M]. 北京：北京大学出版社，2017：165，188-194.

[116]邓猛. 融合教育与随班就读：理想与现实之间[M]. 武汉：华中师范大学出版社，2009：270.

[117]刘春玲，江琴娣. 特殊教育概论[M]. 上海：华东师范大学出版社，2015.

[118]马卉，夏倩. 视障高等融合教育理论与实践[M]. 武汉：武汉理工大学出版社，2021.

[119]彭兴蓬. 随班就读的发展与社会支持[M]. 南京：南京师范大学出版社，2016：231-276.

[120]雷江华. 融合教育导论[M]. 北京：北京大学出版社，2012：100-114.

[121]姚登峰，杜在新，登峰. 从无声世界走来的清华博士[M]. 北京：中国社会出版社，2017.

[122]舒尔茨. 论人力资本投资[M]. 吴珠华，等译. 北京：北京经济学院出版社，1990.

[123]陈雪菲. 英国残疾人高等教育实施的案例研究[D]. 西安：陕西师范大学，2020：30-33，35，39，43，46-47，56-59，70.

[124]马宇. 我国残疾人高等融合教育支持体系研究[D]. 南京：南京师范大学，2014：25，129-130.

[125]豆巍. 美国残障人全纳高等教育研究[D]. 保定：河北大学，2014：29，

32-34.
[126]杨柳.从隔离到全纳:美国残疾人教育研究[D].重庆:西南大学,2009.
[127]孟凡娟.联合国残疾人权利主流化研究[D].北京:北京理工大学,2021.
[128]杨超然.无障碍环境导视系统的设计与应用研究[D].北京:北方工业大学,2017:13.
[129]张洋.英国无障碍立法实施及启示研究[D].济南:山东师范大学,2020:20.
[130]张瑜.澳大利亚无障碍环境建设立法研究[D].济南:山东师范大学,2018:4-9.
[131]黄存泉.随班就读脑瘫学生辅助技术支持方案制定的研究[D].重庆:重庆师范大学,2011:96-97.
[132]高亮.特殊教育教师辅助技术素养内容建构研究[D].重庆:重庆师范大学,2009:12.
[133]王婕.澳大利亚教师全纳教育专业素养培养研究[D].南京:南京师范大学,2022:72-75.
[134]计琳.上海成立全国首家"特殊教育资源中心" 集咨询、研究、评估、服务于一体 特教教师找到"娘家" 特殊儿童有了"救助站"[N].中国教育报,2009-12-11(003).
[135]国外无障碍环境纵览-欧洲篇[EB/OL].(2017-08-06)[2023-08-31].https://www.sohu.com/a/162743556_654067.
[136]法国驻华使馆.法国残疾人扶助政策[EB/OL].(2020-09-17)[2023-08-31].https://cn.ambafrance.org/%E6%B3%95%E5%9B%BD%E6%AE%8B%E7%96%BE% E4%BA% BA% E6%89%B6%E5%8A% A9%E6%94%BF%E7%AD%96-15675.
[137]清华大学无障碍发展研究院.日本多项政策与标准,助力高质量无障碍环境发展[EB/OL].(2018-12-28)[2023-08-31].http://www.adi.tsinghua.edu.cn/info/tjyd/20291.

[138]联合国.世界人权宣言[EB/OL].(2020-12-30)[2023-08-31].https://rqyjy.seu.edu.cn/2020/1230/c27782a358125/page.htm.

[139]联合国.关于残疾人的世界行动纲领[EB/OL].(1982-12-03)[2023-08-31].https://www.un.org/zh/node/181393.

[140]联合国.残疾人机会均等标准规则[EB/OL].(1993-12-20)[2023-08-31].https://www.un.org/zh/documents/treaty/A-RES-48-96.

[141]联合国.萨拉曼卡宣言[EB/OL].(2023-08-31)[2023-08-31].https://wenku.baidu.com/view/d4b8780876c66137ee061957?aggId=0c7943e8d6bbfd0a79563c1ec5da50e2524dd1ba&fr=catalogMain_text_ernie_recall_backup_new%3Awk_recommend_main2&_wkts_=1686239212157&bdQuery=%E8%90%A8%E6%8B%89%E6%9B%BC%E5%8D%A1%E5%AE%A3%E8%A8%80:130-133.

[142]联合国.残疾人权利公约[EB/OL].(2006-12-13)[2023-08-31].https://www.un.org/zh/documents/treaty/A-RES-61-106.

[143]联合国.教育2030行动框架[EB/OL].(2015-10-27)[2023-08-31].http://www.unesco.org/new/fileadmin/MULTIMEDIA/HQ/ED/ED_new/pdf/FFA-ENG-27Oct15.pdf.

[144]上海教育在线.世界级美誉:日本无障碍环境建设[EB/OL].(2019-02-28)[2023-08-31].https://spe.hpe.cn/P/C/289040.htm.

[145]南京特殊教育师范学院.社会关注|南京特殊教育师范学院首次招收孤独症学生[EB/OL].(2017-04-02)[2023-08-31].https://mp.weixin.qq.com/s?__biz=MjM5MDU2NDc0Nw==&mid=2650617892&idx=2&sn=2dc107ca9e139b2ac07b16f12ef84913&chksm=be4b70c0893cf9d68774cf1d6e7dd10d5bd198f3c7e1fadeb50284f1e2fe98f2d1ee5336bd1b&scene=27.

[146]江苏高考招生简章.南京特殊教育师范学院2017年残疾人单独招生简章[EB/OL].(2017-09-07)[2023-08-31].https://www.027art.com/gaokao/HTML/3309111.html.

[147]南京特殊教育师范学院. 2018年残疾人单招招生简章[EB/OL].(2017-12-22)[2023-08-31]. http://bkzs.njts.edu.cn/2017/1222/c4970a59900/page.htm.

[148]南京特殊教育师范学院. 南京特殊教育师范学院2019年残疾人单独招生考试招生简章[EB/OL].(2018-12-29)[2023-08-31]. http://bkzs.njts.edu.cn/2018/1226/c4970a59860/page.htm.

[149]南京特殊教育师范学院. 南京特殊教育师范学院2020年残疾人单独招生考试招生简章[EB/OL].(2019-12-17)[2023-08-31]. http://bkzs.njts.edu.cn/2019/1217/c4970a59758/page.htm.

[150]南京特殊教育师范学院. 南京特殊教育师范学院2021年残疾人单独招生考试招生简章[EB/OL].(2020-12-31)[2023-08-31]. http://bkzs.njts.edu.cn/2020/1231/c4970a59755/page.htm.

[151]南京特殊教育师范学院. 南京特殊教育师范学院2022年残疾人单独招生考试招生简章[EB/OL].(2022-03-25)[2023-08-31]. https://mp.weixin.qq.com/s/5zKzP9Zu1kLq_EI4NPFhrg.

[152]南京特殊教育师范学院. 南京特殊教育师范学院2023年残疾人单独招生考试招生简章[EB/OL].(2023-01-19)[2023-08-31]. http://bkzs.njts.edu.cn/2023/0117/c4970a72346/page.htm.

[153]中华人民共和国中央人民政府. "十四五"残疾人事业彩票公益金助学项目实施方案[EB/OL].(2021-09-18)[2023-08-31]. https://www.gov.cn/zhuanti/2021-09/18/content_5650438.htm.

[154]中国残疾人联合会 中华人民共和国教育部. 中国残联办公厅 教育部办公厅关于开展残疾大学生辅助器具适配助学行动的通知[EB/OL].(2019-09-27)[2023-08-31]. https://www.cdpf.org.cn/zwgk/zcwj/wjfb/5373fb40fe93460a9dfdb76d2e9f21a3.htm.

[155]中国残疾人联合会. 全国人民代表大会常务委员会关于批准《关于为盲人、视力障碍者或其他印刷品阅读障碍者获得已出版作品提供便利的

马拉喀什条约》的决定[EB/OL].(2021-10-26)[2023-08-31]. https://www.cdpf.org.cn//xwzx/clyw2/1c46c30ff0114e92953ce6fe29de25dd.htm.

[156]高青残联.惠及千万阅读障碍者|《马拉喀什条约》在中国生效![EB/OL].(2022-05-06)[2023-08-31]. https://mp. weixin. qq. com/s? __biz=MzUzODgyMDE3OA== &mid=2247489080&idx=2&sn=32d2c400d338e0e34be87ba4d220ef3c&chksm=fad0bd05cda734135f083ae4e481a25b01de4c7f03847c5cf0eb3e2b3e8275787a4c4c2b3c03&scene=27.

[157]中华人民共和国教育部.国家中长期教育改革和发展规划纲要(2010-2020年)[EB/OL].(2010-07-29)[2023-08-31]. http://www.moe.gov.cn/jyb_xwfb/s6052/moe_838/201008/t20100802_93704.html.

[158]中华人民共和国中央人民政府.国务院办公厅关于转发教育部等部门特殊教育提升计划(2014—2016年)的通知[EB/OL](2014-01-08)[2023-08-31]. http://www.moe.gov.cn/jyb_xxgk/moe_1777/moe_1778/201401/t20140120_162822.html.

[159]中华人民共和国中央人民政府.中华人民共和国残疾人教育条例(修订)[EB/OL].(2017-02-01)[2023-08-31]. https://www.gov.cn/gongbao/content/2017/content_5178184.htm.

[160]中华人民共和国教育部.教育部等七部门关于印发《第二期特殊教育提升计划(2017—2020年)》的通知[EB/OL].(2017-07-18)[2023-08-31]. http://www. moe. gov. cn/srcsite/A06/s3331/201707/t20170720_309687. html[EB/OL].

[161]中华人民共和国教育部.国务院办公厅关于转发教育部等部门"十四五"特殊教育发展提升行动计划的通知[EB/OL].(2021-12-31)[2023-08-31]. http://www.moe.gov.cn/jyb_xxgk/moe_1777/moe_1778/202201/t20220125_596312.html.

[162]中华人民共和国中央人民政府.教育部　中国残联关于印发《残疾人参加普通高等学校招生全国统一考试管理规定(暂行)》的通知[EB/OL]

(2015-04-21)[2023-08-31]. http://www.gov.cn/gongbao/content/2015/content_2901392.htm.

[163]中华人民共和国教育部.高等教育自学考试暂行条例[EB/OL].(2014-07-29)[2023-08-31]. http://www.moe.gov.cn/jyb_sjzl/sjzl_zcfg/zcfg_jyxzfg/202204/t20220422_620520.html.

[164]中华人民共和国教育部.普通学校特殊教育资源教室建设指南[EB/OL].(2016-01-27)[2023-08-31]. http://www. moe. gov. cn/srcsite/A06/s3331/201602/t20160216_229610.html.

[165]国家开放大学残疾人教育学院.学院简介[EB/OL].(2023-08-31)[2023-08-31]. https://sunnylearn.szou.edu.cn/list.aspx?cid=34.

[166]国家开放大学残疾人教育学院.教学点分布[EB/OL].(2023-08-31)[2023-08-31]. https://sunnylearn.szou.edu.cn/list.aspx?cid=40.

[167]国家开放大学残疾人教育学院.招生问答[EB/OL].(2023-08-31)[2023-08-31]. https://sunnylearn.szou.edu.cn/list.aspx?cid=63.

[168]国家开放大学残疾人教育学院.资源建设[EB/OL].(2023-08-31)[2023-08-31]. https://sunnylearn.szou.edu.cn/list.aspx?cid=47.

[169]中国教育考试网.高等教育自学考试制度[EB/OL].(2023-08-31)[2023-08-31]. https://zikao.neea.edu.cn/html1/folder/1512/1101-1.htm.

[170]天津理工大学.天津理工大学举办2020年度教育信息化教学应用共同体项目论证会[EB/OL].(2021-05-13)[2023-08-31]. https://www.tjut.edu.cn/info/1042/5928.htm.

[171]中华人民共和国中央人民政府.中华人民共和国残疾人教育条例(修订)[EB/OL].(2017-02-01)[2023-08-31]. https://www.gov.cn/gongbao/content/2017/content_5178184.htm.

[172]联合国.联合国残疾人权利公约[EB/OL].(2006-12-13)[2023-08-31]. https://www. un. org/disabilities/documents/COP/COP7/CRPD. CSP. 2014.2. C. pdf.

[173]北京联合大学.北京联合大学特殊教育资源中心简介[EB/OL].(2021-11-04)[2023-08-31]. https://sec.buu.edu.cn/art/2021/11/4/art_11789_656299.html.

[174]中国新闻网.中国首家特殊教育资源中心在上海揭牌成立[EB/OL].(2009-11-26)[2023-08-31]. https://www.chinanews.com/edu/edu-jygg/news/2009/11-26/1986640.shtml.

[175]刘春玲.提升研究与服务能力,培养高素质特殊教育教师[EB/OL].(2019-02-09)[2023-08-31]. https://spe.hpe.cn/P/C/274550.htm.

[176]沈葆莲自强人.上海残疾人老李45岁,享受提前退休待遇了,因为他满足了三个条件[EB/OL].(2020-06-14)[2023-08-31]. https://baijiahao.baidu.com/s?id=1668796756157450382&wfr=spider&for=pc.

[177]央视网新闻.我国每年增20万残障儿童 需特殊保护更需"融合"[EB/OL].(2016-05-28)[2023-08-31]. http://news.cctv.com/2016/05/28/ARTIDMOWuU4MTlwbApZhCdnS160528.shtml.

[178]新华网.追光 | 体育,为这群特殊孩子打开"平凡之路"[EB/OL].(2022-05-31)[2023-08-31]. https://baijiahao.baidu.com/s?id=1734324112732263348&wfr=spider&for=pc.

[179]央视新闻网.面对面专访江梦南:失聪女孩靠读唇语考上清华博士[EB/OL].(2018-07-30)[2023-08-31]. http://m.news.cctv.com/2018/07/30/ARTICU6KJI0r9zIJtOh3lZWN180730.shtml.

[180]中华人民共和国教育部.黄莺:以"心光"为世界明灯 用不屈为人生铺路[EB/OL].(2019-06-24)[2023-08-31]. http://www.moe.gov.cn/jyb_xwfb/xw_zt/moe_357/jyzt_2019n/2019_zt17/dxs/201906/t20190621_387043.html.

[181]学生观察.邢益凡:18岁体重18公斤,高考645分上北航,立志当"中国霍金"其他一些相关的新闻报道和数据[EB/OL].(2022-05-12)[2023-08-31]. https://baijiahao.baidu.com/s?id=1732417914863839730&wfr=spider&for=pc.

[182]北京联合大学特殊教育学院. 为勇攀高峰的他喝彩！获评首都精神文明建设奖的姚登峰老师[EB/OL].（2023-03-08）[2023-08-31]. https://sec.buu.edu.cn/art/2023/3/8/art_12388_705646.html.

[183]STODDEN R A. Supporting persons with disabilities in postsecondary education and lifelong learning [J]. Journal of Vocational Rehabilitation. 2005 (22):1-2.

[184]KILPATRICK S, JOHNS S, BARNES R, et al., Exploring the retention and success of students with disability[J]. International Journal of Inclusive Education.2017(21):1-16.

[185]CHATTERJEE L, MITRA M. Evolution of federal and state policies for persons with disability in the United States: Efficiency and Welfare Impacts[J]. Annals of Regional Science. 1998(32):347-65.

[186]FICHTEN, C S, JORGENSEN S, et al. What happens after graduation? Outcomes, employment, and recommendations of recent junior/community college graduates with and without disabilities [J]. Disability and Rehabilitation, 2012, 34:917-924.

[187]OPERTTI R, BRADY J, DUNCOMBE L, Interregional discussions around a conceptualisation of an inclusive curriculum in light of the 48th International Conference on Education1 Capacity building Programme, 2008 [C]. UNESCO-IBE, 2008.

[188]Newman L, Wagner M, et al. The post high school outcomes of young adults with disabilities up to 8 years after high school: a report from the National Longitudinal Transition Study-2 [R]. Menlo Park, CA: SRI International, 2011.

[189]]Department of Education, Division of Academic and Technical Education. Career pathways system[R]. Washington, D. C.: Department of Education, 2016.

[190] NCES. Table 240. Number and percentage distribution of students enrolled in postsecondary institutions, by level, disability status, and selected student characteristics: 2003-04 and 2007-08[EB/OL]. [2023-08-31]. http://nces.ed.gov/programs/digest/d10/tables/dt10_240.asp.

[191] Organization for Economic Co-operation and Development. Sickness, disability and work: keeping on track in the economic downturn[EB/OL]. (2014-12-28)[2016-07-20]. http://www.oecd.org/employment/emp/42699911.pdf.

[192] ETS. Disabilities and health-related needs[EB/OL]. (2023-08-31)[2023-08-31]. https://www.ets.org/disabilities/documentation.html.

[193] ETS. Disabilities and health-related needs[EB/OL]. (2023-08-31)[2023-08-31]. https://www.ets.org/disabilities/documentation.html.

[194] U. S. Equal Employment Opportunity Commission. Rehabilitation Act of 1973 (Original Text)[EB/OL]. [2023-08-31]. https://www.eeoc.gov/rehabilitation-act-1973-original-text.

[195] GovInfo. IDEA[EB/OL]. (2023-08-31)[2023-08-31]. https://www.govinfo.gov/content/pkg/USCODE-2011-title20/pdf/USCODE-2011-title20-chap33.pdf.

[196] CEC. Specialty sets for specific practice areas[EB/OL]. (2023-08-31)[2023-08-31]. https://exceptionalchildren.org/standards/specialty-sets-specific-practice-areas.

[197] Department for Education and Department of Health and Social Care. Special educational needs and disability code of practice: 0 to 25 years[EB/OL]. (2020-04-30)[2023-08-31]. https://assets.publishing.service.gov.uk/government/uploads/system/uploads/attachment_data/file/398815/SEND_Code_of_Practice_January_2015.pdf.

[198] GOV. UK. Disability: Equality Act 2010-Guidance on matters to be taken into account in determining questions relating to the definition of disability

(HTML)[EB/OL].[2023-08-31]. https://www.gov.uk/government/publications/equality-act-guidance/disability-equality-act-2010-guidance-on-matters-to-be-taken-into-account-in-determining-questions-relating-to-the-definition-of-disability-html.

[199]U. S. Department of Education. Web tables characteristics and outcomes of undergraduates with disabilities [EB/OL]. (2023-08-31) [2023-08-31]. https://nces.ed.gov/pubs2018/2018432.pdf.

[200]Center for Applied Special Technology. What is universal design for learning [EB/OL]. (2016-12-27) [2023-08-31]. http://www.cast.org/udl/faq/Indexhtml#q1.

[201]CEC. Advanced Preparation Standards[EB/OL].(2023-08-31)[2023-08-31]. https://exceptionalchildren.org/sites/default/files/2020-07/Advanced_Preparation_Standards.pdf.

[202]CEC. Advanced Preparation Standards with Explanation[EB/OL].(2023-08-31) [2023-08-31]. https://exceptionalchildren.org/sites/default/files/2020-09/Advanced%20Preparation%20Standards%20with%20Explanation.pdf.

[203]CEC. Initial and Advanced Specialty Sets[EB/OL].(2023-08-31)[2023-08-31]. https://exceptionalchildren.org/standards/cec-advanced-specialty-set-educational-diagnostician-specialist.

[204]U.S. Department of Education. Demonstration Projects to Ensure Students with Disabilities Receive a Quality Higher Education[EB/OL]. (2023-08-31) [2023-08-31]. https://www2.ed.gov/programs/disabilities/dd-2008-abstracts.pdf.

[205]The Hong Kong Polytechnic University. Special Needs Support[EB/OL]. (2023-08-31)[2023-08-31]. https://www.polyu.edu.hk/sao/student-resources-and-support-section/special-needs-support/.

[206]U. S. Department of Education. Transition of Students With Disabilities To

Postsecondary Education: A Guide for High School Educators [EB/OL]. (2023-08-31) [2023-08-31]. https://www2. ed. gov/about/offices/list/ocr/transitionguide.html.